나는 공인중개사로 이렇게 100억 벌었다

부동산으로 100 억 버는 비법
(나는 공인중개사로 이렇게 100 억 벌었다)

초판 1 쇄 발행일 │ 2009 년 10 월 27 일
지 은 이 │ 이규성 (정현법사)
발 행 인 │ 유영하
펴 낸 곳 │ 도서출판 JRC
전   화 │ 02-565-1571
주   소 │ 서울 강남구 역삼동 711-1
이 메 일 │ bubsa0701@naver.com
출판등록 │ 제 2009-000271 호

ISBN 978-89-963322-0-6 03320

정가 12,000 원

이 책은 저작권법에 따라 보호받는 저작물이므로 무단 전재와 무단 복제를 금지하며, 이 책 내용의 일부 또는 전부를 이용하려면 반드시 저작권자와 도서출판 JRC의 서면 동의를 받아야 합니다. 잘못된 책은 바꾸어 드립니다.

나는 공인중개사로
이렇게 100억 벌었다

부동산으로
100억
버는 비법

| 차례

| 프롤로그 – 강남 부자들에게는 있고
　　　　　 당신에게 없는 것은 돈만이 아니다

I. 나는 공인중개사로 이렇게 100억 벌었다

강남! 웃고 왔다 울고 가는 사람들	20
준비 된 부자	22
불황기는 부자가 되기 위한 가장 좋은 기회이다	27
부동산을 잘 이용하면 부자가 되기 쉽다	31
배 아파하지 말고 배고파하자	42
사주팔자와 인테리어	50
부동산투자와 사주팔자	71
모른 채 묻어두는 방법도 좋은 투자법이다	94
철저한 을의 마인드로 무장하라!	97
재건축조합 이야기	105
돈 앞에 수십 년 지기 친구도 없다	114
피곤한 주인을 만나야 집을 빨리 산다	116
지분 쪼개기	124
강남 100억대 거지들	127
한국 IM 회장댁 이야기	137
불 쏘시개 부산아지매	145

퇴직금 1억으로 15억 만들다   154
좋은 부동산 싸게 사는 방법   157
내 부동산 비싸게 파는 방법   166
혼자서 힘들면 같이 구입하라   168
최소의 비용으로 최대의 부가가치를 만들어라   171
버려진 빌딩지하에서 보물을 찾자   177
한 알의 밀알도 좋지만   181

II. 금액별 투자사례

3천만원이하 투자사례   196
5천만원대 투자사례   200
1억대 투자사례   202
2억원대로 투자사례   204
2억~10억원대로 투자사례   207

III. 연령별 투자사례

20대의 부동산 투자사례   212
30대의 부동산 투자사례   215
40대의 부동산 투자사례   217
50대의 부동산 투자사례   221
60대 이후의 부동산 관리사례   224

IV. 부동산 신개발지

광교 신도시	228
송도지구	240
영종지구	249
청라지구	257
삼송지구	264
한강신도시	269
파주신도시	273
양주신도시	277
송파신도시	283
동탄 2지구	287
평택신도시	290
은평뉴타운	293

V. 보금자리 주택

보금자리주택 투자분석	298
서초 우면지구	316
하남 미사지구	321
강남 세곡지구	328
고양 원흥지구	333
보금자리주택에 대한 궁금한 점	339
2차 보금자리주택지구 6곳	344

2차지구는 어떤 곳	345
서울 내곡	346
서울 세곡2지구	346
남양주 진건지구	347
구리 갈매지구	348
시흥 은계지구	349
부천 옥길지구	350
투기 단속 강화	352
보금자리 2차 지구 청약전략	353
통장 없다면 청약종합저축 가입 서둘러야	354

에필로그

졸자잡기(拙者雜記)	356

● 프롤로그

강남 부자들에게는 있고
당신에게 없는 것은 돈만이 아니다

사무실을 새로 수리단장하면서 그동안 묵은 서류 등을 정리하였다. 버릴 건 버리고 정리할건 정리하던 중 여러 뭉치의 파일을 발견하였다. 펼쳐보니 지난 20여 년간 중개물건의 계약서 철이었다.
한장 한장 넘겨보니 무척 감회가 새롭다.
몇 년 몇 월 몇 일에 누구누구와 집을 사고팔았다, 혹은 전세, 월세를 들었다는 내용이 당사자의 서명, 날인과 함께 고스란히 담겨 있었다. 관리비를 정산하고 차액을 새로 들어올 사람에게 줘야하는데 나가는 사람한테 줘버려 대신 변상했던 일, 전세를 책임지고 매매를 했는데 잔금일 까지 전세를 놓지 못해 곤혹을 치른 일, 신혼집 전세계약에서 대수선을 약속한 집주인이 입주 일까지 별로 수리하지 않아 난감했던 일 등 당시의 상황들이 머릿속에 하나둘 그려지곤 한다.

대한민국 1%의 선택된 집단 .

정부 고위관료, 재벌 등 소위 빽 있고 힘 있는 엘리트 그룹, 몇 백억 아니 몇 천억의 재산가들과 막강한 권력가들과 맺은 인연,

그들의 그 거지같은 삶을 에피소드와 함께 재미있게 꾸며 본다면 어떨까?

그들의 삶은 어떤 것이며 일상 생활상은 어떤 것인지, 화려하고 영화 같은 삶인지, 고뇌와 번민으로 가득 찬 삶인지?

수많은 집들을 보고 수많은 사람들을 만나보는 가운데 자신들의 관심거리와 걱정거리가 있으면 스스럼없이 대화를 나누었던 그들과의 인연,

남편 혹은 아내에게 차마하지 못한 말도 나에게 거리낌 없이 토로하던 그들과의 소중한 경험담은 나에게 또 다른 세상이 있다는 것을 깨우쳐 주었고 또 다른 세상이 있다는 것을 보게 만들었다.

허름한 작업복에 오늘도 열심히 페인트 작업하는 장기수(남.59)씨. 틈만 나면 필자를 찾아와 술 한 잔 사달라고 조르는 장씨는 100억이 훨씬 넘는 재산가다.

상당한 재산가인 정현씨도 12년째 끌고 다니는 승용차가 요즈음 얼마 못가 엔진과열로 골치를 썩고 있다. 비올 때는 유리창에 김이서려 운행에 애를 먹는다. 그러나 정씨는 차를 바꿀 생각이 전혀 없다. 적어도 20년은 타 볼 생각이다.

노숙자는 저리가라!

꼭 거지발싸개처럼 돌아다니는 이기영(남.67)씨. 그는 200억 상당의 재산가다. 기타 여러 사람들의 거대한 부를 이룬 추리소설과도 같은 흥미진진한 재산 형성과정, 이들의 초 절약 근검 생활상, 이들과의 재미있는 만남과 갖가지 에피소드를 생각하며 잔잔히 그려 보고자 한다.

얼마 전 서울 M 호텔에서 거행된 고교동문 아들의 결혼식에 참석했다. 고등학교를 졸업하고 함께 한국전력에 입사한 오래된 친구였지만 이렇게 얼굴을 마주하기는 30년이 넘었다.
그 친구는 처음 입사한 한전에서 성실하게 꾸준히 일을 하여 지금은 대구에서 지점장이 되어 충실한 가장 노릇을 하고 있다. 반면 필자는 한전 입사 후 해외 건설현장을 한참이나 떠돌았고, 이후에는 전기안전공사로 자리를 옮겼다. 그리고 1985년 제1회 공인중개사 시험에 합격한 후 곧바로 사표를 내고 강남에서 부동산컨설팅을 시작한 지 25년째다.
서울과 대구의 거리라봐야 얼마 되지도 않았지만 수십 년의 긴 세월만큼은 어쩔 수 없었던지 우리 둘은 잠시 손을 마주잡고 서먹하게 인사를 나누었다. 하지만 얼마 지나지 않아 서먹함은 사라지고 긴 세월의 벽을 넘어 아련한 시절의 추억이, 변해버린 서로의 모습에 대한 놀라움이 터져 나왔다.

"자네 자택이 여기에 있나?"

한참 이런저런 이야기를 나누던 중 친구가 나에게 물었다.

강남구 역삼동에 있는 내 사무실 명함을 보고 이렇게 질문한 것이다. 대수롭지 않은 질문이었지만 나는 잠시 머뭇거릴 수밖에 없었다. 자택이란 자기 집을 뜻하지만 구체적으로는 소유와 거주를 동시에 충족해야만 한다. 나는 역삼동과 대치동에 위치한 아파트를 가지고 있지만 실제로 거주하지 않는다. 이곳에는 전세를 놓아 정작 본인은 한 번도 살아보지 못했던 것이었다.

그냥 집이 여기냐? 라고 물었다면 쉽게 대답했을 텐데 자택이냐고 묻는 바람에 대답이 꼬인 것이다. 현재 나의 자택은 동작구 사당동 재건축 예정지에 7세대가 살고 있는 다세대 건물 주인이다.

대한민국 강남의 부자들은 어떻게 살고 있을까?

엄청난 지출을 아까워하지 않으며 돈에는 전혀 연연하지 않고 살아갈까?

수십억 원을 호가하는 값비싼 집에 살면서 백화점에서 해외 명품을 사들이느라 정신이 없을까?

대답은 "전혀 그렇지 않다"이다.

얼마 전 서울의 한 중소빌딩 자산 관리회사에서 조사한 바에 의하면 100~1,000억 원대의 중소 빌딩소유자들은 70%가 자수성가한 이들이라고 한다. 30%만이 상속이나 증여를 통해 부를 물려받은 이들인 것이다.

　대부분의 부자들은 쉽지 않은 과정을 거쳐 직접 벌어서 재산을 모았다는 뜻이다. 그래서인지 TV에서 보여주는 부자들의 화려한 생활은 실제로 발견하기 힘들다. 많은 수의 부자들이 너무나도 평범한 생활을 하고 있다. 얼핏 봐서는 "이 사람 진짜 부자야?" 의심을 살 만큼 소박하고 검소하게 살아간다. 어렵게 번 돈이라는 생각에 좀처럼 쉽게 쓰지 못하는 경우가 허다하다. 이렇게 겉모습과 생활상은 보통 사람들과 비슷할지 모르나, 그렇다고 그들의 속 모습까지 평범한 것은 아니다. 이들 모두 대단하다는 말이 나올 정도로 지난 세월을 견뎌온 사람들이다. 사람의 습관은 쉽게 변하지 않는 법, 이들은 큰 부를 축적한 지금도 예전부터의 삶 그대로를 고집스럽게 고수하며 살아간다.

　어지간한 일이 아니고서는 좀처럼 주머니를 열지 않는다.

　당신도 부자가 되고 싶다면 이런 부자들의 모습을 닮아라.
　부자들의 행동, 부자들의 생각, 부자들의 습관을 따라하다 보면 부자가 되기 위해 정말 필요한 것이 무엇인지 알게 되기 때문이다. 그렇다고 이전 세대의 부자들이 그랬던 것처럼 무조건 아끼기만 하면서 지독한 수전노처럼 살라는 말은 아니다. 지금은 시대가 변했고 투자의 방법과 부의 가치 역시 변했다. 또 남에 눈에 피눈물을 흘리게 만들어놓고 번 돈은 언젠가 내 피눈물로 잃게 마련이다.

　강남에서 부동산 컨설팅을 시작한지가 워낙 오래되어서인지 3,000만원에서 1~2억 원의 여유자금을 투자할만한 부동산 상품과 유망 지역을 추천해 달라고 하는 고객의 문의가 하루도 끊이지 않고 들어온다. 이들 상담자의 90% 가량은 소위 '강남 아줌마'라 불리는 기혼여성들이다. 퇴직금을 들고 찾아오는 나이 지긋한 노신사나 힘들게 모은 종자돈으로 재테크 상담을 받으려는 젊은 부부들도 종종 있다. 이들은 모두 지금의 생활에 큰 충격이 오지 않을 만큼의 돈으로 일반 금융상품보다 몇 곱절의 차액을 남기고 싶어 찾아온 사람들이다. 하지만 이 정도 금액으로 서울, 그것도 강남에서 투자할 곳을 찾기란 쉽지 않다. 해서 재개발 예정지인 흑석지역을 많은 분들에게 추천해 주었다. 이 곳 역시 싼 곳은 아니었지만 당시만해도 구석구석 값싼 알짜 매물들이 숨어 있었다.

　처음에는 반신반의하며 투자를 한 분도 있고, 영 내키지가 않는다며 돌아선 분도 있다. 얼마 전 이 지역에 투자를 한 분들에게서 고맙다는 편지와 함께 감사의 선물이 왔다. 현재 흑석, 사당은 예상했던 것 이상으로 큰 저력을 과시하며 가파른 가격 상승 곡선을 그리고 있다. 동작구 외에도 3,000만 원에서 1억 원을 가진 소액 투자자들에게 주로 권해주었던 히트 앤드 런용 수도권 아파트 분양권과 주상복합 아파트, 재개발 지구 내 단독택지들은 불과 몇 개월 만에 최초 투자금보다 몇 배의 시세 차익을 올렸다.

부동산 컨설팅을 하면서 많은 사람들을 만나고 투자 자문을 해주면서 느끼는 것이 하나 있다. 많은 사람들이 부동산 재테크는 돈 많은 '꾼'들이나 하는 것이라고 생각하고 있다는 것이다. 그러나 지난 25년간의 내 경험을 비추어 볼 때 이는 틀린 소리다. 많지 않은 투자로 기대 이상의 시세차익을 얻을 수 있는 매물은 도처에 널려 있다. 단지 이를 찾으려는 노력이 부족할 뿐이다.

3천만 원에서 1~2억 원이라는 돈은 분명 작은 돈은 아니다.

그렇다고 직장생활을 열심히 하고 있는 중산층이 엄두도 내지 못할 만큼 어마어마한 액수도 아니다. 이렇게 큰 종자돈을 가지지 못했더라도 부동산 시장을 이해하고 공부하고 꾸준히 발품을 판다면 얼마든지 부동산 재테크를 시작할 수 있다.

중요한 것은 종자돈의 액수가 아니라 나도 할 수 있다는 자신감과 결단력이다. 공인중개사 시험에 합격하고 직장에 사표를 낼 당시 나의 수중에는 종자돈이라고 불릴만한 액수의 돈조차 없었다.

그냥 그럭저럭 살아가는 정도였는데 무작정 부동산 시장에 뛰어들었다. 무모한 행동이었는지도 모른다. 하지만 나에게는 대한민국 부동산은 결코 망하지 않는다는 확신이 있었다.

이 확신의 힘으로 생계의 불안감과 싸우며 지난 25년간 부동산 시장을 헤쳐 나왔다. 그리고 상당한 자산을 마련하고 가족들과 행복한 생활을 누리게 된 지금 역시 나의 믿음은 변하지 않았다.

부동산만큼 분명하고 확실한 재테크 수단은 우리나라에 아직까지 없다는 것이다. 성실하게 직장생활을 해서 받은 월급 하나만으로 가계를 꾸려나가기에는 오늘날의 사회가 너무나 벅차다.

기본 생활비에 자녀 교육비, 기타 예상치 못했던 비용, 그리고 노후 준비까지 이 모두를 월급 하나에만 의지하는 것은 용감하다 못해 무모하기까지 하다. 더구나 사회와 경제 환경이 급변하면서 고용에 대한 불안이 날로 높아지고 있다. 유일한 의지처였던 월급이 어느 순간에 갑자기 끊길 수 있다는 말이다.

부자가 되는 책, 부자가 되는 길, 부자 가이드 등등 돈을 버는 방법을 제시해주는 책이 시중에 넘쳐난다.

너무 많아서 대체 어떤 말이 옳고 그른지 판단하기 힘든 경우가 많다. 하지만 대부분 지극히 당연한 말을 너무나 논리정연하게 교과서적으로 기술하고 있어 다소 현실성이 떨어진다는 공통점이 있다.

한번 생각해보자.

우리는 초등학교 이후 사회에 나와서도 한평생 교과서적 지당한 말씀만 가르치는 책을 무수히 읽어왔다.

그래서 그 많은 책들 중 뚜렷하게 뇌리에 떠오르는 책이 단한 권이라도 있었던가?

더구나 부자는 교과서처럼 읽고 가르친다고 될 수 있는 것이 아니다. 나는 이 책을 쓰면서 이런 교과서적인 내용들은 철저히 버렸다. 오직 지난 25년간의 실전 투자 사례를 통해 어떤 경우에 성공했고 어떤 경우에 실패했는지 만을 담았다.

평범한 샐러리맨들이 많지 않은 종자돈을 활용해 건전하고 합법적인 방법으로 투자에 성공할 수 있도록 도움을 주고 싶어 나의 경험을 하나하나 정리해 적어보았다. 나는 오직 내가 경험한 사실만을 이야기하려 한다. 이를 통해 평범한 직장인들이 많지 않은 돈을 활용해 부자 되는 진짜 실전 요령을 배울 수 있기를 희망한다.

이 안에서 무엇을 얻을 수 있을지는 철저히 독자들의 몫으로 남겨두겠다. 이 책을 통해 부자들의 실전 사례를 보고 자기 몸에 맞게 재단하여 집중한다면 다음번 대한민국 100억 부자는 바로 당신일지도 모른다. 마지막으로 현재 부동산 현업에 종사하는 자나 예비 공인중개사 창업자나 공히 이 말은 꼭 드리고 싶다.

공인중개사를 해서 부자가 되는 길은 백번 죽었다 깨도 불가능하다는 사실이다. 25년간 중개업에 종사해 본 나의 철학이다.

어찌 어찌해서 현상유지 혹은 먹고 살지는 모르겠지만 부자소리 들을 정도로 벌려면 애초부터 이 일은 시작도 하지 말아야 한다.

  진짜 부자가 되고 싶다면 공인중개사라는 직업의 특성상 일반 투자자들보다 매물 접근성이 용이하고 정보 획득이 신속하다는 이점을 십분 활용하여 직접 투자에 나서야 한다. 어떻게 돈을 굴리고, 어떤 매물을 사야하고, 언제 어떻게 팔아야 돈을 버는지 그 노하우를 이 책에 자세히 밝혀두니 현직 공인중개사 중에서도 필요한 분들은 참고하시기 바란다.

I 나는 공인중개사로 이렇게 100억 벌었다

● 강남 ! 웃고 왔다 울고 가는 사람들

얼마 전 모 인재파견업체가 직장인들을 대상으로 '가장 취득하고 싶은 자격증'을 묻는 설문조사에서 공인중개사를 선택한 응답이 24.5%로 가장 높게 나타났다. 취득 이유로는 43.8%가 '퇴직 후 생계보장 차원', 24%가 '부업이 가능하기 때문', 18.2%가 '직장생활에 도움이 되기 때문'이라고 대답했다.

공인중개사는 '사오정'과 '오륙도'의 파고를 겪고 있는 40~50대에게는 '퇴직 후 담보용', 청년실업으로 인해 몸살을 겪고 있는 20~30대에게는 '실업 탈출용', 명예퇴직을 앞둔 남편을 둔 주부들에게는 '부업용'으로 적합하다는 평가다. 여기에 지난 2~3년간 강남 부동산 가격의 급등으로 부동산 투자에 대한 관심이 높아진 것도 공인중개사 열풍을 부추겼다는 분석이다.

강남구는 집값이 전국 최고이다.
30~60평대 아파트들이 숲을 이루고 있어 부동산 업자들에겐 황금알을 낳는 거위로 인식되어 왔다. 보통 20~60억을 호가하는 아파트들이 줄지어 서 있고 키다리빌딩들이 숲을 이루고 있는 이곳은 부동산 타짜들이 대박을 꿈꾸고 도전하는 곳이기도 하다. 한 건만 해도 복비가 수천에서 많게는 몇 억이다. 단순 계산으로 한 달에 서너건만 건져도 월수입이 억대가 훌

쩍 넘어간다. 잔뼈가 굵은 베테랑급 중개사라면 누구나 도전해 보고픈 꿈의 무대다.

"내 실력이면 강남에서 월 서너 건을 못 올리겠어?"
"지금보다 수입을 몇 십 배는 올릴 수 있겠지⋯⋯⋯"
등등 모두 이런 생각으로 강남에 입성하게 된다.

부푼 꿈을 안고 환상에 젖어 있는 돈 없는 돈 다 긁어모아 넘치는 보증금, 무리한 권리금, 여기에 내부수리까지 마치고 나면 수억은 이미 사라진다. 개업 후 두서없는 사이 서너 달이 후딱 지나고, 월세로, 인건비 및 사무실 경비로, 이렇게 또 오륙천이 눈 깜빡할 사이 사라진다. 이후 현장을 확인하고 매물을 확보하기까지 최소 6개월은 잡아야 한다.

근근이 버텨 이제 건수를 올릴만하면 부동산 투기단속반이다 뭐다해서 국세청, 구청 등에서 수시로 들이 닥치니 문 닫고 피신하기를 밥 먹듯 한다. 엄청난 양도소득세에 매도자는 팔지 못하고 이자율 상승 및 금융기관의 규제로 사자는 사람도 없다. 이렇게 실적도 없이 한두 달만 공쳐도 수천만 원 박살나는 곳이다.

환상에 쫓아 많은 사람들이 이곳으로 오지만 피눈물을 흘리면서 떠나는 곳이 여기 강남이다.

필자가 이곳에 뿌리 내린지 25년의 세월이 흘렀다.

그동안 수많은 공인중개사들이 들어오고 나갔지만 나는 바로 그 자리에서, 그 간판으로, 그 전화번호로 지금까지 고객과 신용을 이어왔다. 그동안 고락을 같이 했던 그때 그 시절의 많은 중개사들 지금은 다들 떠나고 그 자리를 새로운 얼굴, 뉴 페이스로 채워졌다.

● 준비 된 부자

인간만사새옹지마(人間萬事塞翁之馬)란 말이 있다.

인생에 있어서 길흉화복은 항상 바뀌어 미리 헤아릴 수가 없다는 뜻으로 인간만사새옹지마(人間萬事塞翁之馬), 새옹득실(塞翁得失), 새옹화복(塞翁禍福) 또는 단순히 새옹마(塞翁馬)라고도 한다. 새옹이란 새상(塞上:북쪽 국경)에 사는 늙은이란 뜻이다. 《회남자(淮南子)》의 인간훈(人間訓)에 나오는 이야기로, 북방 국경 근방에 점을 잘 치는 늙은이가 살고 있었는데 하루는 그가 기르는 말이 아무런 까닭도 없이 도망쳐 오랑캐들이 사는 국경 너머로 가버렸다. 마을 사람들이 위로하고 동정하자 늙은이는 "이것이 또 무슨 복이 되는지 알겠소" 하고 조금도 낙심하지 않았다. 몇달 후 뜻밖에도 도망갔던 말이 오랑캐의 좋은 말을 한 필 끌고 돌아오자 마을 사람들이 이것을 축하하였다. 그러자 그 늙은이는 "그것이 또 무슨 화가 되는지 알겠소" 하고 조금도 기뻐하지 않았다.

그런데 집에 좋은 말이 생기자 전부터 말타기를 좋아하던 늙은이의 아들이 그 말을 타고 달리다가 말에서 떨어져 다리가 부러졌다. 마을 사람들이 아들이 병신이 된 데 대하여 위로하자 늙은이는 "그것이 혹시 복이 될는지 누가 알겠소" 하고 태연한 표정이었다. 그런 지 1년이 지난 후 오랑캐들이 대거하여 쳐들어왔다. 장정들이 활을 들고 싸움터에 나가 모두 전사하였는데 늙은이의 아들만은 다리가 병신이어서 부자가 모두 무사할 수 있었다.

이 말은 원(元)나라의 승려 희회기(熙晦機)의 시에 "인간만사는 새옹의 말이다. 추침헌 가운데서 빗소리를 들으며 누워 있다(人間萬事塞翁馬推枕軒中聽雨眠)"라고 한 데서 비롯되었다.

이 글을 쓰고 있는 지금 이 시각 2009. 5. 17. 새벽 2시 15분 간간이 비 내리는 소리가 후두둑 후두둑거리며 내리다 그치다를 반복하고 있다. 필자는 오랫동안 반 지하층 생활을 청산하고 우리 집 3층으로 이사한지 한 달이 채 되지 않는다.

그동안 줄 곳 좁은 공간에 습기 차고 곰팡이 내가 물씬거리는 지하생활을 하다가 처음 넓은 평대로 이사하려는데 세상이 시샘하려는지 좀처럼 쉽게 허락하지 않는다. 좁은 공간을 벗어난 우리 식구는 밝고 넓고 올 수리된 이제야 주인집으로 이사 온 기쁨을 만끽하고 아이들도 꿈만 같다고 환희에 젖어 있었다.

그러나 부푼 꿈은 이틀이 채 가지 않았다.

아래 층(이층)에 있는 두 가구의 세입자들이 물이 샌다고 난리였다. 결국 바닥 배관공사의 부실로 밝혀져 거실 강화마루를 뜯어내서 다시파고 온 방안에 습기가 흥건히 베고 썩기 시작하여 장판을 모두 걷어내야만 했다. 이불이랑 옷이랑 모두 시멘트 독과 먼지에 노출된 채 공사가 다 될 때까지(마를 때를 기다려 마루, 장판공사) 일주일을 우리 네 식구가 옥상 창고에서 지내야 했다.

 아침부터 추적추적 비가 오는 오늘 비로소 마무리 공사가 완료되어 가재도구가 하나 둘 제 자리를 찾아가고 있는 중이다.

 모두 정리가 되자면 앞으로 한 달은 족히 걸릴 것 같다.

 베란다에 어지러히 널린 물건을 보면 골치가 아파 아예 고개를 돌려 버린다.

 필자가 낼 모레면 환갑인데 이제서야 좀 넓은 집에 들어가는데 이렇게 호된 신고식을 치러야 하는지 잠시 상념에 잠기었다.

 10년 전 강남구 도곡동에 살고 있던 필자는 재건축이 시작되자 고민에 빠졌다. 이사를 해야겠는데 사당동 3층 주인집에 거주하는 세입자와 시기가 맞지 않아 마침 비어있는 반 지하에 우선 있게 될 상황이어서 꽃다운 우리 공주님들이 과연 동의를 할까 걱정되어서였다. 강남의 야타족으로 자라난 아이들이 멀고 먼 사당동, 그것도 지하 방으로 갈 수 있을까? 우려를 하였지만 그것은 기우였다.

 자기들끼리 깔깔대면서 웃고 떠들다가 친구들에게 우리 지하에 산다며 놀러오라고 초청하기도 한다. 우리 큰 애는 스윙(Swing)계의 퀸카로 전국을 다니며 강습중이고 미국 클리브랜드에서 열린 페스티발에 참가하여 세계5위에 입상한 스윙계의 스타이며 약 100일간의 세계일주를 마치고 귀국한지 한 달 정도다. 우리 작은 애도 중국유학을 마치고 유명 투자자문회사에 다니는 재원이다.

나름대로 자존심과 콧대가 매우 셀 텐데 지하에 사는 거와는 전혀 별개였다. 지하에 산다는 자격지심은 어른들의 몫이었다.

일전에 블로그 (http://blog.naver.com/bubsa0701) 에 필자의 근황과 사연을 적은 적이 있는데 집 사람한테 혼이 났다. 조금 있으면 3층 넓은 집에 올라 갈 텐데 왜 지하에 산다고 동네방네 소문을 다 내냐고 야단쳐서 관련기사를 삭제하였다.

필자가 이 글을 쓰는 이유는 다른 곳에 있다.

10년이면 강산도 변하는데 변화무쌍한 일상생활에서 초지일관한다는 것은 신이 아닌 이상 운(運)이 따라주지 않으면 불가능하지 않을까 생각된다. 그러나 그 운은 누구한테나 오지 않는다.

오직 준비된 자만이 운이 따라주고 행운을 잡을 수가 있다.

당시 IMF 외환위기 시절!

어렵게 이 집을 장만하였지만 아파트와 달리 다세대주택은 그야말로 똥값이었다. 사정이 여의치않아 팔려고 내놓아도 팔리지도 않고 임대도 잘 안되고 누수가 되어 여기저기 수리도 해야 되고 그야말로 골치 덩어리였다.

세입자는 보증금을 내놓으라고 아우성이고 ....

쓰러질 듯 쓰러질 듯 버텨 온 지난 10년

이제야 빛이 들어 수십억의 보물단지로 변해버린 우리 집을 보니 당시 팔려고 발버둥 칠 때 팔려버렸다면 .... ?

뒷집 주인이 팔고 나가면서 나를 보고 안됐다는 표정이 떠오른다.

반 지하를 임대하려고 한 달 전에 내놓았으나 이전에 몇 차례 집을 보더니 요즘 통 소식이 없다.

보리쌀 서너 말만 있어도 처가살이 안한다더니 먹고 죽어도 지하생활은 못하겠다는 요즘 세태이다.

나는 생각해 보았다.

우리 식구들을 이끌고 지하생활을 하고자 결정할 때 앞에서 언급하였듯 우리 아이들이 어떻게 나올까 염려하였지 지하생활의 불편쯤은 조금도 거리낌 없이 감수하겠다고 생각하였고 우리 집사람도 마찬가지였다. 다행히 아이들도 거리낌 없이 밝고 명랑하게 자라주어 이렇게 큰 복을 받지 않았나 생각된다. 만약 무리를 해서라도 강남에 사둔 아파트에 입주하였다면 이 집의 운명은 알 수 없고 엄청난 금융부담에 매우 어려웠을 것이다. 그러나 아주 감당 못할 정도는 아니었다. 조금 더 부채를 지면 충분히 강남아파트에 입주 할 수 있었으나 더 이상 은행 빚을 져서는 안된다는 생각에 서슴없이 지하생활을 선택하였고 아내와 아이들이 흔쾌히 동의해 준데 대해 실로 감동적이었다. 안락한 아파트에 살 수 있음에도 불구하고 체면 혹은 자존심이 구겨진다는 의식이 전혀 없이 좁고 습기찬 지하에 산다는 불편쯤은 흔쾌히 감수하는

평소의 생활방식 그대로 !
평소의 사고방식 그대로 !

이것이 바로 준비 된 부자의 자세가 아니겠는가?

● 불황기는 부자가 되기 위한 가장 좋은 기회이다

　신문 방송 등 언론에서 온통 비관적인 부동산시장 전망이 쏟아질 때 어떻게 대처하나?
　매수세는 끊기고 매물이 쌓이면 어떻게 행동하나?
　경제 위기가 최고조에 달했을 때 투자자들이 저지르는 최악의 행동은 패닉에 빠지는 것이다.
　시장의 패닉에 즉각 행동하지 말아야 한다.
　팔아야 할 시점은 시장이 추락하기 이전이지 추락한 다음

이 아니다. 살다보면 누구나 어려운 도전과 위기의 순간에 직면하게 된다. 자신의 믿음에 충실한 자세를 가져야 할 가장 중요한 시점이 바로 이 때이다. 두려움에 사로잡히면 아무 일도 못하게 된다. 더욱 나쁜 것은 두려움으로 인해 제대로 생각해보지도 않고 위급 상황에 반사적으로 대응하는 것이다. 자신이 견지해왔던 신념에 기초해 현재의 위기 상황을 제대로 평가할 수 있다면 스스로 위기 국면에서 벗어나 적절한 행동을 취할 수 있을 것이다.

성공한 투자자들은 뉴스에 민감하다. 특히 나쁜 뉴스에 민감하다. 이들은 나쁜 뉴스를 찾아다닌다. 호경기일 때 다른 업종에서 나쁜 뉴스와 거래 건을 찾아 돌아다니며 낮은 가격이지만 가치 있거나 성장 추세에 있는 투자대상을 물색한다.

강남에 살고 있는 정현(필자의 법명)씨는 평소 알고 지내던 부동산중개사로부터 좋은 물건이 있으니 사라고 권유 받는다. 그런 전화를 자주 받는지라 그냥 시큰둥하게 설명을 들었다.
권유하는 여러가지 물건 중 정씨 눈에 확 띄이는 물건이 있었다.
때는 1998년 공포의 IMF 사태가 쓰나미처럼 덮쳐 너나 할 것없이 거의 모두가 쓰러지는 경제공황(패닉) 상태에 빠졌다.
사당동에 있는 그 물건은 집 주인이 건축하자마자 IMF를 맞아 두 손든 상태로 반 지하에 지상3층 건물로 옥탑 방이 딸려 있는 7세대 다가구 주택이었다. 입주세대 전세금과 은행대출금 합쳐 2억6천만 원에 인수하고 현금 5백만 원만 얹어 달라는 조건이었다.

현장답사를 가보니 우선 숭실대(도보 10분거리)와 가깝고 반경 1km 이내 숭실대, 총신대, 중앙대가 둘러싸여있고, 4km 안에 서울대가 있어 세놓기에는 별 문제가 없어 보였으며 도보 10분 거리에 국립 현충원과 천년 고찰 지장사와 달마사, 그리고 뒷산인 서달산에 수질 좋은 약수터도 있어 딱 마음에 들었다.

집 주인과 실랑이 끝에 5백만 원을 깍아 정씨는 결국 자기 돈 한푼 들이지 않고 그 집을 인수하는데 성공하였다. 그 이후 정씨의 솜씨는 눈부셨다. 우선 3층 주인집을 6천만 원에 세를 놓아 현금 6천만 원을 손에 쥔다. 취득세, 등록세, 각종 공과금, 중개수수료 및 기타 잡비를 합쳐 1,500만 원을 제하니 그래도 4,500만 원이 남는다. 곧 바로 그 곳은 동작 제7지구 정비지역으로 지정되어 재개발이 추진되고 있었다.

다가구 주택은 세대가 아무리 많아도 1 주택으로 재개발시 분양권이 하나밖에 나오지 않는다. 2001년 이 사실을 간파한 정씨는 즉시 칼질하기 시작했다. 건축 설계사무실에 찾아가 상담한 후 세대 분할작업(일명 칼질하기)을 맡긴 후 초조하게 결과를 기다렸다.

드디어 2달 후 구청으로 부터 세대분할신청에 대한 승인서가 도달하였다.

1 주택을 7 주택으로 바꾸는 놀라운 솜씨를 발휘한 정씨는 그 타이밍이 절묘하게 맞아 떨어졌다. 즉 정부에서는 재개발지역의 무분별한 세대수 늘리기를 방지하고자 2002년부터 세대분할신청을 일체 불허하였던 것이다. 재개발지구에 7 주택이라는 다주택을 갖게 된 후 집 값이 폭등하여 약 수 십억을 호가하는 보물로 둔갑시킨 정씨는 현재 재건축추진사업에 매진하고 있다.

정씨의 무용담은 이뿐이 아니다.
5,000만 원으로 12억 만들기,
한 푼 안들이고 빌딩 인수하기,
헐값에 상가 인수하기 등 종횡무진 활약하고 있다.

불경기일 때 부자가 될 기회가 온다.
나쁜 뉴스가 나오면 오히려 매입타이밍이다. 침체기는 부자가 되기 위한 가장 좋은 기회이다. 그리고 무엇보다 중요한 것은 이를 실행하는 것이다. 부동산 침체기는 가치투자를 하는 절호의 기회이며 자신의 투자원칙을 실제 행동으로 실행하는가를 시험할 수 있는 기회이기도 하다. 부자들은 침체기에 언제 팔 것인가에 집착하기보다는 자신의 투자원칙에 따라 내재가치가 높은 대상을 골라 가치투자를 실행하는데 집중한다. 또 단기 시장 동향이나 전문가 시장 예측에 순응하지 않고 시장경제의 중장기적인 흐름을 내다보면서 투자여부를 결정한다.

부동산을 사야할 때는 비관론이 극도에 달했을 때이다.

그러나 중요한 것은 이 같은 신념을 행동으로 옮길 수 있는 용기를 함께 가져야 한다. 투자에서나 인생에서나 우리가 성공할 수 있는지의 여부는 단순히 어떤 신념을 갖고 있느냐가 아니라 어떤 행동을 하느냐에 달려 있다.

● 부동산을 잘 이용하면 부자가 되기 쉽다

부동산과 친하게 지내면 의외로 부자가 되는 기회가 많다. 필자 역시 부동산에 발을 들여놓지 않았다면 재산형성이 매우 어려웠을 것이다. 적어도 10억 이상의 돈을 벌려면 부동산을 끼지 않으면 도저히 불가능하다.

중개사는 직업의 특성상 부동산에 대해 동물적으로 반응한다. 이들은 살아남기 위해 끊임없이 정보를 찾아야하고 타 업소보다 한발 앞서 계약을 따내기 위해 혼신의 노력을 다한다. 밥만 먹으면 매달리고 밥 먹기 위해 매달리는 중개사만큼 부동산에 대해 더 잘 아는 전문가가 있을까?

세계적인 부동산 업체는 미국의 1906년 COLDWELL BANKER가 시초이고 본격적인 부동산 프랜차이즈는 이보다 훨씬 이후인 1970년 ERA, CENTURY 21이 등장하여 세계를 지배하는 구조다.

그러나 이 유명 프랜차이즈도 유독 우리나라에서는 토종 복덕방한테 맥을 못 춘다. 휴대폰으로 세계를 호령하는 NOKIA가 한국에서는 우리토종기업에 맥을 못 추고 세계적 IT, 전자제품이 우리제품에 밀려 뒤로 철수하는 신세와 같은 맥락에서 보면 된다.

수천억 이상 고가의 부동산은 모르지만 몇 백억 미만의 중소형 부동산은 세계적인 업체라도 우리 공인중개사한테 상대가 안 된다.

그 이유를 분석해 보자.

첫째 우리나라의 부동산은 조밀화 되어있다.

국민자격증이라는 공인중개사 자격증이 대중화되었고 점포만 얻으면 쉽게 개업할 수 있는 구조라 어딜 가던 부동산 천지다.

이 들이 이 중에서 살아남기 위해서는 사생결단해야한다.

죽어 나가면 또 들어오고, 죽어 나가면 또 들어오고 피 튀기는 경쟁 속에서 살아남은 베테랑급 고수들이 요소요소에 버티고 있다.

목숨을 걸고 하는 싸움과 일상 업무패턴으로 대하는 싸움은 그 결과가 뻔하지 않은가?

둘째 우리나라의 부동산은 다분화 되어있다.

치열한 경쟁 속에 살아남으려는 몸부림의 결과이다.

일종의 전문부동산으로 아파트, 토지, 상가, 단독연립, 사무실, 학원, 빌딩, 고시원, 모텔, 병원, 주유소 등등 셀 수 없을 정도로 분화되었고 계속 분화되고 있다. 그 지역의 특성에 맞게 특화한, 그 분야에 전문가인 백전노장들이 버티고 있는 이 시장에 선진기법으로 무장한 막강한 메이저그룹이 도전한다 하여도 그들을 당해낼 재간이 없다.

셋째 우리나라의 부동산은 세분화 되어있다.
이것이 중요한 문제인데 예를 들면 같은 개나리아파트단지 내라도 6차 상가부동산이 길 건너편 1,3차 아파트를 중개하기 어렵고 1차 상가에 있는 부동산이 이쪽 2,4,6차 아파트를 중개하기 어렵다. 도성 초등교 건너편 5차는 더욱 그렇다. 마찬가지로 6차 상가에서 언주로 건너편 연립, 다세대, 단독을 하기 어렵고 그쪽에서는 이쪽 아파트를 중개하기 어렵다는 점이다. 이는 길하나 사이에 두고 확연히 차이가 나는데 이쪽에 있는 매도자가 이쪽에 있는 부동산에 매물을 내놓지 길 저쪽 부동산에 잘 내놓지 않는다는 점이다.
또한 매수인도 이쪽 물건을 보러 왔으면 이쪽에 있는 부동산에 둘러보지 길 저쪽으로 잘 가지 않기 때문이다.
그래서 업자들끼리 서로서로 도우는 공동중개란 협업체제가 자연스레 형성되게 된다. 이것은 시장의 필요에 따라 자연발생적으로 태어난 것이며 건마다 틀리지만 2인 공동중개가 일반적이고 3인 공동중개도 있고 4인 공동중개도 가끔씩 하기도 한다.

　세분화된 구역마다 의례껏 친목단체인 상조회라는 모임이 있는데 거래질서의 확립, 상호분쟁의 해소라는 순기능도 있으나 외부에 대해서는 다소 폐쇄적이고 배타적인 규정이 있는데 이것이 일종의 떼 법이다. 일개 친목단체인 상조회이지만 회원 상호간 강력한 유대관계를 형성하여 작지만 큰 힘을 발휘하는 대한민국 헌법보다도 이 떼 법이 더 무섭다는 말도 있다. 아무리 메이저그룹이라고 하더라도 이러한 장벽을 뚫고 성공할 수 있을까?

　이성권(남.66)씨는 대령으로 퇴역한 군인이다.
　그런데 알려주지 않아 잘 모르겠는데 안기부인가 그런 정보분야 계통이 아닌가 생각된다. 계급도 계급 나름이지 3공을 거쳐 5, 6공 군사정권시절 현역으로 근무했으니 아마 나는 새도 떨어뜨린다는 막강한 권세를 떨쳤으리라 !
　훤칠한 이마에 까무잡잡한 얼굴, 무엇보다 대화할 때 상대방을 압도하는 카리스마가 베어 나온다.
　치켜들었다가 내리깔았다가 좌로 굴렸다가 우로 굴리는 매서운 눈매에 나이답지 않는 카랑카랑한 목소리는 베테랑 취조관의 관록을 여지없이 보여주었고 걸리면 국물도 없는 무서움이 서려 있었다.
　대머리를 가리기위해 까만 신사모를 쓰고 다니는 이씨는 필자의 중개로 41평대 아파트를 매입하고 이사를 왔다.

이후 이씨는 거의 매일 나의 사무실을 찾아왔다.

센스가 있어서인지 고객과 상담중이면 다른 비디오가게나 도배가게에서 시간을 보내다가 들어오곤 한다. 볼 일이 있거나 없거나, 할 이야기가 있거나 없거나 통과의례로 왔다가 시간을 보내곤 한다.

부동산 업무에 지장과 불편을 주지 않고 워낙 눈치껏 행동하기 때문에 귀찮아 해 본적이 없다.

그때 급매물로 40억짜리 빌딩이 25억에 나왔다.

매도 의뢰하는 물건을 유심히 지켜보던 이씨는 긴장하는 눈치였다. 물건의 정보를 부동산이 지득한 동시에 알게 된 이씨는 수시로 그 빌딩에 들러보고 치밀하게 계산을 하였다.

그리곤 매입의사를 밝히는데 8억으로 어떻게 안 될까? 이다.
내 참 ! 어이가 없어서 ....
두 사람은 서로를 쳐다보며 한참 웃었다.

필자는 이 빌딩의 등기부등본을 살펴보고 있었다.
융자가 10억, 보증금 2억에 월세 400이다.
월세로 융자금 이자는 간신히 충당할 수 있다.
융자, 보증금안고 사면 12억에 매수자금 8억이면 20억이다.
5억의 격차를 어떻게 줄이냐가 부동산이 해야 할 일이다.
필자는 무조건 빌딩주인에게 계약할테니 나오라고 했다.
그리곤 이씨에게는 2억짜리 수표와 6억짜리 수표 두 장을 지참하라고 알려주면서 빌딩인수 작전전략을 숙의하였다.

드디어 그날 ! 운명의 날이 왔다.
서로 간단한 인사를 나눈 후 본격적인 협상에 들어가기 전 나는 이씨에게 돈을 보자고 했다.
이씨는 약속한 2억과 6억의 수표를 테이블위에 내 놓았다.

나는 말했다. "사장님! 지금 현재 현금 8억이 있습니다. 융자금 보증금 합쳐 20억입니다. 사장님이 요구한 금액보다 5억이 모자랍니다. 깎아 주실 수 없습니까? 이 분이 여기저기 빌려서 마련한 돈이 이것이 전부입니다. 좀 깎아 주십시오."

그러자 빌딩주인은 펄쩍 뛰었다.
사람을 놀리는 것이냐? 이거 뭐하는 일이냐? 내가 지금 좀 자금사정이 있어서 그런데 그거 어디 가서 물어봐라 얼마짜리 인가? 이렇고 저렇고 큰 소리로 이야기를 한참 늘어놓더니 못 하겠다며 문을 박차고 나가버렸다.

"..............................!!!"
한참동안 무거운 적막감이 흐른 후 이씨는 나를 쳐다보며 나가리(무효)됐네 하였다.
나는 이씨를 쳐다보며 빙그레 미소를 보냈다. 이씨는 의아한 듯 나를 한참 쳐다보더니 뭔가 알겠다는 시늉을 하며 금세 얼굴이 밝아졌다. 그날 서로 의미 있는 눈빛을 교환하곤 헤어졌다.

그날 이후 5일째 되던 날 빌딩주로부터 연락이 왔다.
2억만 더 쓰라는 얘기다. 나는 힘써보겠다고 했다.
또다시 만난 우리는 먼저보다 한층 부드러운 분위기 속에서 실질적인 대화를 나눌 수 있었다. 오랫동안 협상한 끝에 6개월이나 밀린 은행이자 및 그동안에 밀린 제 경비를 매수자가 부담하기로 하고, 매도자는 부동산수수료를 면제하고, 언제라도 등기서류를 넘겨주는 즉시 잔금 6억을 건넨다는 조건 하에 총 20억에 계약하였다.

"어떻게 알았어?"
소주한잔 들이키며 이씨가 물었다.
그때 나의 의미 있는 미소에 매우 궁금해 왔다는 것이다.

나는 말해 주었다.
40억짜리 물건을 눈물을 머금고 내놓았지만 팔리지 않아 끝내 25억까지 내려왔다. 매우 다급한 사정이 있다는 점이다.
5억을 깍자고 했을 때 그때부터 필자는 시간을 재고 있었다.
빌딩주는 그 즉시 박차고 일어선 것이 아니라 정확히 5분을 더 떠들며 앉아 있다가 간 것이다.
이것은 무엇을 말하는가? 미련이 있다는 뜻이 아니겠는가?

더구나 2억과 6억짜리 현금을 눈앞에 펼쳐보였다.

2억은 즉시 계약하겠다는 계약금이고 6억은 나머지 잔금이다.

이것보다 확실한 의사표시가 있겠는가?

물론 예상보다 터무니없이 값을 후려치는데 화도 나고 너무나 어이가 없어 단호히 거부하고 나갔지만 이삼일이 한계다.

자기 자신을 납득시키고 이해시키는데 최소한 이삼일의 기일이 소요되고 사정이 급할수록 더욱 빨라지게 된다.

그렇다고 그동안에 원하는 금액에 팔리는 기적이 일어날 수 있다면 좋으련만 그런 기적을 바랄 수는 없지 않은가?

괜히 배짱부리다가 이거라도 놓치는 게 아니야?

사흘째부터는 초조하게 된다. 그때부터 부동산에서 전화오기만을 기다리게 된다. 눈이 빠지도록 학수고대 기다리지만 끝내 연락이 오지 않는다. 초조감은 극에 달하고 모든 자존심을 팽개치는 시점이 4,5일째다.

그 금액에라도 팔걸 그랬지. 괜히 욕심을 부려가지고 ....

후회하기 시작하고 살 사람이 아주 떠났을까바 안절부절못하는 때가 이때쯤이다.

나는 예상했다.

그동안 매물이 팔리는 극적인 상황이 전개되지 않는 한 사나흘내에 반드시 연락 올 것이라고 ....

그래서 이씨 보고 앞으로 일주일간은 그 빌딩 주위에 얼씬도 하지 말고 더더욱 전화를 해서는 안된다고 주의 주었던 것이다.

눈치빠른 이씨 부동산이 뭔가 감을 잡고 나가는구나 직감하면서 적극 동조하였던 것이다. 의외의 왕건이를 획득한 이씨는 요즘 연신 싱글벙글이다. 그 빌딩은 현재 100억을 호가한다.

이씨와 같이 믿을 수 있는 부동산을 친구와 같이 잘 사귀어두면 부자가 될 수 있는 길이 훨씬 빠를 수 있다.

분당 정자동에 있는 패션디자이너 황희경(여.45)씨
아파트를 매입하면서 달라는 복비보다 더 많이 주면서 부탁했다.

"아저씨 제가 좀 바빠요. 우리 집 잘 좀 관리해 주세요."
이후 수차례 임차인이 바뀌어 들어오고 나갔지만 황희경씨는 한번도 부동산에 나타나지 않고도 일을 처리할 수 있었다. 모든 일은 전화로 다 처리되었고 금액의 정산은 텔레뱅킹으로 신속히 처리할 수 있었다. 황씨는 현재 미국 뉴욕에 체류중인데 집에 관한 모든 일은 전화로 처리하고 있다. 심지어 필요한 서류를 좀 떼 달라하기도 하고 자질구레한 심부름도 시키기도 한다.

나는 흔쾌히 그의 부탁을 들어준다.
부동산을 잘 이용하는 사례다.

의류업체 폴사인 직원 김성원(남.30)씨

갓 결혼한 신혼부부로 24평을 매입할 때 필자와 G 공인이 공동중개하였다. G 공인측이던 이씨는 매매과정에서 G 공인과 심하게 다투었다. 또한 미국으로 전출가게 되었는데 전세놓는 과정에서도 부동산과 심하게 다툰 후 복비 못준다하곤 그냥 미국으로 떠나버렸다. 어느 날 천안에서 왔다는 허름한 촌로가 나를 찾아왔다.

회사자금의 대출로 부동산을 매입한 이씨는 회사에 입증서류를 제출하려고 부동산에 필요한 서류를 요청하였으나 단단히 삐친 부동산은 일을 처리해 주지 않았다. 할 수없이 시골에 계시는 아버지께 연락하여 그 부동산에 가보라고 한 모양이다. 시골에서 어렵게 올라온 촌로는 물어물어 부동산을 찾아가 보았지만 문전박대를 당하고 당시 공동중개한 필자를 찾아와 어떻하면 좋으냐며 곤혹스런 표정을 지었다. 상황을 보니 딱한 사정이었으나 필자가 나설 일도 아니고 아무것도 도와줄 수 없는 입장이었다.

그때 일을 어떻게 처리했는지 모르지만 멀리 미국에서 발만 동동 구르며 답답해할 젊은 친구를 생각하면 안쓰럽게 생각된다.

중개를 하면서도 느낀 점은 30대 젊은 친구 즉, 세상의 때를 덜 묻은 순박한 새내기한테서 그런 일이 종종 일어나는데 부동산 업자들 모두 사기꾼이다라는 편견이 있는 것 같다.

악덕 고리대금업자와 같은 반열에 놓고 생각하는 것이다.

그런 편견으로 바라보니 자기생각으로 좀 이상하다 싶으면 사기당하는 것이 아닌가? 긴장하게 되고 긴장하다 보니 의심하게 되고 의심하다 보니 꼬치꼬치 따지게되고 꼬치꼬치 따지다보니 부동산과 싸우게 되고 싸우다보니 더욱 사기당하는 것 같고 ....

　이런 사람과 중개를 한번 하다보면 진이 다 빠진다.

　기업물건인 아파트 21평을 매매한 적이 있었다.
　매도측은 법인이고 매수측은 개인인데 일반 개인끼리 매매하는 거래와는 다소 차이가 있었다.
　강북에 사는 젊은 부부는 계약 후 매일같이 전화를 해대며 다른데는 그렇게 안하는데 거기는 왜 그러냐? 우리가 아무것도 모르는 줄 아느냐? 여기 부동산에 물어보니 그렇게 안 한다 카더라......... 등등 그저 사람을 달달 볶아댔다.
　아무리 설명해도 믿으려 하지 않고 따지는 통에 미칠 지경이었다.
　마침내 등기비에서 폭발했다.　나는 법무사에게 이런 경우 등기비가 얼마냐고 물었고 알려준 그 금액을 매수자에게 알려주었다.
　그랬더니
　"당신 너무한 거 아니냐? 우리가 바본 줄 아느냐?
　뭐 이따위로 하고 있어?"
　젊은 친구한테 온갖 모욕적인 언사를 들은 나는 끓어오르는 분노를 억누르며 법무사에게 다시 물어보았다. 즉 법인으로서의 등기비와 개인으로서의 등기비가 차이가 났던 점이다. 법인으로서는 법률로 정해진 매매가로 해야되지만 개인은 그보다 훨씬 낮은 공시가로 할수있기 때문에 당연히 등기비에서 차이가 났던 것이다.

나는 이런 점을 이야기하고 이해를 시키려했지만 안그래도 미덥지 못해 불신하고 있던 차 등기비마저 법무사와 서로 짜고 해먹을려고 그러는구나 생각한 젊은 부부를 설득은커녕 욕만 진탕 얻어먹었다. 젊은 친구한테 이런 모욕적인 언사를 들은 후 참을 수 없는 분노가 끓어올랐으나 고객과의 다툼은 안된다싶어 참았지만 분을 삭히는데 꽤 오래 걸렸다.

새파란 젊은 고객을 보면 나도 모르게 긴장하게 된다.

● 배 아파하지 말고 배고파하자

쓸데없는 정의감과 명분으로 부자를 천시하는 것은 그에 못 미치는 자신의 처지를 위로하기 위함이며 자신을 합리화하기 위한 포장일 뿐이다. 굶주린 배를 채우기 위해 미친 듯이 광야를 헤메는 하이에나와 같이 부자가 되기 위해 미친 듯이 나서야 한다.

부동산투자는 고도의 심리게임이다.

두려움은 늘 과장되기 마련이라 집값이 상승할 때는 하루라도 빨리 집을 사려고 조바심 내던 사람들이 집값이 하향안정추세로 돌아서자 이제는 폭락하기를 기다린다.

멀리 IMF 때는 물론이고 1년 전 리먼브라더스 파산으로 야기된 미국 발 외환위기 때 당시 부동산관련 사이트에 가보면 온통 집값 폭락을 예상하고, 집값폭락을 즐기면서 하루라도 빨리 팔지 않으면 거지꼴이 난다든지 IMF 외환위기보다 더 큰 위기가 닥치느니 하면서 나름대로의 도표와 지수를 제시하며 완전 도배질을 하고 있었다.

집 값 폭락을 주장하며 폭락하기를 바라는 분들은 다수가 무주택자가 아닌가 생각되는데 이 분들이 집 값 폭락이 현실화 될 경우 과연 집을 마련할 수 있을까?

대답은 단연코 NO!

IMF 외환위기 때 부동산을 거저줍다시피 한 사람들이 요즘 한창 대박신화를 이어가고 있다. 집 값 폭락을 주장하며 폭락하기를 간절히 바라는 분들은 다수가 무주택자가 분명한데 작금은 10년 전 IMF 외환위기와 똑같은 미국 발 외환위기 상황이 왔어도 이들 중 과연 누가 대담하게 사려고 나설까?

나를 바꾸지 않는 한 어떠한 기회가 와도 이를 잡지 못한다.

집 값 폭락을 부르짖는 네티즌의 타킷은 수 십억대의 강남

부동산 소유자들일 것이다. 많은 분들이 강남부동산의 붕괴를 꿈꾸고 대 폭락을 염원하지만, 강남부동산의 붕괴가 그렇게 쉽게 일어날 수가 없다. IMF 외환위기시 강남부동산도 잠시 휘청거렸지만 그의 회복은 놀라울 정도였고 10년 후 똑같은 상황에 몰렸지만 다 알다시피 1년도 않되 최고가를 경신하며 조만간 평당 1억대 돌파를 향하여 줄기차게 달리고 있는 것이다. 강남에서는 나오는 매도 물량이 한없이 쌓이는 것이 아니라 과도한 금융부채에 못이겨 급매물이 몇 개 나올 뿐 대부분의 소유자들은 매물로 잘 내놓지 않는다. 주식처럼 폭락 장세에서 매도 잔량이 한없이 쌓이는 현상이 아니라는 것이다.

끝없이 추락할 것 같던 주가가 반등하자 전국의 부동산중 가장 먼저 튕겨 올라간 곳이 이곳 강남이다. 원상회복정도가 아니라 눈 깜박할 사이 기존가보다 20%이상 올려놓는데 한 달도 채 걸리지 않았고 더구나 매도물량 하나 없이 호가만 천정부지로 치솟았으며 이후 집값은 다 아는바와 같이 IMF 폭락시보다 3 - 4배 이상 나가고 있다. 당시 강남 부동산이 끝없이 추락하고 있다고 매스콤에서 연일 떠들고 있었는데 단기간의 급등과 일시적 2가구, 과도한 금융부채로 나온 급매물 한두건이 전체 부동산의 척도로 착시되는 것이 아닌가 생각된다. 강남부동산의 터줏대감인 필자도 지난 6개월간 한건도 매도해본 적이 없다. 도대체 팔 물건이 없다. 필자가 이 정도니 다른 부동산도 다 비슷한 상황이라 부동산업자 모두 죽을 지경이다.

필자는 내 상가에서 영업하니 월세의 부담이 없지만 비싼 월세를 주고 영업하는 동료업자들을 보면 하루하루 버티는 게 피가 마르고 눈물겹다. 왜냐하면 '진짜 부자'가 많기 때문이다.

강남에는 경기변동에 거의 영향을 안 받는 알부자들이 많다. 은행권에서 돈을 빌려 집을 산 사람들이 드물어 대출금리 상승의 압박도 받지 않고 부동산뿐 아니라 현금 자산도 충분히 갖고 있는 경우가 많다. 경제 위기가 닥치고 직장을 잃어도 먹고사는 데 전혀 지장이 없는 계층이니 이들이 다급하게 집을 싸게 팔 이유가 없고 실제로 팔려고 내놓은 집도 별로 없으니 집값이 쉽게 떨어지지 않는다.

IMF 외환위기가 왔을 때 강남부자들의 술자리에서 구호가 '위하여! 위하여!' 가 아니라 '이대로! 이대로!' 였다.

무슨 뜻인지 알겠는가?

집값이 폭락하니 알짜물건 맘대로 골라 잡을 수 있고 맛있는 음식, 유흥, 환락 등 돈의 위력을 극대화 할 수 있었으니 이것이 바로 천국이요 도원경이 아니겠는가? 이보다 더 좋을 수가 없다 이대로 지속되었으면 좋겠다라는 바램이 아니겠는가?

집값이 떨어질까바 떨고 있는 자는 강남 부자들은 아니다. 집값 폭락을 바라는 자는 어쩌면 강남부자들인지도 모른다. 그래야 또 한번의 대박 챤스를 포착할 수 있기 때문이다.

서울은 대한민국의 중심지이며, 대규모 지각 변동이 일어나지 않는 한 이 나라를 지탱하는 금융, 정치, 경제, 교육 기타 사회 자본의 중심이 될 것이며, 그들의 위치에 들어갈 능력이 되는 사람들은 부동산 가격이 아무리 높더라도 지불할 수 있는 능력이 있다.

경제 위기가 닥치고 불황이 닥치면 수도권 집값이 붕괴할 거라고 이야기들 하는데, 경제 위기가 오면 농어촌 지방 중소도시부터 먼저 무너지고 그 다음이 지방 대도시가 될 것이며 수도권과 서울은 제일 마지막에 무너진다. 그들의 타킷인 강남 집값이 무너지기 시작하면 지방 중소도시는 거의 재기불능 빈사상태다. 마치 전쟁이 일어나면 앞장선 졸병이 제일 먼저 죽고 그 다음 부사관, 위관 장교, 영관 장교 등 차례로 다 죽고 나서 마지막에 장군이 죽는 것과 마찬가지다.

핵폭탄이 떨어진 전쟁상태가 아닌 이상 세계 10위권 한국 경제가 그렇게 맥없이 무너질 수 있다고 생각하는가?

부질없는 명분과 편협한 시류에 휩쓸리지 말고 부동산 가격이 하향안정추세에 있는 이때 자신이 잘 알고 있는 그 지역의 부동산을 눈여겨 보아두었다가 싸다고 판단되면 잽싸게 낚아채길 바란다. 주의할 점은 본인이 잘 모르는 곳은 본인이 확실히 알 때까지는 투자를 보류해야한다. 컨설팅 투자상담자가 설명하고 권유해도 본인이 직접 확인하고 확신이 서야 한다. 그런 후 투자를 하였다면 시중에 떠도는 부동산뉴스를 모두 무시해 버려라. 부동산의 실질적 내재적가치를 제대로 판단하고 있다면 가격이 잠시 출렁거린다고해서 불안해 할 필요가 없다. 흔히들 어느 곳이 유망하다라고 소문이 돌면 떼로 몰려다니며 묻지마투자가 극성인데 이런 사람일수록 귀가 얇아 부동산뉴스에 일희일비하다가 쪽박차기 일쑤다.

  대한민국의 제일 유명한 부동산컨설팅, 내로라하는 부동산투자전문가도 그 지역의 정보는 그 지역에 사는 당신보다 못하다. 그 지역의 최고전문가는 그 지역에 살고 있는 바로 당신인 것이다. 다만 정보접근이 어려워 당신을 모르는 당신을 위하여 여기 여러 곳의 필요정보를 제공하니 투자에 참고하시기 바란다.

http://blog.naver.com/bubsa0701

  정보입수는 그다지 어려운 일만은 아니다.
  사전에 입수된 신 개발지 정보에 따라 매입했다가 개발이 확정될 즈음 매물로 팔아 시세차익을 보는 방법 － 일반 투자자들도 이처럼 고급정보 입수가 가능하다면 한 발 앞서 개발정보를 접해 얼마든지 시세차익을 볼 수 있다. 신 개발지의 관한 지방자치단체를 통해 개발윤곽을 잡는 방법을 이용하면 누구나 쉽게 접할 수 있기 때문이다. 대체로 신도시, 신개발지역으로 확정안이 발표되기 전 지방자치단체는 중장기적인 계획안을 잡기 마련이다.
  이러한 계획은 지자체에서 얼마든지 얻을 수 있다. 도시기본계획, 또는 토지이용계획안 등에서 찾을 수 있다. 지방자치단체의 군(구)정 보고, 도시기본계획, 교통정비계획안, 재정비계획, 장기 발전 기본구상 등이 그것이다. 이 같은 정보는 지방자치단체 도서관이나 홍보물·관보 등에서 사전에 공식적인 입수가 가능하며, 원하면 자료 복사도 해준다. 요즘은 행정의 공개화로 인해 아주 중요한 진행 중인 개발계획을 제외하고는 거의 일반인들에게 공개하는 게 원칙이다. 만약 공개를 꺼린다면 민원실 책임자를 찾아 필요한 자료임을 강조하며 부탁한다면 거의 일반적인 서류열람이나 자료복사는 가능하다. 지자체 입장에서 도시계획자료가 공개된다고 해서 비밀 개발정보가 유출된다고 생각하지 않는다.

오히려 장기발전계획에 따라 인구를 끌어들일 수 있고 주요 생산시설을 유치할 수 있어 지자체 발전을 위해 홍보할 수 있는 자료이다. 지자체 홈페이지 도시계획관련 자료에 PDF 파일로 저장돼 있고 일반인 누구나 열람할 수 있다. 시중의 일부 지도판매상은 전국의 도시기본계획도를 5만, 2만5천, 5천분의 1 지도에 지형도를 합성해 지도에 입혀 판매를 한다. 이 지도는 향후 지자체의 개발계획을 한눈에 파악할 수 있도록 감을 잡는 데 유용한 자료이다.

도시기본계획은 지자체의 기본적인 공간구조와 장기발전방향을 제시하는 종합계획이며 도시관리계획 수립의 지침이 되는 자료로써 지도만 잘 살펴도 투자에 도움이 되는 고급정보일 가능성이 높다. 물론 지자체 개발 계획안 모두 100% 신뢰할 수 있는 정보는 아니어서 5년마다 개발계획을 수정하고 중앙정부 협의 절차와 자체예산 집행여부에 따라 개발계획이 무산되거나 연기되기도 한다.

그러나 지방자치단체의 장기 구상이기 때문에 투자할 때 활용할 가치로는 충분하다. 무늬만 부동산 디벨로퍼인 기획부동산이나 한탕주의 무자격 사기꾼 브로커들이 들고 다니는 자체 제작(?)한 스케치 개발계획안보다는 가히 절대적으로 신뢰할 수 있는 자료인 셈이다.

토지를 싸게 매입해 사기를 치는 개발업자들은 이러한 자료를 위·변조하기 때문에 복사본 보다는 원본을 봐야 하고, 담당 공무원에게 그 사실을 직접 물어보는 것도 확실한 방법이다. 투자자 입장에서는 신 개발지뿐만 아니라 토지의 규제를 완화하는 지역도 눈여겨볼 만하다. 임야가 주거지로 용도 변경되거나 주거지가 상업지로 바뀌면 땅의 가치가 치솟는 것은 당연지사다. 이러한 지역은 도시계획을 입안하기 전에 주민 공람공고나 지가조사를 하기 때문에 이 시점에서 발 빠른 정보를 얻는다면 첫차 행 투자의 묘미를 얻을 수 있다. 다만 사전에 고급정보를 얻으려다 루머에 휩쓸리기 쉬우므로 나름대로 각종 정보를 수집하고 분석하는 노력이 필요하다.

단기적인 시세차익만을 노리기보다는 중장기적 관점으로 투자 타이밍을 맞춘다면 부동산 투자에 성공할 가능성이 높다.

● 사주팔자와 인테리어

십이지(十二支)에는 각각의 방향이 붙어있는데
자(子)는 북, 축(丑)은 북동, 인(寅)은 동북, 묘(卯)는 동, 진(辰)은 동남, 사(巳)는 남동, 오(午)는 남, 미(未)는 남서, 신(申)은 서남, 유(酉)는 서, 술(戌)은 서북, 해(亥)는 북서 방향이다.

계절적으로 분류해보면
동쪽방향의 인,묘,진(寅,卯,辰)이 봄 춘(春), 남쪽방향의 사,오,미(巳,午,未)가 여름 하(夏), 서쪽방향의 신,유,술(申,酉,戌)이 가을 추(秋), 북쪽방향의 해,자,축(亥,子,丑)이 겨울 동(冬)이 된다.

월별로는
자(子)는 11월, 축(丑)은 12월, 인(寅)은 1월, 묘(卯)는 2월, 진(辰)은 3월, 사(巳)는 사월, 오(午)는 5월, 미(未)는 6월, 신(申)은 7월, 유(酉)는 8월, 술(戌)은 9월, 해(亥)는 10월이 된다.

띠별로는
자(子)는 쥐, 축(丑)은 소, 인(寅)은 범, 묘(卯)는 토끼, 진(辰)은 용, 사(巳)는 뱀, 오(午)는 말, 미(未)는 양, 신(申)은 원숭이, 유(酉)는 닭, 술(戌)은 개, 해(亥)는 돼지띠가 된다.

오행으로는

인(寅), 묘(卯)는 목(木), 사(巳), 오(午)는 화(火), 신(申), 유(酉)는 금(金), 해(亥), 자(子)는 수국(水局)이 된다.

진, 술, 축, 미(辰,戌,丑,未)는 토(土)로써 목, 화, 금, 수국(木, 火,金,水局)의 세력을 따라간다.

오행은 상생과 상극이 있는데

상생(相生)은 목생화(木生化), 화생토(火生土), 토생금(土生金), 금생수(金生水), 수생목(水生木)이 되며

상극(相剋)은 수극화(水剋火), 화극금(火剋金), 금극목(金剋木), 목극토(木剋土), 토극수(土剋水)가 된다.

자, 인, 진, 오, 신, 술(子,寅,辰,午,申,戌)은 양(陽)이요, 축, 해, 유, 미, 사, 묘(丑,亥,酉,未,巳,卯)는 음(陰)이다.

쥐띠는

갑자(甲子), 병자(丙子), 무자(戊子), 경자(庚子) 임자(壬子) 생이 모두 자년생(쥐띠)이며 거의 비슷하게 살아간다. 쥐띠생의 삼재기간은 寅(호랑이)년에 들어와 午(말), 戌(개)의 해까지 삼재가 되니 일생 살아가는 동안 이런 해를 조심해야 한다. 쥐띠와 인연이 있는 띠는 소띠와 육합이 되고 용띠, 원숭이띠와는 삼합이 되며, 양띠와는 원진살이요 말띠와 닭띠는 충·해살이 된다. 巳(사)는 겁살이며 午(오)는 재살, 未(미)는 천살,

申(신)은 지살, 酉(유)는연살, 戌(술)은 월살, 亥(해)는 망신살, 子(자)는 장성살, 丑(축)은 반안살, 寅(인)은 역마살, 卯(묘)는 육해살, 辰(진)은 화개살이 된다.

쥐띠에 해당하는 학생은 未(미)의 방향(남서쪽)으로 책상을 두고 공부하면 우등생이 되고 그와 반대로 丑(축)의 방향(북동쪽)으로 책상을 두고 공부하면 열등생이 된다. 쥐띠생은 未(미)의 방향인 벽에다 종교물을 걸어두면 크게 해롭다(조상신이 들어오는 방향이니 이는 조상신을 배척하는 것과 같다).

쥐띠생의 출입문이나 사업체의 출입문(대문) 방향은 申(신)의 방위(서남쪽)가 좋다.

申(신)과 子(자)는 合(합)이 되어 재물운이 따른다.

쥐띠생이 잠을 잘 때 丑(축)방향(북동쪽)으로 머리를 두고 자면 사업인은 장사가 잘 되고 매사 순조롭게 진행된다.

결혼 못한 쥐띠생의 노처녀 노총각은 丑(축)방향으로 머리를 두고 잠을 자거나 방을 정하면 좋은 혼처가 나타난다. 공부하는 학생이 쥐띠생일 때 책상을 두고 공부하는 때는 未(미)의 천살방향(남서쪽)으로 두고, 또 잠을 잘 때는 丑(축)의 방향으로 머리를 두고 잠을 자면 진학길이 열리고 무사히 합격한다(잠을 잘 때와 잠을 자지 않을 때는 다르다). 종교인들이 해당 신을 향하며 기도할 때 신의 은혜를 받고자 할 때는 쥐띠생은 卯(묘)의 방향(동쪽)으로 향하여 정좌하고 기도하라.

신께서 반드시 대답을 한다고 한다. 집안사항이나 사업 성공을 위하여 기도 또는 고사를 지낼 때 쥐띠생은 卯(묘)의 방향을 향하고 기도하라.

소띠는

을축(乙丑), 정축(丁丑), 기축(己丑), 신축(辛丑) 계축(癸丑) 생이 모두 축년생 소띠이며 거의 비슷하게 살아가지만 체격이 큰 사람과 작은 사람의 성격과 운명은 조금 차이가 있는 것이 특이하다.

소띠생은 亥, 子, 丑(해, 자, 축)년에 삼재팔란이 오게 되니 亥·子··丑년 을 조심하라. 대개는 실패의 원인이 될 수 있으니 이런 해에는 사업 확장, 신규 사업 변동 등은 신중하라. 휴식 기간으로 생각하면 된다. 소띠생은 매년 七月(7월) 에 망신살이 있으며 특히 삼재가 든 해의 7월은 더욱 심하다.

소띠생은 쥐띠와 육합으로 가장 인연이 깊고 뜻이 맞다는 뜻이고 巳, 酉, 丑(사, 유, 축) 즉 뱀띠와 닭띠와는 삼합이 된다. 말띠와는 원진살이요, 양띠와는 충살이요, 용띠와는 파성이 된다. 子(자)는 육해살, 丑(축)은 화개살, 寅(인)은 겁살, 卯(묘)는 재살, 辰(진)은 천살, 巳(사)는 지살, 午(오)는 연살, 未(미)는 월살, 申(신)은 망신살, 酉(유)는 장성살, 戌(술)은 반안살, 亥(해)는 역마살이 된다.

소띠생은 辰(진)방향(동남쪽)에다 종교적인 물건을 벽에 걸지 말라. 소띠생에게 辰(진)의 방향은 천살 방향이니 조상신이 들어오는 자리가 된다. 만약 이 방위에 종교물을 걸어두면 조상신을 못 오게 배척하는 뜻과 같다.

소띠생의 학생은 辰(진)의 방향에다 책상을 두고 공부를 하면 잡념이 생기지 않고 머리가 맑아져 공부가 잘 되며 우등생이 된다. 만약 그의 반대인 戌(술)의 방향(서북쪽)으로 책상을 두고 공부하면 열등생이 된다.

소띠생은 잠잘 때 戌(술)의 방향(서북쪽)으로 머리를 두고 잠을 자면 건강도 좋고 사업운도 열린다. 승진 진급도 잘 되며 학생일 경우 공부도 잘 된다. 단 잠잘 때만 해당된다. 만약 戌(술)방위에다 책상을 두고 공부를 하면 안된다. 또한 결혼 못한 처녀, 총각은 소띠생일 경우 戌(술)방향으로 머리를 두고 잠을 자면 결혼 운이 열린다.

범띠는

갑인(甲寅),병인(丙寅),무인(戊寅),경인(庚寅),임인(壬寅)생이 모두 인년생 범띠이며 거의 비슷하게 살아간다.

범띠는 申(원숭이), 酉(닭), 戌(개)의 해에 삼재가 된다.

이런 해에는 불상사가 생기기 쉬우니 조심해야 한다. 범띠는 다른 띠에 비해서 운이 좋고 복이 많은 띠라고 볼 수 있다.

범띠생은 돼지띠와 육합(六合)이 되고 말띠와 개띠와는 삼합(三合)이 되고 닭띠와는 원진살이요. 원숭이띠와는 충살이 되고 뱀띠와는 서로 충해한다. 寅生(범띠)에게 亥(해)는 겁살이요, 子(자)는 재살, 丑(축)은 천살, 寅(인)은 지살, 卯(묘)는 연살, 辰(진)은 월살, 巳(사)는 망신살, 午(오)는 장성살, 未(미)는 반안살, 申(신)은 역마살, 酉(유)는 육해살, 戌(술)은 화개살이 된다.

범띠생은 소띠의 방향 (북동쪽)의 벽에다 종교물을 걸어두면 안된다. 범띠생에게 소띠는 천살이라 소띠방위는 귀신 방위요 조상신이 들어 오는 곳이다. 그런데 소띠의 방향에다 종교물을 걸어두면 조상신을 못 들어오게 하는 것이요 배척하게 되는 것이다. 범띠생이 아무리 노력을 많이 하여도 사업이 안 되고 집안에 우환이 끊이지 않는다면 반드시 소띠방위에 종교물이 있다. 만약 틀림없이 있다면 반드시 종교물을 제거하고 술과 고기를 마련하여 젯상을 차려 놓고 조상신께 잘못을 빌어야 한다. 거짓말처럼 장사가 잘되고 집안 우환이 없어진다.

범띠생이 학생일 때 소띠의 방향에다 책상을 두고 丑(축)의 방향(북동쪽)으로 향하여 공부하라. 정신집중이 잘 되고 공부가 잘 되며 합격의 영광이 있다. 반드시 우등생이 된다. 이와 반대로 반안살이 되는 방향에다 책상을 두고 공부하면 절대로 우등생이 될 수 없어 열등생이 된다. 범띠생의 반안살 방향은 未(미)방향(남서쪽)이다.

범띠생이 잠을 자는 방위는 未(미)의 방위다. 사업이 안되거나 집안에 우환이 생기면 未(미)방향(남서쪽)으로 머리를 두고 잠을 자면 사업이 순조롭고 가정에 우환이 없어진다. 결혼 못한 처녀 총각은 잠잘 때 未(미)방향으로 머리를 두고 잠을 자라. 멀지 않아 좋은 혼처가 생긴다. 시험을 앞둔 수험생· 입시생은 잠잘 때 未(미)방향으로 머리를 두고 잠을 자면 머리가 맑아지고 공부가 잘되며 무사히 시험에 합격된다.

토끼띠는

을묘(乙卯), 정묘(丁卯), 기묘(己卯), 신묘(辛卯), 계묘(癸卯)생이 모두 토끼띠이며 거의 비슷하게 살아간다.

토끼띠는 巳(뱀)·午(말)·未(양)의 해에 삼재가 되는데 이런 해가 되면 이사, 변동, 사업확장, 신규사업은 안하는 것이 좋다.

토끼띠의 길흉을 월별로 살펴보면 10월과 동짓달에 팔패살이 들고 정월에 망신살이 들어오니 조심하라. 특히 삼재가 든 해와 달은 더욱 심하다. 꼭 그렇다는 것은 아니나 대부분 다시 한번 생각해 보고 신중하는 것이 좋다.

토끼띠는 개띠와 육합이 되고, 돼지띠 양띠와는 삼합이 되고, 원숭이띠와는 원진살이요, 닭띠 말띠 용띠와는 충· 파· 해가 된다. 12신살로 보게 되면 申(신)은 겁살, 酉(유)는 재살,

戌(술)은 천살, 亥(해)는 지살, 子(자)는 연살, 丑(축)은 월살, 寅(인)은 망신살, 卯(묘)는 장성살, 辰(진)은 반안살, 巳(사)는 역마살, 午(오)는 육해살, 未(미)는 화개살이 된다.

토끼띠생은 戌(술)방향(서북쪽)에다 종교물을 걸어 두지 말라. 戌(술)방향은 천살 방위이므로 조상신이 들어오는 곳인데 종교물을 걸어 두면 조상신이 못 오도록 배척하는 것과 같다.

가정불화와 사업이 안되는 토끼띠생은 戌(술)방향에 종교물이 있을 것이다. 즉시 치우고 술과 고기를 준비하여 조상신께 잘못을 빌어라. 토끼띠생의 학생은 戌(술)방향으로 책상을 두고 공부하면
정신집중이 잘되고 공부가 잘되어 우등생이 됨과 동시에 시험합격을 한다. 대신 반안살이 되는 辰(진)의 방위(동남쪽)에 책상을 두고 공부하면 반드시 열등생이 되고 낙제를 많이 한다.

용띠는
갑진(甲辰), 병진(丙辰), 무진(戊辰), 경진(庚辰),임진(壬辰)생이 모두 용띠며 거의 비슷하게 살아간다.

용띠생은 인(寅) 묘(卯) 진(辰)년에 삼재가 되며 이때는 관재구설, 화재, 도난당하기 쉽다. 월별로 살펴보면 사월과 팔월에 팔패살이 들고 시월에는 망신살이 들어 있다. 특히 삼재가 들

어오는 해와 월에 더욱 조심해야 한다.

　삼재 드는 해에는 직장, 변동, 신규사업, 이동, 변동, 확장 등을 안하는 것이 좋다. 휴식을 취한다는 마음으로 여유를 가지는 것이 좋다. 용띠는 닭띠와 육합이 되고, 쥐띠와 원숭이띠와는 삼합이 되며, 개띠와는 충이 되고, 소띠와 토끼띠와는 파, 해가 되고, 돼지띠와는 원진살이 된다. 巳(사)는 겁살이 되고 午(오)는 재살, 未(미)는 천살, 申(신)은 지살, 酉(유)는 연살, 戌(술)은 월살, 亥(해)는 망신살, 子(자)는 장성살, 丑(축)은 반안살, 寅(인)은 역마살, 卯(묘)는 육해살, 辰(진)은 화개살이 된다.

　용띠생은 未(미)의 방향(남서쪽)에다 종교물을 걸어두지 말라.

　未(미)방향은 조상신이 들어오는 곳이다. 만약 용띠생의 사업이 잘 안되고 가정에 우환이 있다면 반드시 未(미)방향에 종교물이 있다고 하니 즉시 치우고 술과 고기를 준비하여 조상신께 잘못을 빌면 사업이 잘 되고 가정이 화평해진다.

　용띠생의 학생은 未(미)방향으로 책상을 두고 공부하면 정신집중이 잘 되어 공부가 잘 되며 우등생이 되며 합격의 영광이 있다. 단 그와 상반되는 반안살 방향인 丑(축)의 방향(북동쪽)으로 책상을 두면 공부가 안 되고 열등생이 된다.

용띠생이 잠을 자는 방위는 丑(축)방향(북동쪽)이 좋다. 건강하고 사업이 잘 되며 집안이 화평해진다. 용띠생의 학생은 잠잘 때
丑(축)방향으로 머리를 두고 잠을 자라. 그러면 머리가 맑아지고 공부 집중이 잘 되며 우등생이 되고 합격의 영광이 있다. 결혼하지 못한 사람은 丑(축)방향으로 머리를 두고 잠을 자면 멀지 않 아 좋은 혼처가 생긴다. 매사 집안 일이 시끄럽고 몸이 아프고 사업이 안될 때 잠자리 선택을 잘하고 잠을 자면 반드시 행운이 온다.

뱀띠는
을사(乙巳), 정사(丁巳), 기사(己巳), 신사(辛巳), 계사(癸巳)생이 모두 뱀띠며 거의 비슷하게 살아간다.

뱀띠는 亥(돼지), 子(쥐),丑(소)년에 삼재가 된다. 월별로 들어오는 팔패살은 사월과 팔월이고 칠월에는 망신살이 들어오니 일생 동안 이런 해와 달을 조심하라. 인간의 사주팔자는 고칠 수 없어도 운명은 얼마든지 개척할 수 있다. 사주팔자는 빌딩에 비유하며 운명은 빌딩 안의 영업장소를 비유하면 된다. 대개는 삼재기간이 나쁘니 이런 해 에는 무리하게 확장·신규 사업·변동 등을 하지 않는 것이 안전 하다. 뱀띠생은 원숭이띠생과 육합이 되고, 닭띠생과 소띠생과는 삼합이 되고, 돼지띠생과 범띠생과는 서로 충하고 해하며, 개띠생과는 원진살이 된다.

寅(인)은 겁살, 卯(묘)는 재살, 辰(진)은 천살, 巳(사)는 지살, 午(오)는 연살, 未(미)는 월살, 申(신)은 망신살, 酉(유)는 장성살, 戌(술)은 반안살, 亥(해)는 역마살, 子(자)는 육해살, 丑(축)은 화개살이 된다.

뱀띠생은 辰(진)의 방향(동남쪽)에다 종교물을 걸지 말라. 뱀띠생에게 辰(진)의 방향은 조상신이 들어오는 곳이니 종교물을 걸어두면 조상신을 못오게 배척하는 것과 같으니 큰 죄를 짓게 된다. 뱀띠생이 가정에 우환이 많거나 사업이 잘 안되면 반드시 집안의 辰(진)방향에 종교물이 걸려 있을 것이다. 즉시 걷어내고 술과 고기를 준비하여 조상신게 잘못을 빌면 매사 순조롭게 풀린다.

뱀띠생의 학생은 책상을 辰(진)의 방향으로 두고 공부하면 정신집중이 잘되고 우등생이 되며 시험에 합격하게 된다. 그와 반대로 반안살 방위인 戌(술)의 방위(서북쪽)에 책상을 두고 공부하면 정신 집중이 안되어 공부가 안되며 결국 열등생이 되어 계속 낙제하는 고통이 따른다.

뱀띠생이 잠을 잘 때는 戌(술)의 방향(서북쪽)으로 머리를 두고 잠을 자면 건강해지고 사업이 잘 되고 매사 마음대로 이룰 수 있다. 결혼 못한 뱀띠생은 戌(술)방향으로 머리를 향해 잠을 자면 멀지 않아 좋은 혼처가 생긴다.

뱀띠생의 학생이 머리를 戌(술)방향으로 향해 잠을 자면 머리가 맑아지고 집중이 잘 되며 공부 또한 잘 되고 우등생이 된다.

말띠는

갑오(甲午), 병오(丙午), 무오(戊午), 경오(庚午), 임오(壬午)생이 모두 말띠이며 거의 비슷하게 살아간다.

말띠는 申, 酉, 戌(신, 유, 술)년에 삼재가 되고 월별로는 시월과 십이월이 팔패살이 되며 사월에는 망신살이 된다. 이런 해와 월은 특별히 조심해야 할 것이다.

말띠생은 양띠생과 육합이 되고 범띠·개띠와는 삼합이 되고 소띠와는 원진살이 되고 쥐띠 토끼띠와는 서로 충하고 파한다. 午(오)생에게 亥(해)는 겁살, 子(자)는 재살, 丑(축)은 천살, 寅(인)은 지살, 卯(묘)는 연살, 辰(진)은 월살, 巳(사)는 망신살, 午(오)는 장성살, 未(미)는 반안살, 申(신)은 역마살, 酉(유)는 육해살, 戌(술)은 화개살이 된다.

말띠생은 丑(축)의 방향에다 종교물을 걸어 두지 말라. 말띠생의 조상신이 들어오는 방향은 丑(축)의 방향이다. 만약 丑(축)의 방향(북동쪽)에다 종교물을 걸어두면 조상신을 들어오지 못하도록 배척하는 행위가 되니 큰 죄를 짓는 것과 같다. 말띠생의 사업인이 사업이 잘 안되고 집안에 우환이 생기면

이는 반드시 丑(축)의 방향에 종교물이 걸려 있거나 붙어 있다. 이때는 즉시 걷어내고 술과 고기를 준비하고 조상신께 잘못을 빌면 사업이 잘되고 가정이 평화로워 진다.

 말띠생의 학생은 丑(축)의 방향으로 책상을 두고 공부하면 정신집중이 잘 되고 우등생이 되며 시험 합격의 영광이 많아진다. 그와 반대로 未(미)방향(남서쪽)으로 책상을 두고 공부하면 정신집중이 안되고 공부에 방해와 막힘이 많고 열등생이 되며 낙제의 쓰라림이 많다.

 말띠생이 잠을 잘 때는 未(미)의 방향(남서쪽)으로 머리를 두고 잠을 자면 건강해지고 사업이 잘 되고 직장인은 승진 진급이 빠르며 학생은 공부가 잘 되고 시험 합격을 한다. 말띠생이 만약 未(미)의 반대인 丑(축)방향으로 머리를 향하여 잠을 자면 큰 문제가 생긴다. 말띠생에게 未(미)의 방향은 잠잘 때 행운을 얻는 방향이다. 결혼을 못한 말띠생은 未(미)의 방향에다 머리를 두고 잠을 자면 머지않아 좋은 혼처가 나타난다.

양띠는
 을미(乙未), 정미(丁未), 기미(己未), 신미(辛未), 계미(癸未)생이 모두 양띠이며 거의 비슷하게 살아간다.

 양띠는 巳(사)년에 삼재가 들어 午(오), 未(미)년까지 3년간 삼재운이다. 월별로는 10月과 11月에 팔패살이 들고 정월달에는 망신살이 들어오니 이런 해와 월은 항시 조심해야겠다.

양띠생은 말띠생과 육합이 되고 돼지띠·토끼띠와는 삼합이 된다. 쥐띠생과는 원진살이요 소띠와 충하고 개띠와는 파가 된다. 申(신)은 겁살이요, 酉(유)는 재살, 戌(술)은 천살, 亥(해)는 지살, 子(자)는 연살, 丑(축)은 월살, 寅(인)은 망신살, 卯(묘)는 장성살, 辰(진)은 반안살, 巳(사)는 역마살, 午(오)는 육해살, 未(미)는 화개살이 된다.

양띠생의 사업이 잘 안되고 가정에 우환이 생길 때 보면 대체로 戌(술)의 방향(서북쪽)에 종교물을 걸어 두었다. 양띠생은 종교물을 戌(술)방향에 걸어두지 말라. 戌(술)방향은 양띠생의 조상신이 들어오는 방향이다. 만약 종교물을 걸어두면 조상신이 못 오도록 막거나 배척하는 행위가 되므로 큰 잘못을 저지른 꼴이 된다. 잘못을 범했을 때는 즉시 종교물을 제거하고 술과 고기를 준비하여 잘못을 빌도록 하라. 그러면 사업이 잘 되고 집안이 평안해진다.

양띠생의 학생은 戌(술)의 방향에다 책상을 두고 공부를 하면 정신집중이 잘 되고 우등생이 되며 합격의 영광을 누린다. 만약 이와 상반되는 반안살 辰(진)의 방향(동남쪽)으로 책상을 두고 공부하면 반드시 열등생이 되고 재수생이 된다.

양띠생이 잠을 자는 방향은 辰(진)의 방향(동남쪽)으로 머리를 두고 잠을 자면 건강해지고 사업이 잘 된다. 무직자는 직장을 얻게 되고 월급자는 봉급이 오르고 결혼 못한 남녀는 멀지 않아 좋은 혼처가 생긴다. 양띠생의 학생이 잠을 잘 때 辰(진)의 방향으로 머리를 두고 잠을 자면 머리가 가볍고 건강해지고 집중이 잘 되며 공부가 잘 된다. 시험에 합격하는 영광을 얻게 된다.

반대로 戌(술)의 방향(서북쪽)을 향해서 잠을 자면 열등생이 되고 낙제하게 됨을 잊지 말라.

원숭이띠는

갑신(甲申), 병신(丙申), 무신(戊申), 경신(庚申), 임신(壬申)생이 모두 원숭이띠 생이며 거의 비슷하게 살아간다.

원숭이띠생은 寅(인)년에 삼재가 들어와 卯·辰(묘, 진)년까지 삼재 기간이 된다. 월별로 들어오는 액화는 5월과 7월이 팔패살이요 10월은 망신살이 들어온다. 원숭이띠생은 뱀띠생과 육합이요, 쥐띠 용띠와는 삼합이요, 토끼띠와는 원진살이요, 범띠와는 충살이요, 돼지띠와는 해가 된다.

원숭이띠생에게 巳(사)는 겁살이요, 午(오)는 재살, 未(미)은 천살, 申(신)은 지살, 酉(유)는 연살, 戌(술)은 월살, 亥(해)는 망신살, 子(자)는 장성살, 丑(축)은 반안살, 寅(인)은 역마살, 卯(묘)는 육해살, 辰(진)은 화개살이 된다.

원숭이띠생의 사업이 안되거나 몸이 아프고 가정에 우환이 끊이지 않을 때는, 원숭이띠생의 집안에 보면 未(미)의 방향(남서쪽)에 반드시 종교물이 걸려 있다. 원숭이띠생에게 未(미)의 방향은 호신 방향이 되기 때문에 조상신이 출입하는 방향이다. 만약 未(미)방향에다 종교물을 걸어두게 되면 조상신을 못 오게 배척하는 것과 마찬가지가 되니 잘못을 저지른 것이다. 즉시 걷어내고 술과 안주를 준비하여 卯(묘) 방향(동쪽)으로 향해 기도를 해야 한다. 자연히 집안이 화평해지고 사업이 잘되게 된다.

원숭이띠생의 학생은 공부할 때 未(미)의 방향으로 책상을 두고 향하여 공부하면 머리가 맑아지고 정신집중이 잘 되며 우등생이 되고 시험에 합격하는 영광을 누린다.

그와 반대인 丑(축)의 방향(북동쪽)으로 책상을 두고 공부하면 웬지 잡념이 많고 공부집중이 안되며 열등생이 되고 낙제한다.

丑(축)의 방향은 반안살이다. 반안살 방향은 잠을 자는 곳이다.

원숭이띠생의 잠자리 방향은 丑(축)방향(북서쪽)이 좋다. 건강이 좋아지고 사업이나 상업이 잘 되고 또한 결혼하지 못한 사람은 멀지 않아 좋은 혼처가 생긴다. 무직자는 취직이 된다고 하는데 잠잘 때는 반드시 丑(축)의 방향으로 머리를 두고 잠을 자야겠다. 학생인 원숭이띠생은 반드시 丑(축)방향으로 머리를 두는 잠자리를 권하고 싶다. 반드시 우등생이 되고 합격하는 영광과 건강하고 반장 등으로 선출된다.

닭띠는

을유(乙酉), 정유(丁酉), 기유(己酉), 신유(辛酉), 계유(癸酉)생이 모두 닭띠이며 거의 비슷하게 살아간다.

닭띠는 亥(해)년에 삼재가 들어와서 子, 丑(자, 축)년까지 머물렀다 나간다. 이 기간이 삼재이다. 닭띠는 용띠와 육합이 되고, 뱀띠, 소띠와는 삼합이 되고, 범띠와는 원진살이 되고, 토끼띠와 충살이고, 쥐띠와는 파 살이요, 개띠하고는 해살이 된다. 월별로는 음력 7월, 5월이 팔패살이요, 망신살도 7월에 들어온다. 매사 조심해야 한다

닭띠는 寅(인)이 겁살이요, 토끼띠는 재살, 辰(진)은 천살, 巳(사)는 지살, 午(오)는 연살, 未(미)는 월살, 申(신)은 망신살, 酉(유)는 장성살, 戌(술)은 반안살, 亥(해)는 역마살, 子(자)는 육해살, 丑(축)은 화개살이 된다.

닭띠생은 辰(진)의 방향(동남쪽)에 종교물을 걸어두지 말라. 사업이 안되고 가정 우환이 생긴다고 한다. 만약 종교물을 걸

어 두었다면 즉시 걷어 내야 한다. 닭띠생에게 辰(진)의 방향은 조상신이 들어오는 방위이니 만약 종교물을 걸어두면 조상신을 들어오지 못하도록 배척하고 막아버리는 행위가 된다. 술과 고기를 준비하여 잘못을 빌고 기도하면 가정우환이 없어지고 사업가는 사업이 잘 된다.

또한 닭띠생의 학생은 辰(진)의 방향으로 책상을 두고 공부를 하면 정신집중이 잘 되고 우등생이 되며 시험에 합격한다. 그와 반대로 반안살 방향인 戌(술)의 방향(서북쪽)으로 책상을 두고 공부하면 잡념이 많이 생기고 집중이 안되며 열등생이 된다.

닭띠생이 잠을 자는 방향은 戌(술)의 방향(서북쪽)으로 머리를 두고 자면 사업이 잘 되고 건강해 진다. 닭띠생에게 혼처가 생기지 않으면 戌(술)의 방향으로 머리를 두고 잠을 자면 멀지 않아 좋은 혼처가 생긴다. 닭띠생의 학생이 잠잘 때 머리를 달의 방향으로 향해 잠을 자면 우등생이 되고 시험합격이 순조롭다.

개띠는

갑술(甲戌), 병술(丙戌), 무술(戊戌), 경술(庚戌), 임술(壬戌)생이 모두 戌(술)년생 개띠이며 거의 비슷하게 살아 간다. 개띠는 申(신)년에 삼재가 들어와 酉(유)년 戌(술)년까지 3년간 삼재운이 된다. 월별로 오는 액운은 정월과 2월에 팔패살이 있고 4월에 망신살이 있다. 이런 시기에는 금전거래를 하지 말라. 개띠생은 토끼띠생과 육합이 되고, 범띠생 말띠생과 삼합이 되고, 뱀띠생과는 원진살이요, 용띠·닭띠·양띠와는 서로 충하고 파하고 해한다.

亥(해)가 겁살, 子(자)는 재살, 丑(축)은 천살, 寅(인)은 지살, 卯(묘)는 연살, 辰(진)은 월살, 巳(사)는 망신살, 午(오)는 장성살, 未(미)는 반안살, 申(신)은 역마살, 酉(유)는 육해살, 戌(술)은 화개살이 된다.

개띠생이 사업이 안되거나 가정우환이 생기면 반드시 집안 丑(축)의 방향(북동쪽)에 종교물이 걸려 있다. 丑(축)의 방향은 수호신, 조상신이 출입하는 방향인데 이곳에다 종교물을 걸어두면 조상신을 못 오게 막거나 배척하는 행위가 되니 조상께 큰 죄를 짓는 것이 된다. 만약 종교물이 걸려 있으면 즉시 제거하고 술과 고기를 준비하여 잘못을 빌면 그후부터 집안이 화목하고 사업이 잘 된다. 개띠생 학생은 丑(축)의 방향으로 책상을 두고 공부하면 정신집중이 잘 되고 우등생이 되고 시험에 합격하는 영광이 있다. 그와 반대되는 未(미)의 방향(남서쪽)으로 책상을 두고 공부하면 그간 공부를 잘 하던 학생이 공부가 되지 않고 집중이 안되며 가출을 일삼고 열등생이 되며 낙제하는 일이 많다.

개띠생의 사업장은 酉(유)방향(서쪽)으로 정하면 사업이 성공한다. 사업상이나 가정사로 기도나 고사 등을 지낼 때 酉(유)의 방향으로 향하여 기도하면 큰 효험이 있다고 한다.

돼지띠는
을해(乙亥), 정해(丁亥), 기해(己亥), 신해(辛亥), 계해(癸亥)생이 모두 돼지띠이며 거의 비슷하게 살아간다.

돼지띠는 巳년에 삼재가 들어 午· 未(미, 오)년까지 삼년간이 삼재에 해당한다. 월별로 들어오는 흉운은 정월과 2월에 팔패살과 정월에 또 망신살이 있으니 이런 해나 월에는 매사 조심하는 것이 좋다. 돼지띠생은 범띠생과 육합이며, 토끼띠생, 양띠생과 삼합이며, 용띠생과 원진살이 되고 뱀띠생과 원숭이띠생은 서로 충하고 해한다.

申(신)은 겁살, 酉(유)는 재살, 戌(술)은 천살, 亥(해)는 지살, 子(자)는 역살, 丑(축)은 월살, 寅(인)은 망신살, 卯(묘)는 장성살, 辰(진)은 반안살, 巳(사)는 역마살, 午(오)는 육해살, 未(미)는 화개살이 된다.

돼지띠생은 戌(술)의 방향(서북쪽)에다 종교물을 걸어두지 말라. 돼지띠생의 조상신· 수호신이 출입하는 방향이 戌(술)의 방향이다. 만약 집안이나 사업장의 戌(술)의 방향에 종교물을 걸어 두었으면 제거해야 한다. 돼지띠생이 사업이 잘 안

되고 가정우환이 생기면 반드시 戌(술)의 방향에 종교물이 걸려 있다. 이는 조상신을 못 오게 막고 배척하는 행위다. 즉시 제거하고 술과 고기를 준비하여 조상신께 잘못을 빌면 사업이 잘 되고 가정우환이 없어진다.

  돼지띠생의 학생은 戌(술)의 방향으로 책상을 두고 공부하면 정신 집중이 잘 되고 우등생이 되며 시험 합격하는 영광이 있다. 그와 반대 방향인 辰(진)의 방향(동남쪽)으로 책상을 두고 공부하면 갈등이 생기고 집중이 안되며 열등생이 되고 시험 낙방을 한다. 공부 잘하던 학생이 이사를 한 후부터 갑자기 실력이 떨어지는 경우를 보면 책상 배치가 잘못되어 있다.

  돼지띠생이 잠자는 방향은 辰(진)의 방향으로 머리를 두고 잠자면 건강해지고 사업이 잘 되며 가정이 화목하고 평화롭다.

  돼지띠생의 학생은 잠잘 때 辰(진)의 방향으로 머리를 두고 잠을 자라. 건강하고 정신집중이 잘 되며 우등생이 되고 합격의 영광이 있다. 그와 반대인(천살방향) 戌(술)의 방향(서북쪽)으로 머리를 두고 잠을 자면 열등생이 되며 시험에 낙방한다. 가정이 시끄럽고 인간사가 꼬이는 일이 많으면 돼지띠생은 반드시 辰(진)의 방향으로 머리를 두고 잠을 자야 매사 풀리며 개운 발복된다.

● 부동산투자와 사주팔자

"법사님! 부동산 어디사면 좋겠어요? 점 좀 쳐 주세요."
"지금 가면 점 볼 수 있나요?"
"거기 점보고 부동산 소개해 주는 뎁니까?"
이와 같은 내용으로 전화뿐만 아니라 메일로도 많이 온다.
멀리 미국, 일본, 중국에서도 온다.
점보고 하기 때문에 거기서 집사면 크게 돈 벌수 있다고 소문이 난 모양이다.

필자가 정현법사(正賢法師) 블로그 '나는 공인중개사로 이렇게 100억 벌었다' blog.naver.com/bubsa0701 로 네이버에 게재하고 상호도 정현공인중개사(正賢公認仲介士)로 되어 있으니 도사(道士)가 소개해 주는 집이니까 당연히 점치고 하는 줄 아는 모양이다. 그러고 보니 수십 년간 부동산중개를 하였지만 수십억 대박을 터트린 사람은 많이 있지만 손해 본 사람은 없다고 생각된다.

필자는 10년 전 유료사이트 bubsa.co.kr 과 멀티도메인으로 bubsa.com 을 운영하였다. 당시 운세업계에서 최초로 온라인 과금체계를 구축하여 휴대폰결제를 실시하였다. 시행하자마자 접속이 폭주하여 신, 구정이 있는 연말연시에는 하루 수백만 원씩 돈이 쌓이고 사이트가 다운되기 일쑤였다.

그러나 좋은 시절은 3년이 못 갔다. 이를 본뜬 유, 무료 유사사이트 수백 개가 우후죽순처럼 들어서고 포털사이트에서도 뛰어들어 더 이상의 유료사이트 운영은 의미가 없었다.

나는 다음과 같이 공지하였다(2004. 11. 20)
정현법사는 많은 네티즌이 볼 수 있도록 유료사이트를 무료로 전환하였습니다. 오늘의 운세는 사이트에 들어와서 검색하시고 메일발송은 중단되겠습니다. bubsa.co.kr 혹은 bubsa.com 으로 들어와서 원하는 정보를 가져가세요.

그렇게 해서 무료로 사이트를 개방한 후 까맣게 잊은 채 부동산 업무에 집중하다보니 도메인 만료기간을 까먹고 지나쳐 버렸다.

뒤늦게 알고 bubsa.co.kr 쳐보니 어느 운세업체가 벌써 가져갔고 bubsa.com 은 돈 주고 사라한다. 할 수없이 bubsa.kr 로 다시 오픈 하였으나 2만 여명의 고정회원은 알 길이 없으니 아무도 들러보지 않는 고독한 사이트가 되고 말았다.

졸저(拙著)〈인터넷 신 사주팔자 : 2001.09.25 발행. 도서출판 한솝〉도 이 사이트에서 발췌한 내용이다.

필자가 오랫동안 집필하고 심혈을 기울여 제작한 사이트이니 bubsa.kr 에 한번 들러보시기 바란다.

요즈음 년말년시를 맞아 운세보느라고 야단법석이다.
더구나 지난 IMF 와 더불어 10년 만에 찾아 온 사상유례

없는 불경기를 맞아 지푸라기라도 잡고 싶은 서민들의 절박한 심정이 점보는 집을 북새통으로 만드는 아이로니칼(ironical)을 느끼게 한다.

원래 운세, 사주팔자, 점 등등 운명철학은

미래를 모르기 때문에.........

미래는 희망인 동시에 공포로 다가와 사람들로 하여금 궁금증을 유발케 한다. 특히 절박한 사정, 절박한 심정일수록 더욱 강렬하게 매달리게 되며 불황이 심해질수록 그 숫자는 기하급수적으로 늘어나게 된다. 여기에 편승하여 사이비 운세업자들이 대거 등장하고 있는데 네이버, 다음, 야후, 네이트, 파란 등 포털사이트를 비롯하여 여러 사이트에서 "정현법사"를 검색하면 여러 운세사이트가 나오고 있다.

필자의 유명세를 이용하여 돈 벌이 하려는 상술이 쓴 웃음을 짓게 한다.

말이 나온 김에 부동산과 사주팔자에 대해 알아보자.

出生時間 子時 (23~01) 출생시간 자시

妻淚落處 처루낙처 : 아내의 눈물 떨어지는 곳에
基勢不長 기세부장 : 그 권세가 길지 않으리라.
成敗累次 성패누차 : 성공과 실패가 여러 번 있으니
一苦他鄕 일고타향 : 한때 타향에서 고생하리라

丙坐壬向 병좌임향 : 병좌임향이면
衣食自足 의식자족 : 의식이 스스로 족하리라.
爲人早達 위인조달 : 위인이 일찍 이루니
百福兼全 백복겸전 : 백복이 겸전하리라.

부부가 이별하니 아내의 눈물이 마를 날이 없구나.
밤마다 독수공방 얼마나 울었던가.
그러나 강풍이 지나가고 옛 동산에 봄이 돌아오니 눈물 떨어지던 날도 오래가지 못하더라.
조강지처를 버리자 말라. 반드시 그 해를 받으리라.
성공과 실패가 빈번하니 한번 타향에서 고생하리라.
이런 액을 면하려면 평생에 병좌임향(丙坐壬向:동쪽에서 자리하고 서북쪽을 향함)으로 집을 지으면 의식이 스스로 족하고 일찍부터 성공하여 백사대길하며 만복을 겸전하도다.
번화가에서 벗어난, 나무가 우거지고 화초가 잘 가꾸어져 있는 아늑하고 조용한 집. 겨울엔 춥지 않도록 벽도 튼튼하고 집도 굳건하며 시대적인 흔적들이 남아추억을 담겨주는 고풍도 살리면 더욱 좋다. 소음은 질색이므로 방음에 신경을 써야 하며 차라리 지하실처럼 외부와 차단된 집이 편리함을 느낀다.

그러나 계절의 변화를 한눈으로 즐길 수 있도록 화단이나 나무를 심어 정원을 가꾸면 더욱좋다.

변화한 거리를 벗어나 막다른 골목쪽이나 안쪽으로 쑥 들어가 앉으면 편안함을 주며 높게 올라가서 다른 집들보다 약간 위가 좋으나 꼭대기는 싫다. 밝은 하늘이나 내려다보이는 뚫린 시야가 있어야 마음이 편하다. 의젓한 바위로 앉아 항상 아름답게 가꾸어져 있는 자연미를 만끽해야 한다.

때문에 밀집되어 사람들이 번잡하게 나들거나 동물들이 쏘다니고 자동차가 내달리거나 기계의 소음이 있는 공장 등의 번화가에 살면 생병이 나기 쉽다. 심지어는 지붕 위에 떨어지는 빗소리가 방안까지에 들려와도 안되고 바람 등으로 소음이 나도 싫어한다. 마당이 없는 집, 아파트의 상층, 상점 등에 접해 살면 심장 장애를 일으키기 쉽다.

出生時間 丑時 (01~03) 출생시간 축시

風前燭影 풍전촉영 : 바람 앞에 촛불 그림자요
浪裡危船 낭리위선 : 물결 속에 위태로운 배로다.
一生吉基 일생길기 : 일생이 길한 터는
丑坐未向 축좌미향 : 축좌 미향이리라.
身厄配厄 신액배액 : 몸의 액이 액을 나누니
初年不好 초년불호 : 초년은 좋지 않으리라.
身安心樂 신안심락 : 몸이 편안하고 마음이 즐거우니
太平百年 태평백년 : 태평하게 백년을 지내리라.

부부 궁에 액이 많으니 초년은 좋지 못하리라.
바람 앞에 촛불 그림자요 물결 위에 위태로운 배로다.
오십 전후로 고목에 꽃이 피도다.
일평생 좋은 집터는 축좌미향(丑坐未向:북동쪽에 자리하고 남서쪽을 향함) 이로다.
몸이 편안하고 마음일 즐거우니 태평한 백년을 노래하리라.
　조그맣고 아담할지라도 쾌적하고 풍부한 자연의 빛을 조화롭고 리듬 있게 받아들여 막힘만 없다면 무난하다.
교통이 편리한 교외에 자리를 잡고 유리나 알미늄 등으로 시원하게 설계되고 바닥이 넓어 부엌도 넓고 옥외의 시야를 가리지 않는, 창문이 넓거나 많이 달린 집이 이상적이다.
빛이 충분히 들어와야 한다.
번화가에서 한발 짝 들어선 위치로 언덕에서 약간 내려오고 산이라면 아늑하고 둘러싸이고 앞이 트인 낮은 곳을 좋아한다.

이를테면 복잡한 곳과는 격리되어 있어야 하고 설령 자가용을 사용할지라도 약간 걷는 거리가 있어야 하며 취미와 연구를 겸한 큰 서재와 별실을 동시에 만들어서 방 안팎이 없을 만큼 큰 창문을 내어 태양과 함께 살아야 한다. 모든 소음으로부터 독립되길 좋아한다.
때문에 창문이 없어 어둠이 깔린 집에 가면 앉기도 전에 벽을 뚫어야만 직성이 풀린다.

광선이 차단된 집은 좋지 않으며 소음이 나고 곤충 따위가 자유롭게 사는 음침한 곳은 질색이고 동물들의 축사가 가까이 있거나 드나들 수 있다면 신경이 날카로워진다.

도심지를 떠난 교외의 아담한 별장 기분이 나면 썩 어울리는 집이라 보겠다. 일평생 좋은 집터는 축좌미향(丑坐未向:북동쪽에 자리하고 남서쪽을 향함)이다.

몸이 편안하고 마음일 즐거우니 태평한 백년을 노래한다.

出生時間 寅時 (03~05) 출생시간 인시

兩人琴瑟 양인금슬 : 양인의 금슬은
綠水鴛鴦 녹수원앙 : 푸른 물의 원앙이리라.
多事公平 다사공평 : 많은 일을 공평하게 처리하니:
爲人頭目 위인두목 : 사람 된 품이 두목이 되리라.
早子難養 조자난양 : 이른 자식은 기르기 어려우니
積善則吉 적선즉길 : 착한 일을 하면 길하리라.
吉基何處 길기하처 : 길한 터는 어느 곳인고
丑坐未向 축좌미향 : 축좌미향이니라.

부부의 금슬은 녹수에 원앙이로다.
(푸른 숲에서 노니는 원앙새와 같도다). 하는 일마다 순조로우니 남의 우두머리가 되어 만인을 호령하도다. 일찍 결혼하여 낳은 자식은 기르기 어려우니 양어머니를 두게 하여 만

인에게 적선하면 길하리라. 이 사람에게 길한 집터는 축좌미향(丑坐未向 : 북동쪽에 자리하고 남서쪽을 향함)이니라.

이렇게 집을 지으면 집안이 화평하고 재물이 불같이 일어나며 많은 권속을 두도다. 서 있는 수목보다는 드리워진 석양의 노을이나 그 그림자 의 조화를 감상하는 취향의 소유자이므로 해변이나 호반 위에 예술적 감각을 살려 지어진 집. 강이나 계곡 가까이에 호텔로비처럼 넓은 거실이 있으며 가구 등의 장식이 잘 되어 있고 정원이 있어 산새가 날아와 줄 만큼 웅장한 것을 좋아한다.

서재나 별실만 있으면 고가(古家)라도 싫지 않다.
예술가적인 자유만 만끽할 수 있다면 흡족하다.
번화가에서 쑥 들어간 끝 쪽의 위치라야지 번화가는 짜증이 난다.
주위가 둘러싸이거나 자연의 조화를 동시에 느낄 수 있으면 더욱 좋다. 무리한 설계나 계산된 디자인이 아니라도 좋다.
다만 충분한 여유를 둔다는 게 중요하다. 향수를 느끼게 하고 자연의 조화에서 격리되지만 않으면 흡족하다.

때문에 산꼭대기나 언덕 위에 올라 앉아 바람을 잘 맞거나 빛, 열의 반사가 심한 툭 터진 곳은 좋지 않다.
이런 곳은 두뇌를 위축시키며 노화되기 쉽다.
창고나 광·벽장 등 저장 시설의 불충분으로 수리나 잡일이 많아 짜증스런 집은 안되며 상수도나 목욕탕 등의 시설이 갖추어져 있어야 한다. 불 관리 보다는 물관리가 잘된 집이라야 한다.

出生時間 卯時 (05~07) 출생시간 묘시

若非火災 약비화재 : 만일 화재가 아니면
一驚河佰 일경하백 : 한번 물귀신에게 놀라리라.
巳亥家坐 사해가좌 : 사해가좌의 집은
身世好安 신세호안 : 신세가 좋고 편안하리라.
花落蝶去 화락접거 : 꽃은 떨어지고 나비는 가니
中年致敗 중년치패 : 중년에 패할 수로다.
晝思夜算 주사야산 : 낮에 생각하고 밤에 계산하니
心因富豪 심인부호 : 마음이 부호이니라.

꽃은 떨어지고 나비가 날아가 버리니 중년에 한번 실패하리다. 비록 재주는 있고 변통도 있으나 고기를 잡아 물에 놓아 주리라.

만약 일생에 한번쯤은 화액을 당하지 아니하면 물귀신에게 놀라게 되리라.

이 사람에게 좋은 집터는 사좌해향(巳坐亥向 : 남동쪽에 자리하고 북서쪽을 향함)이면 신수가 좋고 편안하리라.

낮에 생각하고 밤에는 재물을 계산하니 마음이 부호하며

태평하도다. 대도시의 에너지 시설을 다 이용할 수 있고 계절 감각도 만끽할 수 있는 도시와 교외의 중간쯤에, 남의 설계가 아닌 자기 설계로 세운 웅장한 집이 좋다. 넓은 대지에다 깨끗하고 웅장한 설계를 한 이상적인 저택으로, 될 수 있으면 자연석 따위 묵직한 건축재가 많이 사용돼야 한다.

　행운의 빛깔인 진홍이나 노랑 보라 빛 등을 넉넉히 살려서 실내장식도 화려함보다는 우아함을 살려서 설비해야 한다.
　남의 눈에 확 뜨이는 곳이라든지 저택가의 첫 번째 라든지 그 위치가 묵중하여 주위를 압도하면 마음이 편하다.
　낮은 데 보다는 높은 지대로 다른 집 위에 있어야 한다.
　마음에 안들면 집을 팔아버리고 새 집을 장만해야 하는 적극적인 성미이므로 충분한 위안을 얻을 수 있다고 느껴지는 집을 구상해야 행운이 있다. 때문에 똑같은 집이 여러 채 늘어선 문화주택 같은 데 끼어 있는 집은 불행하다.
　빈민가나, 창 너머로 옆집이 들여다보이는 집, 혹은 어쩔 수 없이 이웃집 사람들과 인사를 나누어야 하는 그런 집도 싫다.
　한국식 서부스타일도 좋다.
　아파트라도 3층 이하는 안되고, 집안에서 벽난로의 장작불을 쬐며 조용히 쉴 수 있는 분위기라야 한다.

出生時間 辰時 (07~09) 출생시간 진시

殺鬼害陽 살귀해양 : 살기가 양기를 해하니
家産一敗 가산일패 : 가산이 한번 패하리라.
卜居吉地 복거길지 : 길한 땅을 점쳐 살면
事事如意 사사여의 : 모든일이 뜻과 같으리라.
靑鳥再鳴 청조재명 : 파랑새가 두 번 우니
琴瑟不長 금슬부장 : 금슬이 오래 가지 않으리라.
子午家坐 자오가좌 : 자오가좌의 자리는
凶反爲福 흉반위복 : 흉이 오히려 복이 되리라.

파랑새가 두 번 우니 부부금슬이 오래가지 못하도다.
악한 살 귀가 순한 양을 해치지 가산이 한번 패하리라.
남의 시비에 들지 말라. 구설시비를 면치 못하리라.
이 사람에게 좋은 집 방향은 좌자우향(坐子牛向 : 북쪽에 자리하고 남쪽에 향함)이며 흉함이 변하여 도리어 복이 되리라.
언제나 길한 방향으로 자주 이사하면 일마다 뜻과 같이 되리라.
아름다움과 평화로움이 완벽하게 갖추어진 조용한 분위기로서 집 전체가 조화를 이룬 아담한 집이라야 한다.
지반이 튼튼하여 안정되고 견고한 지붕이 올려지며 마당은 황갈색으로 묵직해서 그 주위로 정원을 꾸미기에 알맞다면 좋으나 그렇지 않다면 설령 호화스러울지라도 곧 혼란을 일으키기 쉽다. 행운의 빛깔인 푸른색을 넉넉히 써서 방을 꾸미고, 설비에 구리나 놋쇠 등을 써서 나무의 무의를 살리며 욕실 바닥에도 예쁜 타일이 깔리는 게 좋다. 대도시의 교외로 지방의 중심도시가 알맞으리라. 번화가를 기피할 의사는 없다.

다만 약간의 거리를 두고 싶은 정도다. 높거나 낮은 곳보다는 평지가 안정감을 주고 집이 길하다.

조용하면서도 호화스러운 치장을 잊어서는 안된다.

때문에 대도시의 중심부나 초라한 벽촌에 있는 집은 질색이다.

깨끗하게 꾸밀 수 없는 집은 미의 창조에 위배되므로 곧 마음이 혼란을 일으키고 만다.

또 방에서 정원이 보이지 않으면 정신착란을 일으킬 만큼 불안하다. 구태여 새로울 필요는 전혀 없고 살면서 즐거운 일이 생기는 게 더 중요하다. 비록 작을지라도 한적하기만 해서도 안된다. 꾸밈이 있는 창조적 미가 있어야 한다.

出生時間 巳時 (09~11) 출생시간 사시

一妻二妾 일처이첩 : 한 처에 두 첩을 두니
人之常事 인지상사 : 사람의 상사(범죄)로다.
性急易解 성급이해 : 성격이 급하나 쉽게 풀리며
內多人情 내다인정 : 마음속에 인정이 많도다.
威雖無德 위수무덕 : 위엄이 비록 덕은 없으나
人皆敬之 인개경지 : 사람이 모두 공경하리라.
星照吉地 성조길지 : 길성이 길지에 비치니

百殺自消 백살자소 : 백살이 스스로 사라지리라.

일처 이첩은 인지상사(人之常事)로다.
위인이 위엄하나 인덕이 없도다. 그러나 청렴결백하니 만인이 모두 공경하도다. 성정은 급하나 오래가지 못하고 쉽게 풀리니 잔 인정이 많도다.
이 사람의 길한 터는 묘좌서향(卯坐西向 : 동쪽에 자리하고 서쪽을 향함)이며 자연 발복하리라.
길성이 길한 곳에 비치니 백살이 스스로 물러가리라.

교통이 편리해야 한다.
네온싸인과 빌딩 등에 둘러싸인 호화스러운 아파트의 1,2층이나, 탁 트인 현관이 대로와 접해 있어 답답하지 않고 거실 중심으로 설계되어 천정이 높고 창문의 위치를 바꿀 수 있도록 배려되어 있는 주택이 좋다. 실내 장식은 행운의 빛깔인 청색, 황색, 녹색 등으로 조화를 이룸이 이상적이고, 변화한 거리에 연접해 있는 위치로 설령 산일지라도 언덕 등 꼭대기는 싫고 그렇다고 아주 평지도 좋지 않다. 집이나 다른 것으로 둘러싸인 경사지나 오목한 곳이 최적지 이다. 변화와 이동을 할 수 있도록 항상 여유가 주어져 있어야 하며 살고 있는 집이 마음에 들지 않으면 즉시 이사할 수 있도록 대비를 하고 있는 게 편안하다.
때문에 평평한 곳에 성냥갑처럼 즐비하게 늘어서 있는 집들 중에 끼어 있다든지 네모진 주택가나 칸막이가 좁아서 모양을 바꿀 수 없는 집 등은 모두 불행을 초래하고, 답답하여 곧 싫증을 내게 된다.

변화는 단순한 욕구가 아니라 본능적 추구이므로 언제든지 이용할 수 있도록 대비하고 살거나 아예 그런 요소를 구비하고 있는 집이 좋다.

出生時間 午時 (11~13) 출생시간 오시

生離死別 생리사별 : 생이별이거나 사별이니
二妻八字 이처팔자 : 두 아내를 거느릴 팔자로다.
偶然是非 우연시비 : 우연한 시비에
一苦他鄕 일고타향 : 한때는 타향에서 괴로우리라.
壬丙家坐 임병가좌 : 임병가좌의 집은
財數大吉 재수대길 : 재수가 크게 길하리라.
出將入相 출장입상 : 나가면 장군 들어가면 재상 격이니
富貴兼全 부귀겸전 : 부귀가 겸전하게 되리라.

강풍에 꽃이 지니 벌 나비가 날아가도다. 중년에 한번 실패하도다. 조강지처와 생사 이별수가 있으니 이처 팔자로다.
우연한 시비에 말려들어 한번 타향에서 괴로워하리라.
이 사람의 길한 터는 임좌병향(壬坐丙向 : 서북쪽에 자리하고 동쪽을 향함)으로 집을 지으면 재수가 대길하도다. 일생동

안 출장 등으로 동분서주 상업을 하여야 부귀가 겸전 하리라.

　보호와 방위를 본능적으로 발휘하여 모든 외부의 여건으로부터 가정의 행복을 지키기 위해 단단하게 담장을 두르듯 완벽하게 조화를 이룬 성곽처럼 튼튼한 집이라야 한다. 동시에 물이 가까이 흐르거나 멀리 물이 보이면 더욱 조화를 이룬다.

　외관의 아름다운 변화는 개나 고양이도 드나들 수 없을 만큼 단단하고 우아한 담장이 둘러져야 하고 식료품이나 그릇 등을 대량으로 저장하고 요리, 식사할 수 있는 지하실, 부엌, 식당이 있어야 하고, 가족들이 마음껏 놀 수 있는 넓고 안전한 마당이 있으면 더욱 좋다. 차가운 바람이나 추위를 이길만한 바다나 호수등 물 근처에 자리 잡으면 길하다. 번화가를 피하지는 않는다.

　오히려 번화가의 입구 쪽도 좋으나 다만 안전성을 도모한다.
　때문에 물의 흐름과 관련이 없어 바람이 심한 지방도시의 집이나, 담이 없는 집으로서 어른 위주로 만들어져 어린이들이 자유로이 놀 수 있는 방이 없는 집이나, 부엌보다 현관이 꾸며져서 겉치레만으로 부유케 보이려는 집 등은 비위에 기슬린다.
　아파트 같은 곳도 마땅치 않다. 반드시 맘에 들도록 개조하거나 찾아 나서는 성미다.

出生時間 未時 (13~15) 출생시간 미시

祿在四方 녹재사방 : 녹이 사방에 있으니
中后安吉 중후안길 : 중반 이후는 편안히 지내리라.
辰戌之坐 진술지좌 : 진술좌향(서북)은
大吉又旺 대길우왕 : 대길하고 또한 왕성하리라.
執權用錢 집권용전 : 권리를 잡고 돈을 많이 쓰니
亦是風霜 역시풍상 : 이 또한 풍상이로다.
福地生吉 복지생길 : 복된 땅에 길함이 생기니
五福日至 오복일지 : 오복이 날로 일어나리라.

권세를 잡고 돈을 물쓰듯하니 일생 풍상이 많도다.
부부간에 정이 없으니 일생 고독하며 부모 간에 덕이 없으니 양부모를 모실 팔자로다.
녹(祿)이 사방에 있으니 중년부터 발복하여 말년까지 태평하리라.
이 사람의 길한 집터는 진좌술향(辰坐戌向 : 동남쪽에 자리하고 서북쪽을 향함)이 좋으리라.
재수는 대길하고 또한 왕성 하도다.
복지에 길함을 생각하니 오복이 날로 이르리라.
햇빛 좋은 자리에 선뜻 눈에 띄도록 호화스럽게 꾸며진 다른 집보다 한층 정도 높은 우아한 양옥이 좋다.
자존과 번영의 힘이 집 자체에서도 넘쳐나야 하기 때문이다.

대로에서 상당히 떨어진 주택가의 뒷쪽에 장중한 무게를 지닌 구조로 된 집이라야 이상적이다.

눈을 끄는 기와나 벽돌로 장식되어 품위 있어 보여야 한다.

안 치장은 목재가 좋고 황금빛 응접실이라든가 진홍색 침대라든가 보라 빛 부엌이라든가 행운의 색깔을 충분히 활용하여 자잘한 것보다는 크고 웅장하고 호화스럽게 단장하는 것이 좋다.

번화가의 중간쯤도 좋고 평지가 안성마춤이며 약간 높으면 더욱 좋다. 때문에 의식과 전통에 매이어 고풍을 유지해야 하는 집은 숨이 막힐 것 같고 도로와 현관이 직결되어 문을 열면 집 안이 훤히 들여다보이면 신경질이 나고, 형식만 갖춘 양옥에는 분노를 느낄 만큼 집안의 조화에 민감하다. 정원이 있더라도 작으면 있으나마나 하고 지붕이나 천정이 화려하더라도 설계에 의한 것이 아니라면 맘에 안 든다.

出生時間 申時 (15~17) 출생시간 신시

幕入是非 막입시비 : 시비에 들지마라
橫厄口舌 횡액구설 : 횡액과 구설이 있으리라.
辰戌家坐 진술가좌 : 진술 좌향의 집은
火厄可免 화액가면 : 화액을 가히 면하리라.
玉顔三對 옥안삼대 : 옥안을 세번 대하니
基間一敗 기간일패 : 그 간에 한번은 패하리라.

白露赳魚 백로규어 : 백로가 고기를 넘보니
中后亨通 중후형통 : 중반 후는 뜻대로 되리라.

옥안(玉顔)을 세번 대하니 그간에 한번 패하리라.
남의 시비에 끼지 말라. 횡액과 구설이 두렵도다.
백로가 고기를 엿보니 중년 후부터는 길하리라.
이 사람의 길한 집터는 진좌술향(辰坐戌向 : 동남쪽에 자리하고 서북쪽을 향함)이면 화액을 가히 면하리라. 불이 와서 흙을 도우니 (火生土하니) 기쁜 일이 중중하며 전답을 더하리라.

새롭고 청결하고 취미가 고상하므로 그런 분위기가 깃든 집이라야 한다. 청결과 우아한 취미를 표현한 도시의 문명과 시골의 고요를 동시에 구비할 수 있는 도시 속의 별장 같은 분위기 있는 집이 좋다. 때로는 고독과 고요를 맛 볼 수도 있도록 도심지에서는 좀 떨어진 듯 한집. 나지막한 돌담에 둘러싸여 뒷마당에는 잔디가 깔리고 현관은 도로에 접해 있는 집이 이상적이다.
방 안은 고풍을 살려서 프라이버시를 만끽할 수 있도록 자유를 보장해 주는 방으로 될 수 있으면 창문이 작아야 아늑함을 느낀다. 그러면서도 용도가 다양하고 적합한 능률 본위로 청결하게 꾸밀 수 있는 부엌이 달린 집이라면 좋다. 높은 곳보다는 낮은 쪽이 좋고 이상적이며 문명을 이용하면서도 외딴 감을 느낄 수 있어 좋다.

때문에 도시의 복판에 있어 앞뒤가 막히고 좌우가 복잡한 집은 머리가 아프고 벽촌에 있는 너무 한적한 집은 고독하다.

창문이 커서 빛이 많이 새어드는 집은 허전해지고, 집안에서 옆집 사람들과 대화를 나눌 수 있을 만큼 밀착된 집은 짜증이 난다. 콘크리트바닥인 사무실 같은 집은 질색이다.

이런 곳에서는 늘 옮길 생각만 하게 되고 도시의 문명과 시골의 정적을 구비한 집을 찾게 된다.

出生時間 酉時 (17~19) 출생시간 유시

初年之數 초년지수 : 초년의 운수는
害多利小 해다이소 : 해가 많고 이익이 적으리라.
轉禍爲福 전화위복 : 화가 변하여 복이 되고
凶反變吉 흉반변길 : 흉이 도리어 길하리라.
厄鳥時鳴 액조시오 : 액새가 때때로 울고 있으니
早子不吉 조자불길 : 이른 아들은 길치 못하리라.
由人害多 유인해다 : 남으로 인하여 해가 많으니
愼之巳戌 신지사술 : 사술년을 조심할지니라.

초년에는 평지풍파가 많고 이익이 없도다.

액운이 때때로 따르니 일찍 결혼하여 낳은 아들은 기르기 힘들도다. 술좌진향(戌座辰向 : 북서쪽에 자리 잡고 동남쪽을 향함)하니 흉이 변하여 복이 되도다.

남이 나를 해치니 언제나 사(巳)년이나 술(戌)년을 조심하여라.

고풍이 서린 옛집이나 최신식문명 기구를 도입한 신식 집이냐를 가리지 않고 우선 균형이 잡히고 조화가 이루어졌느냐가 중요하다.

도회지의 신축 건물들처럼 요란한 개성 따위는 없어도 좋다. 그저 평범하고 수수하게 만들어졌더라도 창 너머로 거리나 자연의 풍경이 내다보이고 자연의 미를 즐길 수 있는 집이라면 이상적이다. 창문이 널찍하여 시야가 훤히 열리고 건강으로 보아 내부에 문화시설이 갖추어져 있거나 욕실이 달린 방만 있다면 집이 크거나 작거나 별로 불편을 느끼지 않는다. 집의 우열은 항상 그 다음문제이다. 번화한 거리에서 쑥 들어가 떨어진 조용한 집이 좋고 언덕의 꼭대기보다는 조금 낮은 지대가 이상적이며 좋다.

항상 조용하면서도 앞이 툭 트인, 시야가 넓은 위치가 가장 좋다. 때문에 도로에서 멀리 떨어진 신화속의 궁궐같은 집은 별로 기쁘지 않고 위풍을 과시하려고 외부를 유난스럽게 꾸민 집을 보면 혐오감을 느낀다. 너무 넓은 마당이나 청소할 일이 많게 꾸며진, 구조가 복잡한 집을 보면 신경질이 난다.

기둥이 많거나 꼬불꼬불 골목이 많은 집은 질색이다.

시궁창이나 철도에서 가까운 집, 오막살이 외딴집도 원치 않는다. 고독할 뿐이다.

出生時間 戌時 (19~21) 출생시간 술시

百年限情 백년한정 : 백년의 맺힌 정은
左右琴瑟 좌우금슬 : 좌우에 금슬이니라.
手段成敗 수단성패 : 수단으로써 성패를 이루니
不羨金谷 불선금곡 : 금곡을 부러워 아니하리라.
智慧有足 지혜유족 : 지혜가 많으니
能免死境 능면사경 : 능히 사경을 면하리라.
早定吉地 조정길지 : 일찍 길지를 정하니
以受享福 이수향복 : 이로써 복을 받아 누리리라.

백년의 맺힌 정은 좌우에 금슬이로다.
수단으로 재물을 이루니 금곡을 부러워하지 아니하리다.
지혜가 넘치니 능히 흉함을 극복하리라.
이 사람의 길한 집터는 자좌오향(子坐午向 : 북쪽에 자리하고 남쪽을 향함)이면 백사를 스스로 이루리라.
일찍부터 길한 땅을 정하여서 행복을 이루리라.

호화롭고 훌륭하기 보다는 개성적 이며 강력한 하나의 단위로서 독립이 보장된 집이 좋다. 대로변에서 떨어지고 상록수 등에 둘러싸여 두드러지게 나타나지 않는 아늑하고 독보적인 집. 창문이 적고 직사태양광선을 받지 않는 한적한 집. 편리하기 보다는 고풍이 서리고 호화로운 배치나 실내 장치가 되어 있는 집. 불보다는 물이용에 편리하도록 부엌이나 욕실이 있는 집이 이상적이다. 변화가를 약간 비켜선 자리로 평지보다 약간 낮은 지대가 좋고 조용한 집이라면 가장 이상적이다.

위풍을 지닌 조용한 성에 가까운 집이라 할 수 있다.

세밀하게 짜여 진 변화보다도 침착한 안정감이 필요하며 비나 얼음 등을 싫어하지 않으며 도리어 건조한 직사광선을 피해야 한다. 특히 호수나 온천 근처로 물과 가까운 곳에 있는 집이거나, 별다른 자극이 없이 조용하게 잠들고 근심 걱정 없이 일에 임할 수 있는 환경이라면 가장 좋다. 때문에 복잡한 도심지의 아파트나 사람들이 무질서하게 넘나드는 번화가는 질색이다.

습기가 없는 건조한 집이나 도로 연변에 접하여 소음이 들리는 집이나 창 너머로 이웃집 소리가 들리고, 나무가 없는 황량한집 등은 신병이 날만큼 싫어한다.

出生時間 亥時 (21~23) 출생시간 해시

壽福在天 수복재천 : 수복이 하늘에 있으니
用之不竭 용지불갈 : 써서 다하지 아니하도다.
欲享壽福 욕향수복 : 수복을 누리려고 한다면
先看坐向 선간좌향 : 먼저 좌향을 볼지니라.
以孝養母 이효양모 : 효도로써 어머니를 봉양하니
無後奉仕 무후봉사 : 무후 봉사하리라.

卯酉家坐 묘유가좌 : 묘유 좌향(동과서)의 집은
家道自成 가도자성 : 가도가 저절로 이루어지리라.

수명 장수한 복을 하늘에서 주었으니 부족함이 없도다.
파랑새가 멀리 날아가니 바람마저 땅을 떠나리라.
효도로서 부모님을 보양하니 무후 봉사하리라.
부부 궁은 불리하여 생사 이별수가 있으니 조심하라.
이 사람의 길 한터는 묘좌유향(卯坐酉向 : 동쪽에 자리하고 서쪽을 향함)이면 가산이 점점 불어나리라.
수복을 누리고자 하려면 먼저 집터부터 살피며 좌향을 보라.

변화를 자유로이 구사할 수 있는 개조된 집이 아니라 새로 설계된 집이라야 한다.
전망이 좋은 곳에 지은 이층집이거나 집 주위를 산책할 수 있을 만큼 넓은 마당이 있는 집이라면 아주 좋다.
실내 장식은 목각이나 나무마루 등 사시사철 태양과 바람이 자유롭게 드나드는 개방적으로 설계된 집으로써 동물가죽, 식물표본이 치장되었거나 주단을 깔아 장식된 집이라면 더욱 이상적이다.
번화한 쪽에서 안으로 들어가 있는 위치가 좋다. 산이건 언덕이건 주택가이건 간에 약간 낮은 지대가 적합하다.
자유로운 생활을 마음대로 구사할 수 있도록 집은 처음부터 설계되어 있어야 하며 주어진 집을 취미에 맞도록 차분하게 고치기보다는 차라리 새로 짓는 게 빠른 성격이다.

　때문에 도시 복판에 있는 밀집된 주택에서는 답답해서 못 산다. 아파트의 아래층처럼 복잡하면 신경이 예민해지고 강이나 바다에 가까워서 습도의 변화가 심한 집은 신경통이 생길 만큼 싫고, 창문이 작은 옛날식 집은 짜증스럽다.

　이런 조건에서라면 당장 개조하려고 하는 것이 아니라 이사할 준비를 하거나, 고치느니 차라리 새로 짓는 편에 서게 된다.

● 모른 채 묻어두는 방법도 좋은 투자법이다

　아는 것이 힘이지만 모르는 게 약이 될 수도 있다.

　자기가 못하는 점을 개선하는 것보다 잘하는 부분을 발전시키는 것도 좋은 전략이다. 자기가 관심 있고 잘하는 것에 투자한다면 성과는 더 크고 뚜렷하다. 잘 모르고 못하는 부분까지 다 잘하려고 하면 잘할 수 있는 것까지 놓칠 수 있다. 부동산투자를 할 때도 입지분석, 세금, 절차, 규정 등 모든 부분을 다 잘 알 수는 없다.

　굳이 본인이 하지 않아도 되는 부분은 전체흐름만 알면 된다.

　계약관련부분은 공인중개사가 알아서 해주고 세금문제는 세무사가, 대출은 은행에서 다 알아서 해준다.

　본인은 어떤 게 있다는 정도만 알면 된다.

모르는 게 있으면 인터넷이나 공인중개사, 세무사, 법무사, 은행, 국토부에 문의하면 된다. 필요할 때 찾아서 구할 수 있는 것은 굳이 억지로 알려고 노력할 필요는 없다. 내가 아니면 결정을 내릴 수 없는 것 이런 것만 신경 쓰고 집중해야한다.

지금 현재 부동산을 사야하는지 팔아야하는지를 심각히 고민할 때가 아니라면 주위에서 뭐라고 하던 신경 쓰지 말라. 부동산관련 기사가 나오면 무시하고 그것도 신경 쓰이면 부동산관련 뉴스를 아예 보지마라. 때가 되면 그때 가서 그 상황에 맞춰서 팔아야 할지 나둬야 할지 답을 찾으면 된다. 부동산투자는 최소 3년 길게는 10년을 바라보는 중장기 프로젝트이다.

필자는 부동산의 소유기간이 길면 20년, 짧으면 10년째가 된다. 10년이면 강산도 변한다는데 그동안 정권도 바뀌고 정책도 이리저리 바뀌고 규제도 강화했다, 완화했다 갈팡질팡 그야말로 변화무상 조변석개(變化無常 朝變夕改)였다.

만약에 결과론이지만 필자가 이와같은 변화무상한 정책에 발맞추어 사고팔고를 되풀이 하였다면 오늘날의 부를 축적할 수 없었을 것이다. 매수한 부동산이 미래가치가 없고 잘못된 판단이었다면 손 절매하는 것도 좋지만 선택에 큰 문제가 없고 미래가치가 있는 곳이라고 판단되면 언론에서 뭐라고 떠들던 여유 있게 지켜보는 것도 좋은 방법이다. 주위에 있는 많은 공인중개사들이 나름대로 이리저리 정보를 알아내고 발 빠르게 움직이며 부동산 투자자들을 유혹하지만 그렇게 유리한 조건에서 정작 자신이 성공한 케이스는 보질 못했다. 대부분이 어느 부동산을 매입했다면 웃돈이 붙기 무섭게 팔아 버린다. 10년 전 당시 필자와 같이 강남의 30평대 아파트를 2억에 주고 산 공인중개사들이 꽤 있었다. 이들은 2 ~ 3천만 원 정도 오르자 그 즉시 팔아버렸다. 그러곤 몇 일만에 수천만 원 벌었다고 떠벌리며 좋아라 술판을 벌이곤 하였다.

　10년이 지난 지금 그 아파트는 13 ~ 15억대가 형성되고 있다. 그렇게 약삭빠르고 날고뛰던 그때 그 시절 공인중개사들 지금까지 자리를 지키고 있는 사람은 아무도 없다.

　오직 필자 혼자 남아 있다.

　주식과 결혼하지 말라 라는 격언이 있다. 그만큼 시황에 발빠르게 움직여야 한다는 뜻일 것이다. 그러나 부동산투자와 주식투자는 엄연히 다르다. 최근 수도권 주위, 강북 등 중소형 평형이 상승을 보이고 있지만 정책에 의한 부작용과 그동안 소외되어 지나치게 가격이 낮게 형성이 되었기 때문에 그런 현상이 나타나고 있다고 봐야 할 것이다. 부동산투자의 목적을 생각해보고 당장의 어려움에 너무 좌절하거나 힘들어 할 필요 없다. 내주머니에 들어와야 돈인 만큼 오를 때도 있으면 내릴 때도 있고, 내릴 때도 있으면 오를 때도 있는 법이니 당장 급한 상황이 아니라면 한걸음 뒤로 물러서서 여유를 가져보는 것도 좋다.

- **철저한 을의 마인드로 무장하라!**

   천간 갑(甲 : 幹名閼逢)은 새로운 시작을 의미하는 개벽(파천황)으로 갑(甲)을 옥편에서 찾아보면 간명알봉(幹名閼逢) 첫째 천간 갑, 으뜸 시야(始也) 갑, 떡잎 날 갑, 과거 갑, 갑옷 갑, 대궐 갑이라고 되어 있다. 갑이라는 글자는 자연 속에서 모든 씨앗이 자신을 보호하고 있었던 껍질인 갑옷을 터트려 깨고 밖으로 뿌리를 처음으로 내미는 형상의 상형문자이다. 그러면 천간의 이름이 알 봉 이라는 말은 무슨 뜻일까? 알 봉 이라고 하는 것은 씨앗이 어둠의 껍질 속에서 움츠리고 있다가 움츠림을 멈추고 밝음을 맞이하는 과정을 의미하는 것이다. 그것을 알면 갑이 자연 속에서 어떤 기(氣)를 대표하고 있는 문자인지 알 수 있다.

   갑(甲)은 갑왈, 알봉언만물부갑이출(甲曰, 閼逢言萬物剖甲而出)이라고 되어있는데 그 뜻은 「갑은 천간이름이 알 봉으로 자연 속에 죽어 있는듯하던 만물의 씨앗껍질인 갑옷이 쪼개지고 나누어지는 현상을 뜻 한다」라는 의미로 이는 만물의 씨앗이 새로운 일생을 시작하기 위해 겨울철에 둘러쓰고 있던 껍질을 탈피하기 위해 갈라지고 쪼개지면서 나타나는 현상을 뜻하는 것이다.

이것은 모든 만물이 자연 속에서 가장추운 기(氣)를 나타내는 대한(大寒; 24절기 중 가장 추운 날이라는 마지막 기)부터 37일간에 해당하는 기간의 태양과 지구사이에 형성되는 기를 의미한다. 즉 가장 추운 겨울을 뒤로한 체 새로운 한 해가 시작되는 위치에 있는 때며 처음으로 한 해를 새롭게 시작하는 초봄 중에서도 전반기의 계절을 뜻하는 것이다.

이때는 겨울철에 눈 속에서 새로운 시작을 위해 껍질을 쓰고 어둠과 추위 속에서 고난을 이겨낸 씨앗이 밖으로 나오기 위해서 겨울철에 자신을 보호했던 껍질을 깨는 것을 의미하므로 이를 개벽(천지가 처음 열림: 파천황)이라고 하는 것이다. 움추렸던 지난날을 생각하며 새로운 희망과 큰 뜻을 가지고 강인한 힘으로 새로운 세계로의 출발을 의미하는 개벽이라는 것이다. 이것은 마치 절대세계에서 상대세계로의 시작을 의미하는 기(氣)인 개벽의 목(木)과 같은 의미를 가지고 있다. 따라서 오행(五行)으로는 목(木)이 되는 것이며 목(木)중에서도 개벽이라는 웅장하고 강인한 힘을 의미하므로 음양(陰陽)중에서 양(陽)이라고 하는 것이다.

천간 을(乙 : 幹名旃蒙)은 껍질을 깨고 나오는 뿌리

을(乙)을 옥편에서 찾아보면 간명전몽(幹名旃蒙) 천간을, 새을, 굽힐 을, 생선창자 을이라고 되어 있다. 천간의 이름이 을(乙)인 전몽은 어린 새로운 뿌리가 굽어지면서 뻗어가는 형상을 나타낸 상형문자이다. 그리고 새을이므로 새의 모양으로 굽혀진다는 뜻도 있다. 굽힐 을, 생선창자 을이라고도 하므로 역시 굽혀있는 형상이 생선창자와 같을 수도 있다는 것을 의미 한다고 본다. 이런 형상은 모두 씨앗의 껍질에서 나오는 어린뿌리가 토질에 따라 뻗어 나가는 과정을 나타내고 있다.

사요취선에서의 을(乙)은 을왈, 전몽언만물지알알(乙曰, 旃蒙言萬物之軋軋)이라고 되어 있는데 「천간 이름이 전몽(旃蒙)인 을(乙)은 만물이 뿌리를 뻗으면서 서로 다투며 소리 나고 구부러지는 현상을 뜻한다」라는 의미로서 만물이 뿌리를 내릴 때, 새로운 땅의 틈사이로 뻗으면서 서로서로 삐걱거리듯 다투면서 구부러지는 현상을 알알(軋軋)이라고 표현한 것이다.

씨앗이 갑(甲)목에 씨앗의 갑옷인 껍질이 쪼개지는 현상을 의미 한다면 을(乙)은 새롭게 지형의 환경에 맞게 돌아나 자갈이 있는 곳은 굽혀지고 반듯이 갈 수 있는 곳은 반듯하게 뿌리를 뻗는 현상이 마치 새의 모양이나 구부러진 생선의 창자와 비슷한 것을 나타낸 것이다. 태양과 지구의 공전 관계를 살펴보면 갑(甲)목의 기가 끝나는 날인 우수 후 약 6일부터 경칩과 춘분 후 12일까지의 36일간의 기(氣)를 나타내고 있다. 이때는 떡잎이 자라기 위해 뿌리를 처음으로 새롭게 뻗기 시작하는 시기의 기운인 것이다.

우주 속에서 을(乙)의 기운은 갑(甲)목이 새로운 개벽을 의미하는 기를 의미한다면 을은 그 기(氣)가 뿌리를 내리는 과정인 것이다. 목(木)은 모두 현실에 나타난 색(色)인 물체를 뜻하는 것이 아니며 색(色)이 나타나기 전 그 기(氣)를 의미하는 것이다. 눈에는 보이지 않으나 그 징후가 나타나기 시작하는 단계이며 따라서 을(乙)목의 성정은 씨앗이 뿌리를 내리는 과정을 나타내기 때문에 어떠한 환경에서도 적응할 수 있는 부드럽고 유순하며 모나지 않고 끈기 있는 생명력이 강한 성정이라고 판단할 수 있을 것이다.

세상의 모든 일에는 갑과 을이 있다.
갑과 을은 계약서에서 자주 나오는 말이다.
갑은 대가를 지불하는 쪽을, 을은 반대급부로 서비스를 제공하는 당사자를 말한다. 그러나 오늘날 갑을은 일반적으로 양 당사자간 힘의 우위 여부를 판가름하는 말로 쓰인다.
고용관계나 임대차 등 부동산 계약관계를 비롯한 세상사의 각종 계약과 약속에 갑과 을의 관계가 있다. 계약관계에서 강자이거나 군림 하는 자, 주도자 등이 갑이라고 하면, 을은 사회적 약자이며 기업인이나, 민원인 등이 이에 해당 한다. 정부의 일을 대행하는 공무원과 민원인, 공기업인 등, 이른바 업자들과의 관계에는 갑을의 관계가 확연하다. 공무원이나 기관, 공기업은 갑(甲)이 되고 기업인이나 기업, 민원인은 을(乙)이 된다. 정부 예산을 주무르는 공무원이「갑중의 갑」이라는 인식도 팽배한 것이 현실이다.

갑과 을의 대등한 관계를 위해서 과거에도 공무원과 민간

기업인의 교환 근무를 시도해왔으며, 개방형 임용제를 통해 을(乙)에서 갑(甲)을 충원하는 방식으로 민간 부문에서 고위 공직자를 충원하는 방법도 추진했다. 그러나 전자는 많은 성과에도 불구하고, 단순히 공무원과 기업인의 네트워크 형성 수단으로 전락했다는 비판을 받고 있으며, 후자는 공직 사회가 꺼리면서 유명무실해지고 있다고 한다.

세상사 어떤 일에든 뒤바뀌는 갑을 관계는 얼마든지 있다
달리기로 12간지(干支) 순서를 정할 때 우직한 소의 뿔에 앉아 있던 쥐가 얼른 뛰어 내려 1등을 했다는 옛 이야기가 있는데 세상일은 소처럼 우직한 사람이 잘 되는 것만은 아닌 것 같아 씁쓸하기도 하다. 지나가는 소도 웃을 일이 공공연히 자행되고 있어도 말리는 데 한계가 있으니 실소할 일이다.
또한 비슷한 의미의 승부기미(蠅附驥尾)라는 말도 있다.
「말의 꼬리에 붙어 있는 파리」라는 뜻으로 힘도 안들이고 천리를 간다는 의미인데 말과 파리가 한 몸 일 때 가능한 일이고 보면 더러운 냄새를 주고받는 그 공유(共有)가 참으로 가상(假相)한 일이다. 세상사 모두가 갑과 을의 전도(顚倒)처럼 되는 것은 아니지만 쥐나 파리처럼 약삭빠른 동물이라면 몰라도 사람으로서 해야 할 일은 아닐 것으로 생각하니 씁쓸하다.

많은 고객을 상대하다 보면 그 사람의 직업이랄까 뭘 하는

사람인지 직감적으로 알 수가 있다.

특히 검, 경찰, 법원, 세무, 공기업 등 민원인에 고압적 자세를 취할 수 있는 직업에 있다거나 오랫동안 근무한 사람은 단박에 알아볼 수 있다. 강자로서 군림하며 약자를 주도하는 위치에서 수 십 년간 근무하다 보면 자신도 모르게 행동과 말투, 제스처가 영락없는 갑의 형상이며 외부적으로 들어나는 이런 모습 뿐 만아니라 정신적 무의식속에 깊숙이 박혀 있는 것이다.

필자는 사무실이 있는 역삼동 상가에서 오랫동안 회장직을 맡아 왔다. 상가관리직 직원을 뽑으려고 모집공고를 내면 여러 명의 지원자가 이력서를 들고 찾아온다.

전직 모 세무국장을 역임했다는 분과 대면하여 면접심사를 해보았는데 대화가 진행될수록 갑과 을의 위치가 뒤바뀌어 도대체 누가 누구를 심사하는지 모를 지경이었다.

방화관리자를 모집하는데 응시한 전직 모 소방서장도 마찬가지였다. 세무국장이나 소방서장을 역임한 분이 중소규모의 상가 관리직에 응시한 것은 나름대로 전직의 자존심을 버리고 가정의 안정과 자신의 행복을 위해 행동으로 표현했을 것이다. 목구멍이 포도청이라 쥐꼬리만한 월급이라도 생활에 보태기위해 온갖 굴욕(자신 스스로 그렇게 생각한다)을 감수하고 여기저기 응시해보지만 이들을 환영해줄 곳은 없다. 자신의 몸뚱아리는 분명히 을의 위치인데 마인드는 갑의 위치에서 꼼짝하지 않기 때문이다.

아파트 경비직에 근무하는 분들의 이력을 보면 정말 다양한 전직을 가진 분이 많다. 그런데 철저한 을의 마인드로 무장한 분은 그 자리를 계속 유지할 수 있지만 그렇지 않은 분들은 정리 대상이다.

용케 취업에 성공했다하더라도 갑의 마인드로는 몇 달 이상 버티지 못한다. 그래서 곧 잘 사업에 뛰어드는데 취업보다 더 어려운 게 사업이다. 세상은 넓고 할 일은 많다라고 김우중 전 대우회장이 외쳤지만 이들이 뛰어들 세상은 너무 좁고 할 일은 없다. 이들이 성공할 수 있도록 가만히 놓아둘 그렇게 만만한 세상이 아니다.

갑은 온도가 잘 맞춰진 온실 속에서 아름다운 화초와 같이 자라나는 반면 을은 시베리아 벌판의 매서운 한풍 속에 벌거숭이 상태에서 살아나야 한다. 일부는 죽어나가고 일부는 탈락하고 그리하여 치열한 생존경쟁에서 살아남은 을의 생명력은 이제 막 온실 문을 열고 나온 갑의 생명력과는 비교할 수가 없다.

경쟁력이라 봐야 온실 속에서 누가누가 더 예쁜가 뽐내기 정도, 도토리키재기 정도의 갑은 온실 문을 나서는 순간부터 매서운 칼바람에 노출된다. 심술궂은 세상이 이들이 안전하고 편안하게 살아가도록 가만히 놔 둘리가 없다.

아프리카동부의 마다가스카르 섬 부근에는 크고 맛있는 바다가재(랩스타)가 많이 잡힌다. 그런데 배에 싣고 인도양을 지나 태평양을 거쳐 미 서부 캘리포니아주에 다다르면 오랫동안 항해 스트레스로 절반이 죽어나가고 나머지 절반도 비실비실해 있다.

고심 끝에 생각해낸 것이 수조 안에 문어를 넣기로 한 것이다.

문어란 놈은 바다가재를 즐겨먹는다. 그러나 몇 마리 잡아먹어 배가 부르면 더 이상 잡아먹을 수가 없다. 바다가재는 문어가 더 이상 잡아먹을 수가 없다는 사실을 알지 못한다.

그래서 문어가 어슬렁거리며 돌아다니기만 해도 놀란 가재들 살기위해 이리저리 도망치기에 바쁘다. 그리하여 끊임없는 긴장과 끊임없는 활동으로 오랜 항해에도 불구하고 팔딱팔딱 뛰고 싱싱한 바다가재를 맛볼 수가 있게 된 것이다. 우리나라에서도 미꾸라지 운송, 보관에 메기를 넣는 것도 같은 이치이다.

벌겋게 달군 쇠는 두들기면 두들길수록 더욱 단단해 진다.

길가의 잡초는 밟히고 뜯기는 시련 속에서도 끈질긴 생명력을 이어가고 있고 냇가의 갈대는 거센 물살과 모진 풍파 속에서도 든든한 뿌리를 내리고 있다.

필자는 한전을 그만둔 후 여러 가지를 해 보았다.

문방구, 보험대리점, 음식점, 광고업, 인터넷 사업, 쇼핑몰, 기타 등등으로 시도했다 망하고, 또 했다 또 망하고 그리하여 여러 번의 실패가 나를 강철과 같은 사회적 강자로 만들었지 않나 그렇게 생각한다. 실패를 두려워해서는 안된다.

만약에 필자가 실패를 두려워하고 갑의 마인드를 철저히 버리지 못했다면 지금의 나는 상상도 하지 못하리라.

철저한 을의 마인드로 무장하라!
그래야 직장에서도 환영받을 수 있고, 사업에서도 성공할 수 있고
그래야 부자가 될 수 있다!

● **재건축조합이야기**

서초구 H 아파트에 사는 강기훈(남.56)씨는 G건설 이사에 재직 중이었다.
마침 살고 있는 아파트가 재건축이 시작되자 건설업계에 대해 잘 알고 있다는 장점이 부각되어 주민회의에서 조합장으로 선출되었다. 시공사는 H 건설사였다.

H 사는 강씨에게 여러가지로 협조를 요청하였다.
독실한 기독교 신자이며 원칙주의자로 부당한 일은 절대로 용납하지 않는 강씨는 조합장으로서 주민의 이해관계에 걸린 사항은 당연히 발 벗고 나섰다.
같은 건설업계로 출신으로 재건축 건설상황을 훤히 꿰뚫고 살펴보는 강씨의 존재는 H사로서는 협조자로 만들지 않으면

제거해야 될 인물이다.

H사는 국내에서 알아주는 유명회사다.
우리가 하면 일류다. 우리가 하는 대로 지켜보라.
그냥 가만히 있어라.
자꾸 옆에서 왈가왈부하지마라 라는 메시지가 전달되었다.

강직한 강씨는 조금도 굴하지 않고 철저히 임무를 수행하였다.
한 번은 하수 지하배수로나 주차장 입구에 있는 배수로 위에 덮는 트렌치를 아연도금에서 주물로 바꾸자고 협의가 들어왔다.
그는 절대 안 된다고 동의하지 않았다.
가볍고 녹이 안 쓰는 아연도금은 비싼 반면 주물은 싼 대신 오래되면 녹이 쓴다. 아파트 주위 곳곳에 있는 배수로 덮개가 시뻘겋게 녹슨 모습을 상상해 보라! 보기에도 끔찍할 것이다.
그것 말고도 H사는 수시로 건설설계변경 건을 들고 와서 싸인해 달라고 한다. 은밀한 대가를 보장하면서 눈감아 달라고 했다.
강씨는 흔들리지 않았다.

아파트를 청약할 때 원매자는 모델하우스를 보고 달려 있는 빌트인 가구 즉 붙박이 장, 씽크대, 신발장이나 도배, 조명

기구, 화장실, 거실장식품을 보고 사용된 자재나 재료를 보게 된다.

거기에는 반드시 다음과 같은 글귀가 적혀있다.
"실제 사용품은 유사한 다른 제품을 사용할 수 있습니다."

재건축이나 재개발시에 조합원들은 모델하우스를 보지 못한다.
그래서 건설사는 자기들이 지은 기존아파트를 선정하고 그 수준으로 지어주겠다고 약속한다.
조합 측 대표단들이 방문하면 미리 최고급으로 꾸며논 집을 보여줘 대표단들을 흡족하게 만든 뒤 같이 회식하면서 주흥을 벌인다.

조합 측 대표단들이 무엇을 보고 왔을까?

대표단들은 조합원총회에서 견본주택을 견학한 결과를 보고한다.
대개는 디지털 카메라로 찍어 프린트로 출력한 컬러 사진이다.
조합원들도 이런거구나하고 수긍한다.
그런데 실제 입주하고 나서보면 사진과 다르다는 느낌이 든다.
그러나 곧
"실제 사용품은 유사한 다른 제품을 사용할 수 있습니다."

라는 문구를 떠 올리곤 고개를 끄덕이기 마련이다.

자! 여기서 조합원들은 무엇을 놓쳤을까?

견본주택에서 본 제품과 실제 사용제품 간에 금액정산이 빠졌다는 점이다. 보고만 왔지 본 자재와 실제 사용자재와의 금액차이를 모르면 나머지 차액은 전부 건설사의 부당이득으로 돌아간다.

그러면 어떻게 조사해야 하느냐?

먼저 견본주택을 볼 때 제품하나하나 일일이 메이커와 재질을 파악하고 반드시 시가(납품단가)를 적어놓아야 한다.

그리고 나서 실제 사용제품과 납품단가를 비교하여 차액은 반드시 정산하여야 한다. 이는 감리단의 감리사항도 아니기 때문에 조합 측에서 적극조사하지 않으면 고스란히 조합원의 부담으로 전가된다.

재건축세대가 1,000세대라고 보면
1 세대 10만원 차이는 1억이요
1 세대 100만원 차이는 10억이요
1 세대 1,000만원 차이는 100억이다.

어찌 소홀히 다룰 수 있는 문제인가?

건설현장에는 반드시 감리단이 있어 공사를 관리 감독한다. 이들은 승인 난 도면을 보고 감리하기 때문에 도면대로 공사가 진행되는가 항상 감시하고 체크한다.

만약 현장에 사정이 있어 도면대로 할 수 없을 경우엔 설계변경이 있어야하는데 이 경우 조합원의 총회승인이 있어야하고 대표로 있는 조합장의 도장이 필요한 것이다.

여기서 조합장의 중심이 바로 잡히지 못하면 엉망이 된다는 것이다. 정당한 설계변경이 요구되는 사항을 무조건 거부하면 공사 진척이 안 될 것이요 그냥 알아서 잘해주쇼 무조건 O. K라면 건설사의 장난에 춤을 추게 된다.

설계변경은 반드시 공사비의 변경을 가져오기 때문에 나중 준공 때 기성고를 작성해보면 조합원의 추가부담금이 발생하기 때문이다.

H사는 수시로 건설설계변경 건을 들고 강씨를 찾아 왔지만 필요불가분사항외에는 모두 퇴짜를 놓았다.

건설사는 현장건설에서 이윤을 남기려고 사생결단한다.

설계와 다른 자재, 다른 재질, 다른 공법을 써서 공사비를 줄이려고 최신자재, 최신공법이라는 말을 자주하고 다닌다.

H사는 건설업계의 내부사정을 누구보다 훤히 들여다보는 조합장 강씨는 없애야할 대상이라고 결론지었다.

다음부터 조합사무실은 난장판이었다.

건장한 청년들이 우르르 몰려들어 책상을 뒤엎고 유리창을 깨는 등 난리다. 이 와중에 조합원으로 있는 아줌마들이 동원

된다.

입심이 쎈 이들은 매일같이 출근하여 조합장과 관계인들을 생트집 잡으면서 마구 욕설을 퍼 붓는다.

때를 맞쳐 조합장과 가족들에게 괴전화가 난무한다.

학교 다니는 아이들에게도 마구 협박전화를 해서 온 가족을 불안에 떨게 만든다.

당신이 조합장이라면 견딜 수 있겠는가?

강씨는 원체 강직한 성격이라 이러한 시련에도 굴하지 않고 꿋꿋이 버텼다. 건설사의 사주를 받은 자들의 행패가 극에 달하자 조합장의 성품을 잘 아는 조합원들이 들고 일어났다. 주로 집에 있는 할머니와 아주머니들이 사수대로 나와 사무실에 진을 치고 있었는데 어느 날 건설사의 사주로 용역사의 폭력배들이 들이 닥쳤다.

진을 치고 있던 할머니와 아줌마들을 다치지 않게 살짝 들어 가뿐히 옮겨놓았다.

이제 조합장과 직접 마딱뜨렸다.

이중에 한 놈이 주머니에 돌멩이를 넣고 왔다.

이것은 상대방에게 던지려는 것이 아니다.

상대방에게 협박용으로 쓰려는 것이 아니다.

이것은 자해용이다.

돌멩이를 꺼내더니 자기 얼굴을 찍어 버린다.

그와 동시에 피와 비슷한 물감이 뿌려 온 얼굴과 머리에 피

투성이가 되었다. 곧 바로 조합장에게 왜 돌을 던지냐고 항의한다.

조합장은 자작극을 하면서 무슨 소리냐고 고함을 지른다.

이때 어김없이 카메라 후라쉬가 터진다.

여기는 ○○ 경찰서 수사과.

폭행사건 현행범으로 붙잡혀 온 조합장 강씨, 사건을 목격하고 고소한 고소인이 형사앞에서 조사를 받고 있다.

자해한 놈은 치료차 병원에 입원했다고 한다.

책상위에는 여러 장의 증거 사진이 놓여있다.

머리에 피를 철철 흘리며 아픈 표정을 짓는 사람과 두 눈을 부릅뜨고 고함을 치는 강씨의 표정은 극한 대조를 보여 가해자를 구별하는데 시간이 걸리지 않는다.

옆에는 병원에서 발급한 전치2주의 상해진단서가 놓여있다.

누가 봐도 돌로 때려 상해를 입힌 폭행범이다.

강씨는 기가 막혔다.

그러나

베테랑 형사는 다 안다.

이것이 자작극이라는 것을··················

건설사도 겁주려는 목적이지 사건이 크게 번지는 것은 원하는 바가 아니다. 결국 건설사의 화해주선으로 병 주고 약 주고 형사사건은 없던 일로 유야무야 되었다.

이래도 안 되고 저래도 안 되고 건설사는 애가 탔다.

그래서 택한 것이 강씨의 근무처인 G건설을 압박한 것이었다.

당시 G건설은 사정이 몹시 어려워 부도위기에 몰려 있었다.

강씨는 이런 저런 압박을 뚫고 견뎌내어 오늘날의 훌륭한 아파트가 새로 탄생하는데 막대한 공을 세웠다.

현재 용인에서 중소기업을 운영하고 있는 그는 교인으로서의 양심과 강직한 성품이 그를 지켜냈다고 본다.

지금까지 국내 최고 최대라고 자부하는 건설사가 현장에서 자행하는 사례를 과장없이 밝혀보았다. 대부분의 조합원들은 유명건설사의 브랜드를 보고 믿으려 한다.

양심껏 알아서 잘 해주리라는 것을............

그래서 조합장이 깐깐하게 굴면 건설사에서 알아서 잘 할텐데 왜 저렇게 설칠까? 무슨 저의가 있는 것이 아닌가? 의심하게 되고 이때 뒤로 건설사의 공작이 들어가면 조합장은 하루아침에 나쁜 놈이 되고 만다. 웬만한 건설현장에서 기대이상 이익이 발생하지 못하면 그 현장 담당이사나 관계자는 징계감이라는 말이 있다.

재건축현장은 황금알 낳는 거위다.

건설에서 내로라하는 전문가인 이들이 이익을 내기위해 수단방법을 가리지 않고 비행을 자행할 때 비전문가인 조합측이 얼마나 옥석을 가려내어 교통정리를 잘 할 수 있을까?

장막 뒤에서 벌어지는 밀실담합

오고가는 검은 돈, 온갖 추태와 주지육림(酒池肉林)

정말 걱정된다.

조합원 우리는 어떻게 해야 하는가?

조합장을 서로 하려고 이전투구하는 사람들에게 강씨와 같은 정신자세가 되어 있는지 먼저 묻고 싶다.

여기 강남 역삼동에도 많은 재건축 조합이 있다.

그러나 하나같이 조합측이니 비대위(비상대책위원회)니 하면서 서로 헐뜯고 싸우고 있다. 사생결단 몸싸움을 하면서 고소, 고발장이 난무하고 진정서가 남발되고 있다. 이들이 입에 거품을 물고 난리치는 것은 무엇 때문일까?

주민을 위해 이 한 몸 바치겠다는 말을 믿어도 좋을까?

여기는 동작구 사당동 재개발 예정지구.

"사당동 000번지일대 주택재건축 정비사업 조합설립추진위원회"라는 긴 이름의 위원회는 주야장천(晝夜長川) 저들끼리 서로 하겠다고 싸우면서 세월을 보내고 있다.

전 위원장, 현 위원장, 위원장 후보 등이 서로 얽혀 고소, 고발이 난무하고 있다. 툭하면 구청에다 진정서를 제출하고 툭하면 경찰에 고소장을 제출하니 정작 떠나야할 배는 어디로 가야할지 몰라 10년째 제자리걸음이다. 조합장이 무슨 꿀이 발려있는지 경험없는 아마추어 인사들과 이들과 합세한 패거리들이 저마다 주민들을 위해 봉사하겠다고 매일 떠들어대고 있다.

　모두 새까마니 누가 암까마귀고 누가 숫까마귄지 알 수가 없다.

● 돈 앞에 수십 년 지기 친구도 없다.

　마포에 살고 있는 전승호(남.60)씨는 전 은행지점장이다.
　전씨는 매입한 집을 세를 놓기 위해 나의 사무실을 방문하였다.
　역삼동 24평형 아파트이다. 가장 많이 나가는 형이다.
　나는 현재 거주하고 있는 사람에게 집을 좀 볼 수 있느냐고 연락하고 집 보러 갔다. 50대인 듯한 부인은 집 보러온 나에게 작심한 듯 속에 있는 말을 토해냈다.
　현 집주인 전씨는 남편과 같은 직장 동료이며 퇴직 후 같은 상조회 계원이며 부부와 함께 수십년 이상 오랫동안 사귀어 온 친한 친구였다. 부인은 자기가 세를 살고 있는 이 집의 주인이 사업실패 등으로 경매로 넘어가자 이 집을 경락 받기 위해 이 방면에 잘 아는 가장 친한 친구인 전씨에게 상담하였던 것이다.
　거주자는 누군지 전세금은 얼마고 집의 내부사정 등 모든 정보를 알게 된 전씨는 그 집을 자기가 뺏으려고 흉계를 꾸몄다.

부인에게는 한번 더 유찰시킨 후 입찰하라고 해놓고 몰래 자기가 입찰에 참여하여 낙찰 받았던 것이다.

나중에 이 사실을 알게 된 부인은 기절초풍할 일이였다.

수십년간 이어진 우정이 하루아침에 맥없이 무너지는 현실을 보고 해도 해도 너무한 야박한 인심에 치를 떨었다.

가장 친하고, 가장 믿고, 가장 가깝게 지내던 그 친구가 이렇게 배신하다니 직장 동료였던 남편과 부인은 믿기지 않은 현실에 그만 넋을 잃고 망연자실하고 있었던 것이다.

사실을 알게 된 나는 몸이 부르르 떨리며 끓어오르는 분노에 피가 용솟음치는 듯 했다.

전해들은 제삼자가 이 정도로 격한데 당사자는 어떠했을까?

이들은 한을 품은 채 야박한 세상을 원망하며 그렇게 쓸쓸히 사라졌다.

옛날에 어느 존경받는 성직자가 있었다.

성직자는 모든 교인들의 아픔을 덜어주고 그들의 고민을 해결해주고 그들을 바른길로 인도하는 성무(聖務)를 수행하고 있다.

어느 성직자가 교인들의 고백이나 고해성사를 일일이 적어놓고 이를 근거로 나중에 그 교인에게 협박한 엽기적인 사건이 있었다.

도저히 믿기지 않는 사실이 현실에는 실제로 일어나고 있었다.

● 피곤한 주인을 만나야 집을 빨리 산다.

강북 혜화동에서 온 강신재(남.30)씨는 결혼을 앞둔 총각이다.
테헤란로에 있는 S그룹에 근무하는 강씨는 직장근처 집을 얻으려고 엄마와 함께 나의 사무실을 찾아왔다.
가격 등 여러 가지로 검토해본 결과 성보아파트 25평대가 가장 적정하였다. 여기 역삼동 등 강남일대는 부촌지대라 젊은 세대들이 입주할 만한 평형대가 많지 않다. 그래서 단지내에 있는 도성초등교 학생수가 계속 줄어들어 학급당 인원수가 얼마되지 않는다.
가격대가 맞아 집을 봤지만 지은 후 한번도 수리하지 않아 신혼집으로는 도저히 소개할 수가 없었다.
다세대, 연립은 어떻냐고 물었지만 싫다고 했다.
난감해 하다가 나는 집 주인에게 전화를 하여 어느 정도로 수리해 줄 수 있냐고 물었다. 모 은행 지점장으로 곧 정년을 앞둔 그는 최대한도로 수리 잘해서 사는데 전혀 지장이 없도록 최선을 다하겠다고 약속하였다. 현직 은행 지점장이 그렇게 약속하여 믿고 쌍방간 계약하였고 수리비를 감안한 비용을 전세금에 추가한 만큼 나는 주인한테 수리비 500만원은 생각하고 공사하시라고 누누이 강조하였으며 주인은 걱정말라고 하였다.
며칠 후 수리가 다 됐다는 연락을 받고 가보니 기가 막혔다.

겨우 한 것이 도배 정도고 전등기구 교체한 것이 전부였다.

나는 도배는 물론이고 화장실, 거실, 씽크대 등 완전 올수리를 해야 된다고 요구했고 그 수리비가 500만원 정도로 예상되었기 때문에 그렇게 할 줄 알고 계약했는데 이건 완전 엉망진창이었다..

결혼일자는 다가오고 혼수품은 곧 들어오는데 집은 엉망이고 나를 믿고 계약한 젊은 부부를 생각하니 정말 미칠 지경이었다.

나는 그를 불렀다.
이렇게 수리해서 어떻게 세를 놓느냐?
신혼부부 입주날짜가 내일모렌데 어떻할꺼냐?
따져 물었다.
그는
나는 최선을 다했다. 당신이 뭔데 난리냐? 큰 소리쳤다.
나는 피가 거꾸로 쏟아 올랐다.
남의 집 대사를 망쳐놓고 새 출발하려는 젊은이의 부푼 꿈을 망가뜨린 채 큰소리치는 주인을 보니 악마로 보였다.
나는 평생 살아오면서 상대방에게 먼저 시비 걸어 본적이 없다. 그러나 그때는 달랐다.

"이 사람! 남의 대사를 망쳐놓고..... 뭐 이런 놈이 있어?"
나도 모르게 고함을 지르며 그의 멱살을 쥐어 잡았다.

멱살을 쥐고 힘차게 흔들며 넘어뜨리려고 하자 그는 안 넘어지려고 버티면서 우당탕 우당탕 욕설과 함께 난장판이 벌어졌다.

나는 정말 죽일듯이 덤벼들었고 분노에 찬 눈매는 살기등등하여 그를 쥐어흔들며 몸싸움을 계속하였다.

와이샤쓰 단추가 떨어지고 옷이 찢겨진 후 잠시 소강상태를 이뤘다. 나는 가쁜 숨을 몰아쉬며 어떻게하겠냐? 물었다.

살기등등한 나의 모습에 그제야 그도 사태의 심각성을 인식한 듯 정색하여 다시 수리하겠다고 약속했다.

들어오는 신혼살림살이 혼수품을 이삼일 연기해주면 그 사이 어떻게 해보겠다고 하여 우리는 서로 원만하게 해결하기로 하였다.

나는 몹시 초조하고 걱정되었다.

차라리 중개하지 말걸 괜히 끼어들어 새 인생 새 출발하는 젊은이의 가슴에 멍들게 하지는 않을까 노심초사하였다.

다음날 수리과정이 어떤가 가서 살펴보니 맥이 탁 풀렸다.

내가 생각하는 수리 개념과 그 사람(집 주인)이 생각하는 수리 개념이 확연히 차이가 나는 것이다.

다음날 혼수품 오는 날 강씨와 예비신부는 집을 보고 망연자실했다. 강씨 엄마도 이게 뭐냐며 짜증을 냈다. 나는 미안해서 어쩔 줄 몰랐다. 나는 사실대로 그간 일어난 일을 설명하며 우선 입주하고 다른 아파트가 나오는 즉시 옮겨드리겠다고 사정했다.

결혼하곤 바로 해외신혼여행이 예정되어 있는 강씨는 이제 와서 어쩔 도리가 없었다. 할 수없이 우여곡절 속에 혼수품이 들어오고 무사히 입주를 마쳤다.

그 집은 원래 모대 여교수의 집이었다.

첫 결혼에 실패한 여교수는 지인의 소개로 파이롯트 출신 00항공 조정사와 재혼하였다. 본인은 남편과 함께 33평형(당시 홍사덕 국회부의장이 거주하는 같은 동)에 살고 있었으며

옆집은 "혼 불" 작가 최명희 여사가 작품 활동하던 곳이다.

가까운 성보아파트에서 작가활동을 하던 최 여사는 작가활동에 도움이 되는 집을 찾기위해 여러번 필자 사무실에 들러 세상사는 이야기를 나누었고 창작중이던 "혼 불"의 내용에 대해 자세히 설명하곤 하였다. 당시 신동아 월간지에 게재중인 혼불은 나중에 10권 전집으로 출간되었고 토지 박경리여사의 대를 잇는 유망 여류소설가로서 명성이 자자하던 때였다. 원고의 마감시간이 다가올때 그 중압감을 못이겨 왜 나에게 이런 벌을 내리느냐며 통곡하였다는 최명희여사, 조그만 시냇물의 흐르는 모습을 무엇으로 표현할까?

사흘 밤낮으로 고뇌한 끝에 "소살소살 거리다" 라는 구절을 찾아냈다는 최명희여사의 일화는 많은 독자들의 감동을 일으키게 한다. 엄청난 심리적 압박을 견디지 못한 최 여사는 쉰 초반에 저 세상으로 떠났다.

필자와 최명희 여사와 관련 에피소드는 추후 거론하겠다.

* **최명희**
《혼불》을 쓴 소설가.

《혼불》은 근대사의 격랑 속에서도 전통적 삶의 방식을 지켜나간 양반사회의 기품, 평민과 천민의 고난과 애환을 생생하게 묘사하였으며 만주에 있는 조선 사람들의 비극적 삶과 강탈당한 민족혼의 회복을 염원하는 모습 등을 담았다.

활동분야 문학

출생지 전북 전주

주요수상 제11회 단재문학상(1997), 호암상 예술상(1998)

주요작품《혼불》 1947년 전라북도 전주에서 태어났다. 1972년 전북대학교 국어국문학과를 졸업하고 1972~81년 전주 기전여자고등학교와 서울 보성여자고등학교에서 국어교사로 재직하였다. 1980년 중앙일보 신춘문예에 단편 〈쓰러지는 빛〉이 당선되어 등단하였고, 이듬해 동아일보 창간 60주년 기념 장편소설 공모전에서 《혼불》(제1부)이 당선되어 문단의 주목을 받았다. 이후 1988~1995년 월간 《신동아》에 《혼불》제2~5부를 연재했으며, 1996년 12월 제1~5부를 전10권으로 묶어 완간하였다.

《혼불》은 일제강점기인 1930~40년대 전라북도 남원의 한 유서깊은 가문 '매안 이씨' 문중에서 무너져가는 종가(宗家)를 지키는 종부(宗婦) 3대와, 이씨 문중의 땅을 부치며 살아가는 상민마을 '거멍굴' 사람들의 삶을 그린 소설이다. 근대사의 격랑 속에서도 전통적 삶의 방식을 지켜나간 양반사회의 기품, 평민과 천민의 고난과 애환을 생생하게 묘사하였으며, 소설의 무대를 만주로 넓혀 그곳 조선 사람들의 비극적 삶과 강탈당한 민족혼의 회복을 염원하는 모습 등을 담았다. 또한 호남지방의 혼례와 상례의식, 정월대보름 등의 전래풍속을 세밀하게 그리고, 남원지역의 방언을 풍부하게 구사하여 민속학·국어학·역사학·판소리 분야 학자들의 주목을 끌기도 하였다.

1997년 전북대학교에서 명예문학박사 학위를 받았고, 같은 해 사회 각계의 인사들이 모여 '작가 최명희와 혼불을 사랑하는 사람들 모임'을 결성하기도 하였다. 제11회 단재문학상(1997), 제15회 여성동아대상(1998), 호암상 예술상(1998) 등을 수상하였다. 대하소설 《혼불》을 통해 한국인의 역사와 정신을 생생하게 표현함으로써 한국문학의 수준을 한 차원 높였다는 평가를 받고 있다. 《만종(晩鐘)》《정옥이》《주소》 등의 단편도 썼지만,《혼불》을 쓰기 시작한 이후로는 다른 작품을 쓰지 않았다.

1998년 난소암으로 사망하였다.

여교수는 경기도 광주에 별장과 전답을 차명소유하고 있었으나 차명관리인이 임의로 담보대출을 받아 돈을 받아 쓴 통에 법정소송을 벌이고 있는 중이었으며 25평은 남편의 누나 즉 시누이가 거주하고 있고 시댁식구와의 갈등으로 이래저래 골치가 아파 죽을 지경이었다. 생각 끝에 25평을 팔고 그 돈을 시누이를 주어 멀리 이사 가게 하였고 그 집을 산 사람이 지점장이고 중개자는 필자다. 서너달이 지나고 오륙개월이 다가와도 마땅한 물건은 안나오고 새댁은 입덧을 시작하여 삶의 환경에 민감한 시기였다. 원채 세대수가 적은터라 좀처럼 옮길 기회가 없었고 너무 미안하던 차에 나는 강씨에게 이 기회에 집을 매수할 것을 제안했다.

같은 평형에 올 수리된 특급이 1억 6천(보통 1억 4천)에 나와 있었는데 럭셔리한 실내장식과 고급스런 분위기의 그 집을 본 부부는 매우 마음에 들어 했으나 어떻게 매입해야할지 망설였다.

나는 전세금 뺀 나머지 잔액은 융자로 해결해 주겠다고 하였다.

그러나 이야기를 전해들은 부모님의 도움으로 융자없이 매입할 수 있었고 그제야 신혼의 단꿈을 만끽할 수 있었다.

그 집은 현재 8억 호가한다.

변호사 이구영(남.65)씨.

부부 모두 독실한 기독교 신자로 모든 것을 하나님의 은덕으로 하나님의 축복으로 살아가는 진실한 교인이었다.

원리원칙주의자로 불의와 절대 타협않는 강직소신으로 부장판사직을 그만둔 후 변호사로 활동하고 있으나 돈과 거리가 멀다.

성보 33평에 살다가 집이 좁아 개나리 57평으로 이주하였다.
집 주인은 세를 놓은 후 뉴질랜드로 이민 갔다.

그로부터 10년이 훨씬 지났다.
내 집처럼 살다가 개나리아파트 재건축이 코앞에 닥쳤다.
이제 집을 옮겨야 하는데 갈 집이 마땅치 않다.
당시만 해도 5억이면 살 수 있었던 집이 20억 가까이로 올랐다.
너무 편하게 살다보니 집사는 것을 잊고 살아온 것이다.

김남수(남.48)씨는 부부교사이다.
31평에 세를 살던 호남형의 잘 생긴 김씨는 역시 절세미인의 부인과 함께 집을 사러 필자를 찾아 왔다. 지은 지 20년이 넘도록 한 번도 수리를 하지 않아 집이 너무 낡고 곰팡이 피고, 더구나 냄새가 나서 못 살겠단다. 낡은 씽크대 쪽에서는 바퀴벌레가 우글거리고 화장실 하수구에서도 작은 날 벌레가 날아든다.
아무리 약을 쳐도 소용이 없다.
집수리 때문에 주인한테 연락해 봐도 신통한 대답이 없다.
견디다 못해 무리를 해서라도 집을 사려고 온 것이었다.
34평, 41평을 중심으로 보다가 수리가 잘 된 41평을 4억 7천만에 계약하였다. 상당히 무리가 가는 금액이었지만 부부는 허리띠를 졸라매기로 다짐하였다.

지금 그 집은 재건축으로 다시 태어났다(현대 I 파크)
투자금의 4배로 늘어났다.

필자는 한전에서 오랫동안 근무한 적이 있다.

발전소에서는 기혼근무자를 위한 사택이 있으며 미혼근무자를 위한 기숙사도 운영하고 있다. 도심의 변전소에도 근무자를 위한 사택이 있고 숙식을 해결하는데 전혀 불편한 점이 없도록 회사에서 배려하고 있는 것이다. 그런데 이런 편한 환경에 있는 사람이 집 한 채 마련 못하는 경우가 많다.

내 집을 마련해야할 절박한 동기가 없기 때문이다.

집 없는 설움은 집 없는 사람이 안다고 한다.

그러나 이런 혜택(?)을 받은 사람은 평소에 집 없는 설움을 전혀 느끼지 못한다. 퇴직할 즈음 그제야 후회하나 그때는 이미 늦다.

● **지분 쪼개기**

지분 쪼개기란 용어는 근래 주로 사용하는 것 같은데
공식적으로는 지분분할, 부동산 은어로는 칼질한다고 하는데 당시 부동산 고수들은 칼질하기에서 진검승부를 겨룬 적이 있었다.

정통파와 비 정통파의 승부였는데 정통파는 합법적 테두리

내에서, 비 정통파는 막가파식으로 합법, 비합법 가리지 않고 하였는데 정통파에서는 허가업소가, 비 정통파에서는 떴다방이 주류를 이루었다. 활동무대는 정통파는 동작일대 흑석동, 송파 거여, 마천일대를 비 정통파는 용산일대와 뚝섬 성수동을 주름잡고 있었다.

정통파는 비 정통파의 기세에 눌려 처음엔 활동이 미미하였다.

그러나 비 정통파는 하는 수법이 대부분 불법이 많아 예의 주시하던 경찰수사망에 걸려 2002년 일당들이 일망타진 되었으며 당시 MBC, KBS 뉴스에서도 이 사실을 보도하였다.

일당들을 비롯하여 이에 가담한 재건축, 재개발조합장, 그리고 투자자들까지 모두 걸려들었는데 법을 위반해 가며 무리한 욕심을 채우려다 당하는 사필귀정이 아닌가? 생각된다.

이들은 재건축, 재개발구역의 조합사무실과 바로 붙은 사무실에 진을 치고 조합 사무실의 관련자로 행세하며 취득한 정보를 투자자에 연결 원주민의 부동산을 헐값에 마구 사들였다. 서울 용산구 한강로일대와 마포구 등에서 단독주택을 헐고 다세대주택이나 오피스텔을 지어 지분을 팔면서 아파트 입주권을 받을 수 있다고 허위 분양을 하였다. 이 과정에서 관할 공무원들이 불법 용도변경을 알고 사용승인(준공검사)을 내줬는지 모르지만 지분을 쪼개고 무허가 건물을 지어 세분화한 뒤 시중 부동산에 매물로 배포하였으며 미등기 전매로 여러 번 손을 거쳐 가격을 폭등시켰던 것이다.

이러한 지분 쪼개기가 사회문제로 크게 대두되자 정부에서는 무분별한 지분 쪼개기를 막고자 2002년 신규 지분분할신청을 일체 불허하였던 것이다.

이후 잠잠하였는데 대선을 전후하여 서서히 고개를 들더니 18대 총선에 봇물터지듯 뉴타운 공약이 선포되자 너도나도 지분 쪼개기에 나서기 시작했다. 이와 같이 항상 시장이 앞서가고 정부가 뒤따라가는 형국이 계속되는데 이쪽을 막으면 저쪽이 부풀고 저쪽을 막으면 이쪽이 부풀고하는 풍선효과가 계속되고 있다.

정통파는 법률의 테두리 안에서 즉 법률을 위반하지 않는 범위 내에서 사업성을 찾아 여러 가지 아디디어를 짜내고 연구하여 불법이면 합법으로 수정하고 법에 저촉되지 않는 방도를 찾는 반면 비 정통파는 아예 한탕하고 뜨기 위한 대담한 행동을 서슴치 않았기 때문에 경찰 정보망에 걸려든 것이다. 어떤 사업이든 법에 저촉되는 행위를 해서는 오래가지 못하고 패가망신하기 마련이다.

지분 쪼개기가 극성을 부리자 정부에서는

2002년 지분분할신청 일체 불허,

2008. 7월부터 60㎡(18평)미만 지분은 분양권 제한으로 규제가 강화되었다.

● 강남 100억대 거지들

"술 한잔 사줘!"

저녁 8시쯤 퇴근을 할까? 더 있을까? 망설이고 있는데 박기수(남.59)씨가 들어선다.

부근에서 조그만 설비업체를 운영하는 장씨는 페인트가 덕지덕지 묻은 작업복 차림으로 들어와 털썩 주저앉는다.

"아이 씨! 더러워! 못해먹겠네"

담배 한 모금 깊게 들이 마신 후 내뿜으며 투덜거렸다.

나는 빙그레 웃어 주었다.

옆 가게 치킨호프집에서 골뱅이무침, 통닭을 안주삼아 소주잔을 기울이며 우리는 이야기의 늪으로 빠져들었다.

"왜? 왜? 누가 우리 위대한 박사장을 괴롭혔어......엉?"

나는 잔뜩 찌푸려있는 박씨에게 소줏잔을 권하며 놀리듯 물었다. 소줏잔을 연거푸 마시던 박씨는 벌겋게 달아오른 얼굴로 침을 튀겼다.

"아이 씨! K 공인 소개로 몇 백짜리 쪼끄만 공사를 하나 하는데 젊은 여편네가 옆에서 어찌나 쫑알대는지.....! 어이구 그냥 확.....!"

K 공인이라면 새천년민주당 오기로 민원실장이 하던 사업체다.

전남 해남출신인 오실장은 사업체를 다른 사람에게 맡기고 김대중 정부시절 전부터 정치판에 뛰어들어 한때 메스콤의 각광을 받은적도 있으나 거기까지가 한계인 것 같았다.

그와 자주 술을 마셨다는 동료의 일화다.

오실장과 어울려 여러명이 술을 마시고 있는데 한창 주흥이 무르익어갈 무렵 오실장이 말했다.

"내 나이 몇으로 보여?"

당시 오실장은 55세로 국민의 정부시절 그의 위세는 막강하였다. 모두 50세나 50세가 안돼보인다라고 말했는데 한 눈치 없는 친구가 60세 넘어 보인다라고 말했다.

그랬더니 눈을 부릅뜨고 고함을 질렀다.

"그것도 사람 눈이야? 넌 눈도 아니야..... 도꾸아이야! 도꾸아이! 개눈깔이다 말이야! 개눈깔!"

마구 소란 통에 술판이 깨진것은 물론이다.

박사장이 어느 집수리 공사를 맡아하는데 주인인 젊은 여자가 미주알고주알 일일이 간섭하는 통에 울화통이 치밀어 죽겠단다.

"당장 때려치우고 싶지만 참고 하자니............내 원 참! 안 그래도 마누라 때문에 죽겠는데........"

그의 부인은 신들린 여자다.

평소와 같이 무난히 결혼생활을 하던 중 마흔 중반쯤 되더니 마누라가 점점 이상해지더란다. 자꾸 장군님을 들먹이며 모든 일을 장군님과 연결시켰다. 심지어 부부관계도 장군님께 물어봐야 한다고 했다. 신들린 여자와는 정상적인 대화가 불가능하다.

결국 그의 가게 옆 허름한 헛간을 개조하여 만신당을 만들고 만기가 걸렸다.

신이란 결국 내가 아니다.

마음을 곧게 하고 항상 깨어 있으면 그 영향은 감소하고 결국 떠나보낼 수 있다. 신이 내린 것은 인연의 결과이다.

하지만 인연을 회향(마무리, 정리)하는 것도 역시 의지의 선택에 달려 있다. 그리고 어떻게 마음먹느냐에 따라 그 결과는 달라질 수 있으며 신 내림이 꼭 나쁜 것은 아니다. 정신이 깨어있고 중심이 바로 서 있다면 신을 이용할 수도 있다. 신에도 급이 있어 하급신과 상급신이 있는데 하급신은 저급한 귀신들이고, 상급신은 귀신이기는 하나 상급에 있는 귀신들인 장군 신, 산신, 용신, 왕신들이 있고 경우에 따라서는 천신들이 있다. 그 급에 따라 신 내림 받은 사람의 신력도 달라지게 된다. 하급신의 경우는 잡귀로서 사사로운 욕심이 많으며 사람에게 해를 끼칠 수도 있다. 하지만 역시 상급신의 경우도 사사로운 욕심을 취하다 보면 곧 떠나게 되고 상급신 대신 하급신이 빙의하게 된다. 이럴 경우 언제든지 신이 떠나더라도 다른 신에 의해서도 신 내림을 당할 수 있다.

이를 벗어나고 싶다면 수행을 겸하여 항상 깨어있도록 하는 훈련을 해야 한다. 그러다보면 그런 현상이 많이 완화될 수가 있다.

나는 불교의 그 심오한 철학에 매료되어 한 때 열심히 공부해 본적이 있다. 그러나 공부하면 할수록 한량없이 넓고 깊은 심오한 철학에 뭐가 뭔지 머리에 남은 것이 아무것도 없다.

나는 법사(法師)과정을 공부하면서 운명철학과 샤머니즘 [shamanism]에 관심을 갖고 깊이 빠져본 적이 있었다.

운명철학과정을 이수하고 인증자격증을 취득한 나는 "인터넷 신 사주팔자"라는 책을 저술하기도 하였다.

필자가 샤머니즘[shamanism]에 심취한 것은 순전히 셋째 형수 때문이다. 나는 첫 애가 태어난 직후 아내를 구미에 있는 친정에 맡겨두고 청운의 꿈을 안고 해외건설에 나선바 있었는데 그때 쯤 아버지께서 돌아가셨다. 평소 지병이 있어 예감은 하고 있었지만 막상 이국만리에서 부고[訃告]를 접하자 임종하지 못하고 자식으로써 도리를 다 못한 죄책감에 비통함은 이루 말할 수 없었다.

나중에 귀국 후 아내에게서 들은 바인데 장사 이튿날 셋째 형수님이 이상해지더란다.

막 고래고래 고함을 치는데 행동과 말투가 돌아가신 아버님과 똑 같았단다. 당황한 가족들은 서로 붙들고 달래면서 진정시키려 애썼다고 한다. 위로 넷이나 되는 형님은 모두 객지생활이라 그동안 대구에서 직장생활을 하던 막내인 필자가 부모님을 모시고 있었던 것이다.

　막내가 사준 털옷이 그렇게 뜨시고 좋았다며,

　느 엄마가 불쌍하다며, 첫째보곤 그러면 안 된다는 둥 심지어 소변보는 흉내까지 냈다고 했다.

　무려 한 시간정도 그러더니 졸린 듯 잠이 들더란다.

　나중에 잠이 깬 후 무슨 일이 일어났는지 당신이 무얼 했는지 전혀 모르고 있었다고 했다.

　이후 원래의 형수님으로 돌아가 아무 일없이 잘 지내고 있었다.

　그리곤 1996년 2월경 아이들 졸업하던 즈음 서울에서 한참 업무 중일 때 대구에서 부고가 날라 왔다.

　셋째형님이 급작스레 돌아가셨다고 하였다.

　우리 다섯 형제중 제일 건강하고 무술인(합기도)인 셋째형이 그동안 지병이 있은 것도 아닌데 이렇게 갑자기 돌아가셨다니 도무지 믿기지 않았다. 나는 장사기간 내내 형수님을 관찰하였다.

　말로만 들은 빙의를 목격할 수 있을까? 궁금하였다.

　내일이 출상이라 장지에 대해 한참 가족들하고 논하고 있던 중 형님의 영전에서 혼자 슬픔을 달래던 형수님의 고함소리가 들려 왔다.

　"앗! 샤먼이다!"

　큰 형님께서 소리쳤다.

　나도 예의주시하고 있던 터라 용수철 튀기듯 일어나 영전이 모셔진 건너방으로 뛰어갔다.

고래고래 고함치는 것이 셋째 형님의 형상과 똑 같았다.

나는 형수님(아니 형님이다)을 붙들고 진정시키려고 했고 그러다 서로 부둥켜안고 한참동안 울더니 나를 잡은 형수님의 손에서 힘이 스르르 빠지는 것을 느낄 수 있었다.

나는 형수님의 눈을 쳐다보았다.

그러자 눈물을 머금은 채 동공이 점점 흐려지더니 스르르 눈을 감으며 잠이 드는 것이었다.

그 후 깬 후에도 전혀 모른 채 일상적인 행동을 하시고 있다.

백과사전에는 샤머니즘[shamanism]을 다음과 같이 요약하고 있다. 시종교의 한 형태 또는 그 단계.

엑스터시[忘我·脫我·恍惚]와 같은 이상심리 상태에서 초자연적 존재와 직접 접촉·교섭하여, 이 과정 중에 점복(占卜)·예언·치병(治病)·제의(祭儀)·사령(死靈)의 인도(引導) 등을 행하는 주술·종교적 직능자인 샤먼을 중심으로 하는 종교현상을 말한다.

북아시아의 샤머니즘이 가장 고전적·전형적인 것으로 알려져 있으나 지역에 따라 여러 샤머니즘의 형태가 있으며, 다른 종교현상과 복합되어 있는 경우도 적지 않다.

나는 집 매매 건으로 찾아온 박씨 부인을 만나 신들린 사람의 입장과 그들의 세계관에 대해 여러 가지 물어보았다.

그녀는 장군님이 항상 보살펴주기 때문에 자기는 행복하단다.

몸이 아플 때 장군님한테 빌면 깨끗이 나아지고 우리 남편도 몸이 아플 때 장군님께 빌어 많아 나았다고 한다. 그래서 남편이 자기를 매우 좋아한다고 하였다.

그러나 둘은 합의 이혼하였다.

역시 신들린 사람과 정상적인 생활이 어려웠던 모양이다.
나는 전에 박씨에게 31평 아파트를 사 준적이 있는데 그 아파트를 부인에게 주었다. 아파트하나 건네주고 이혼한 박씨는 현재 가게가 있는 100여평의 땅이 지금은 값이 많이 올라 이것저것 부동산을 합쳐 100억이 넘는 재산가이다.
그러나 맨 날 돈이 없어 쩔쩔 맨다.
부동산의 명목상의 가격이 올랐지 팔지 않는 한 고달픈 생활상은 예전 그대로다. 오늘도 고물트럭에 사다리, 페인트 등 자재를 잔뜩 싣고 먼지투성이인 작업복을 입고 열심히 일하고 있다.

이기영(남.67)씨는 장돌뱅이처럼 여기저기 부지런히 돌아다닌다.
딱히 볼 일이 있는 것이 아니다.
그저 왔다 갔다 할뿐 한 곳에 오래 머무는 것도 아니다.
옷은 남루하다 못해 노숙자보다 더한 것 같다.
길 가에 떨어진 담배꽁초를 보면 주위를 살핀 뒤 살며시 주워서 피워 문다. 어찌 보면 정상이 아닌 것 같다.

이 사람을 가리켜 누가 몇 백억 재산가라 하겠는가?

나 역시 이분과 심도 있는 대화를 나누어 본적이 없기 때문에 자세한 내용은 모르나 소문에 의하면 임야 등 수백억대의 땅 부자라고 했다. 소위 말해서 부동산 거지인 셈이다.

임야 등 수천에서 수만 평의 땅이 있다고 하자. 붙여진 가격은 명목상이지 실질적이 아니다. 아무리 팔려고 해도 팔리지 않는다.

담보로 해서 빌려 쓴 은행이자 납부일은 매달 꼬박꼬박 다 가온다.

벌이가 없어 먹고 살기도 힘든데 재산세 고지서는 어김없이 날아온다. 체납금만도 상당하다고 한다.

역삼동 100억대 거지들

환란이 일어나자 이런 부동산 거지들이 많이 발생했다.

수 백억대 빌딩주들이 추풍낙엽처럼 쓰러져갔다.

은행들은 자금회수를 위해 무조건 경매로 돌렸고 경매시장은 넘쳐나는 매물로 웬만한 물건은 쳐다보지도 않았다.

특히 10억대 이상은 일반인으로는 너무 부담스러워 5차, 6차까지도 임자를 못 만나는 것이 허다하였다.

역삼동에 사는 김동수(남.64)씨

김씨는 마포에 100억대 빌딩을 소유하고 있다.

그러나 시가의 절반이상이 은행융자로 되어있다.

매월 금융 부담과 빌딩유지관리비가 수천만 원에 이른다.
그러나 임대 수입료는 절반에도 못 미친다.
융자금에 임대보증금, 체납금 등을 제하면 거의 깡통을 차고 있는 셈이다. 남들은 100억대 부자라고 부러워하지만 본인은 전혀 그렇지 않다. 얼마나 버틸지 걱정이 태산이다.
재산이란 어떤 사람에 속하는 적극(플러스) 재산과 소극(마이너스) 재산의 총체이며 기업의 자산과 부채 ·자본을 총칭하여 재산이라고 하는 개념과 같다.

거리의 수많은 크고 작은 빌딩들!
저 건물 주인은 얼마나 좋을까? 얼마나 부자일까?
부러움 반 시샘 반 이리저리 둘러보기도 한다.
그러나 내용을 자세히 들여다보면 의외로 빈껍데기가 많다.
등기부 등본을 자세히 관찰해 보면 은행융자를 포함한 부채가 건물의 현 시세를 능가하는 경우도 종종 있다.
깡통정도가 아니라 멍애를 짊어진 셈이다.
이 사람들도 몇 백, 몇 천대의 재산가이다. 그러나 뭇 사람들은 그 속을 모르고 그런 사람을 부러워하기도 하고 질시하기도 한다.

그런 사람은 서민인 당신을 얼마나 부러워하는지 모른다.
아내의 고향은 구미다.
필자가 총각시절 한전 구미에서 근무할 때 아내와 직장에서 만나 결혼까지 한 CC (Company Couple)이다.

　구미공단에 있는 순천향병원 앞은 매우 번화가로 이곳 한 건물 중 2층 대지지분 35평에 건평100평의 매물이 나와 싸다 싶어 잡았는데 물려 버렸다. 구미2번 도로는 패션, 상업거리며 술과 음악이 어울리는 향락거리로 패션, 술, 먹자판이 즐비하다. 이 곳 중심부 빌딩지하 대지지분 45평, 건평 100평의 매물이 싸다싶어 매입했는데 영 시원찮다.

　대구 수성구 황금동에 아파트와 황금시장 입구에 다세대연립, 그리고 대구와 구미 부근의 토지 등을 오래전부터 보유하고 있으나 그때나 지금이나 그게 그거다.

　이 지역 경제가 아직 활성화가 안되다보니 제아무리 면밀히 검토하고 분석했다 하더라도 역부족이다.

　그런데 모든 투자는 투자이후 예상수익을 염두에 두고 하는데 실제 수익이 기대치에 훨씬 못 미치면 소위 말해서 물리게 되는데 유지관리비용과 함께 금융부담까지 짊어지게 돼 아주 애를 먹게 된다. 구미, 대구의 투자실패가 그 사례다.

　필자 역시 전국에 크고 작은 부동산을 보유하고 있으나 매월 발생하는 유지관리비용(제 세금포함)과 이자 등 금융비용을 부담하자니 숨이 턱턱 막힐 정도로 고달프다. 경기가 없어 부동산 수입이 말이 아닌 요즘은 그야말로 죽을 맛이다. 혹자는 뭐라도 하나 팔아서 좀 여유 있게 살라고 충고하지만 팔만한 물건이 없다.

　팔고 싶은 물건은 제값을 못 받고 알짜배기 물건은 지금 팔

때가 아니다. 그래서 버틸 수 있는데 까지 버티고 있는 중이다.

● 한국 IM 회장댁 이야기

세계최대의 컴퓨터 회사 IM
한국 IM 회장 댁을 방문한 적이 있다.
어느 날 건설회사 사장이라는 분이 나의 사무실을 찾아왔다.
사연인즉 서초동에 짓고 있는 100평대 펜트하우스를 한국 IM 회장님께 분양하였는데 여기 살고 있는 아파트가 팔리지 않아 자금 회수가 않되 어렵다고 하였다.
빨리 좀 팔아달라고 사정하면서 명함을 주고 갔다.
개나리 57평에 살고 계시는 I 회장 사모님은 G 공인에다 매물로 내놓은 상태다.
나는 건설업체로부터 의뢰받은 상태다.
한 물건을 같은 의뢰인(집주인)이 여러 부동산에 매도요청을 하는 경우는 흔하다. 대부분 그렇다.
그러나 한 물건을 두고 서로 다른 의뢰인이 여러 부동산에 내놓는 경우는 흔치않다. 중개사의 거래관례 중 특히 강남에서는 매도 혹은 임대인 측 즉, 집주인이 매매, 임대의뢰한 중개사가 우선의 지위를 갖는다. 중개사간 공동중개 시 이 원칙은 잘 나타나고 있는데 특별한 사유가 없는 한 계약은 매도측

중개사가 주도적으로 행하며 매수측 중개사는 공동중개의 당사자로서 보조로 참석하게 된다.

공동중개 시 서로 믿고 맡기는 확실한 신의성실에 의거하여 거래해야 하는데 특히 매수측에서 매도측 집을 볼 경우 매도측의 정보가 전부 노출되게 된다. 매수측은 그 집의 정보를 알고 난후 나쁜 마음을 먹게 되면 물건 빼먹기 십상이다.

이게 애매한 것이 집 주인이 A 부동산에 매매 의뢰한 것을 공동중개로 B 부동산이 그 집을 봤다고 치자. 부동산 매매는 한두 번 봤다고 매매가 그리 쉽게 이루어지지 않는다.

여기서 집주인이 B 부동산에 매매 의뢰하는 경우다.
실무에서 매우 흔한 경우다.
이럴 때 그 매물에 대한 A, B 부동산의 지위가 같게 되는데 이 경우 B 부동산은 A 부동산에다 반드시 이 사실을 알려야 하며 매물 장부에 기입하여야 한다. 만일의 분쟁에 대비하기 위해서다.

그러나 B 부동산이 이 물건에 욕심을 낸다면 얼마든지 빼먹을 수 있다. 만약 B 가 A 몰래 거래를 했다면 얼마 후 A 가 알게 된다.

당연히 A, B 싸우게 된다.
A "아니 ! 믿고 줬는데 빼먹어? 의리 없는 놈........ "

B "우리 집에도 나왔단 말이야! 우리 집에도!"
A "거짓말 하지마라! 이놈아! "
B "주인한테 물어보란 말이야! 물어봐!"
이 경우 집주인에 전화해 봤자 대개 노코멘트다.
부동산 싸움에 괜히 말려들기 꺼려하며 매매야 여기서 하던 저기서 하던 상관없기 때문이다. 이러한 중개사간 분쟁이 비일비재하기 때문에 나온 대책이 전속중개계약인데 일정기간 한 부동산에 일임하는 제도이다. 그러면 그 기간 동안 물건 빼먹는 행위는 불가능하다.

그러나 이 제도가 시장에 잘 정착되지 않는다.
왜냐하면 집 주인이 귀찮아하기 때문이다.
전화로 간단히 할 수 있는데 일부러 나와서 서류에 도장 찍고 하는 그런 번거로움을 달가워하지 않는다. 또한 매매의뢰인이 등기부상 당사자가 아닌 경우가 많다. 남편명의의 부동산을 본인이 직접 나와서 내놓는 경우가 흔치 않고 대부분이 부인이 내놓기 때문이다.
이와 같이 부동산 업계의 위계질서를 무너뜨리는 악덕업주가 있게 마련인데 대부분 자연 도태된다.
왜냐하면 한번 당해본 중개사는 그 사람과 일체 거래를 끊을 것이며 그 소문은 일대 전체 중개사로 퍼져 기피인물로 낙인찍히게 된다. 세상에 독불장군은 없다.
제아무리 날고뛰는 재주를 가졌어도 혼자서는 도저히 못

살아간다. 중개사간 서로 믿고 서로 도우며 협업체제로 나가지 않으면 절대로 살아날 수가 없다.

이 곳 역삼동에도 이런 사람이 있다.

한동안 월 수천만 수입을 자랑하면서 여기저기 부딪히며 툭하면 업자간 싸움질이나 하고 골프채를 휘두르며 기고만장 하더니 전 업계의 왕따로 극빈자 신세로 추락, 월세를 못내 보증금 다 까먹고 쫓겨났다. 뒤늦게 잘못을 뉘우치며 용서를 빌고 있지만 업계의 싸늘한 반응을 식히기에는 역부족이다.

햇병아리 중개사는 이 점 각별히 유의해야 한다.

특히 강남에서는 그 지역의 터줏대감인 원로급 중개사가 있고 그 원로급 중개사를 중심으로 모인 친목단체인 상조회가 있게 마련이다. 상조회의 회칙을 보면 목적과 회원자격, 가입조건, 휴일의 준수, 총회 및 회장, 감사, 회계 등이 있지만 특히 강조하고 있는 것은 공인중개사간 위계질서의 엄수다.

위계질서를 어지럽히는 행위를 하는 자에 대한 벌칙조항이 있으며 심한 자는 자격박탈하기도 한다.

자격박탈 당한 자는 회원전원합의가 없으면 재가입이 불가능하다.

회장의 전횡을 막기 위해 중요사안은 회원전원합의제로 운영하며 투명한 회계를 위해 매월 지출 내역을 공개한다. 햇병아리 중개사는 먼저 그 지역에 기반을 잡고 영업 중인 선배

중개사에게 공손하면서도 낮은 자세로 임하는 것이 좋다.

그래야 여러 가지 도움을 받을 수 있으며 그 지역의 실태를 속속들이 알 수가 있기 때문이다. 그렇다고 설설 기라는 것이 아니다.

종종 햇병아리들을 보면 해보고자하는 의욕이 앞선 나머지 무조건 설쳐대는데 도전하는 진취적인 기상도 좋지만 그것이 자칫 기존 중개사들에게 건방지게 보이면 곤란하다는 점이다.

뛰어봤자 벼룩이지 혼자서는 못살기 때문이다.

구관이 명관이라 그 지역에서 오래한 사람이 제일 낫다.

음료수라도 하나들고 선배 중개사들을 찾아뵙고 이번에 어디서 개업한 아무개입니다. 잘 부탁드립니다. 공손히 인사하고 교제한 후 여러 가지 도움을 요청하면 대부분 잘 도와주게 된다.

이야기가 잠시 옆으로 빠졌는데 나는 이미 G 공인으로부터 물건을 소개받고 그 집을 본적이 있다. 그래서 어떻게 해야 하나 잠시 생각하다가 분쟁의 소지를 없애기 위해 G 공인에 전화를 하여 자세히 상황을 설명하였다.

G 공인은 알았다며 퉁명스럽게 대답하더니 전화를 탁 끊었다.

나는 G 공인의 나쁜 기분을 잘 안다.

그것은 반대의 입장이 되도 마찬가지다.

그래서 중개사간 분쟁을 조정하는 그 지역의 원로급인사가 제 역할을 제대로 해주어야 한다. 적어도 두 달에 한번쯤은 전체 회원이 모여 허심탄회하게 애로를 토로하고 협의를 거쳐 분쟁 당사자 서로 원만한 해결을 보도록 적극 노력하여야 한다.

　전국 규모의 유명 여성회회장 노 모(여.45)씨.

　남편은 모 은행 지점장이다.

　노회장이 나를 찾아온 것은 토요일. 나른한 오후였다.

　짜리몽땅한 몸매는 그리 매력적이지 않으나 작달막한 체구에 두꺼운 돋보기안경을 끼고 키에 비해 유난히 커 보이는 머리는 매우 똑똑한 여자로 보였다. 여러 가지 물건을 도면으로 보여주며 설명한바 57평 아파트를 보자고 하기에 세 집을 보여줬는데 한 곳은 대한민국 초대 법무회장을 역임한 댁이고, 또 한곳은 대법관을 역임한 댁이고 마지막 한 곳이 IM 회장님 댁이다.

　나는 그 집이 누구집인지도 몰랐다.

　매매 의뢰한 건설회사 사장도 빨리 팔아달라고만 했지 그 집 사정에 대해 자세히 알려준바 없으며 사모님 역시 내가 누구다라고 말한바 없었다. 집 보러 간다고 미리 전화 연락을 하니 사모님은 안계시고 웬 남자분이 그러라고 허락하였다. 같이 집 보러 들어서니 갑자기 노회장이 초로의 남자분을 보고 연신 머리를 조아리며 어쩔 줄 몰라 하고 있었다. 붉게 상기한 얼굴로 당황스런 분위기속에 어떻게 집을 봤는지 허둥지둥 대충보고 나온 후 나는 왜 그러느냐고 이유를 물었다. 노회장은 그 분이 한국 IM 회장이라고 알려주었다.

　자기 거래처라고 하였다. 그런 큰 거래처의 회장을 느닷없이 만났으니 당황 할만도 하였다.　당시 노회장은 아파트 사려고 무척 노력하였다. 필자와 많은 대화를 나누었으며 같이 여기저기 많이 돌아 다녔다. 그러나 은행 지점장인 남편의 동의를 얻을 수가 없었다. 남편은 예측하기를 IMF 여파가 계속 이어질 것이며 경제가 쉽게 회복하기 어렵기 때문에 집값이 더 떨어 질것이라고 은행가답게 진단하였다. 그러나 한번 상승하기 시작한 집값은 은행가의 예측을 무색하게 만들었으며 한번 살 기회를 놓친 노회장의 실망은 이만저만이 아니었다. 얼마나 스트레스가 심했는지 얼굴에 기미가 잔뜩 끼어 있었다. 결국 노회장은 전세로 입주하였다.

만약 그때 집을 구입하였다면 지금쯤 어떨까?

대박의 기회는 가까이 오다가도 멀어진다.
가까이 왔을 때 잡지 못한다면 다시 가까이 올 때까지 기다려야 되는데 그것이 언제인지 아무도 모른다.

강북에 사는 박인순(여.60)씨.
남편은 모 고교 교장선생님으로 정년 퇴임한지 얼마 되지 않는다.
남편 퇴직금등 합쳐 3억이 있는데 뭘 사면 좋겠냐고 여러번 물어오기에 여러 가지 매물을 내놓고 상담한 결과 57평을 전세안고 사는 것이 좋겠다고 의견일치를 보았다.
나는 I 회장댁을 5억에 매각한 후 2억에 전세 놓으면 되겠다고 생각했지만 그게 생각대로 쉽게 이루어질까? 걱정이 앞섰다.

2억이면 당시 30평대 매매가다.

그 돈 있으면 집을 사서 들어가지 전세로 그렇게 큰 집을 살 사람이 과연 있을까? 걱정하면서 여러 가지를 강구하였다.

2억에 전세로 매물을 내 놓아 보았다.

예상대로 아무도 연락이 없었다.

여러 부동산에 연락해 보았지만 전화 한 통이 없단다.

낭패다! 어떻게 하지?

심사숙고 끝에 한 가지 아이디어가 떠올랐다.

나는 건설회사 사장한테 전화를 걸었다.

지금 당장 매각 할 수 있다. 그러나 2억에 전세 들어올 사람이 없어서 그게 문젠데 이왕이면 사장님이 전세권을 인수하면 어떠냐? 그렇게 한다면 우선 사장님이 3억이라는 현금을 쥘 수가 있어 자금유통에 숨통을 튀지 않겠느냐? 그다음 전세는 시간에 구애됨이 없이 천천히 추진한다면 언젠가 임자가 나설 것이다.

내 의견이 어떠냐? 하니 사장은 생각 좀 해보겠다고 했다.

다음날 건설회사 사장한테서 전화가 왔다.

아예 자기가 입주하겠단다. 집에 가서 집사람과 의논하였더니 아내가 이참에 거기로 이사 가자며 뛸 듯이 기뻐하더란다.

드디어 3인이 모인 날.

5억 매매계약에 2억 전세계약이 이루어졌다.

그러나 건너간 돈은 3억 뿐이었다.

돌고 돌더니 3억은 건설회사 사장이 가져갔다.

중개수수료로 매도자 매수자 각 0.5%씩 합 1%이다.

전세는 제외하고 매매가 5억이니 5백만 원의 복비를 받았다.

여기서 한 가지

중개수수료 요율표에 의하면 매매가의 0.4 ~ 0.9% 이내에서 협정한다고 되어있다. 그러나 강남에서는 대부분 0.5%로 받고 있다.

거의 불문율로 통용되고 있다.

고객께서는 강남에서는 복비를 비싸게 받지 않을까?

걱정할 필요가 없다. 중개수수료로 고객과의 분쟁은 극히 드물다.

● 불 쏘시개 부산아지매

경기도 의왕시에 사는 한영숙(여. 35)씨는 개나리아파트 24평을 보러왔다. 남편은 광명 소하리에 있는 기아자동차에 근무하고 자신은 조그만 가게를 운영하며 열심히 살아가는 전형적인 소시민이다. 전세를 안고 샀으면 하고 왔기에 여러 가지를 놓고 상담하다가 마땅한 물건은 24평뿐이었다.

한참 상담하고 있는데 같은 아파트에 살고 있는 부산 아지매가 들어왔다. 이 부산 아지매는 전형적인 불 쏘시개다. 온 동네 부동산은 부동산, 이 곳 저곳 안 쑤시고 다니는 곳이 없다.

중개사로써는 기피인물 제1호다.

그러나 들어 내놓고 싶은 기색을 할 수도 없다.

온 동네아파트 모두 들쑤시고 다니면서 이렇쿵 저렇쿵 떠드는 통에 이러지도 못하고 저러지도 못하는 골치 덩어리다.

고객과 중요상담을 하고 있는데 별 볼 일없는(업무로 내방한 손님은 제외하고) 사람이 들어와서 이야기하는 것을 빤히 쳐다보고 있는 것은 예의가 아니며 중개사로서도 곤혹스럽다.

같은 상가 내에서도 한가할 때는 서로 오가며 잡담을 나누다가도 고객이 방문하면 자리를 비켜주는 것이 예의다. 특히 중개사는 이 같은 예의를 철통같이 지켜야지 눈치없이 상담하는 내용을 빤히 듣고 앉아 있다면 욕먹기 십상이다.

게다가 남이 상담하는 중간 중간 끼어드는 푼수덩이도 있다.

알면서 그런다면 정말 나쁜 사람이요 몰라서 그런다면 예의범절부터 배워야 할 것이다.

별 일없이 몇 년째 온 동네 부동산을 휘저으며 이것저것 물어보기만 하는 이런 사람이 하필 중요한 상담을 하는데 들이 닥치니 나는 매우 곤혹스러웠으나 내색 않고 잠시 앉아 계시라하고 하던 상담을 계속 하였다. 여러 가지 이런 저런 이야기를 하고 있는데 아니나 다를까 참견하기 좋아하는 이 아지매 그 집은 어떻고, 저 집은 어떻고 눈치없이 떠들어대고 있었다. 집 보러 간다하니 자기도 집에 간다며 같이 사무실을 나섰다. 개나리 24평은 한 동에만 있다.

그러니 자연히 같이 동행하게 되었다.
에레베이터를 타고 같이 올라가다가 나는 자기 집으로 들어가겠거니 하고 잘 가시라 인사하고 7층에서 내리자 이 아지매 자기도 좀 보자며 따라 내렸다.
기가 찰 노릇이었다.
손님 앞에서 화를 낼 수도 없고 거기서 실랑이 벌 일수도 없어 꾹 참고 같이 들어가 집을 보는데 이 아지매 또 난리다.
"이 집은 와 이렇노? 여가 이렇고 저가 저렇고 그런데 이런 데서 우예 살겠노? 우리 집은 좋다. 수리 잘해났다. 우리 집 함 보러 가입시더" 그러더니 손님을 끌고 나갔다.

"..........?"
"..........?"
그 집 주인과 나는 멍 하니 쳐다보았다.
세상에 저런 왕 푼수데기가 있다니..................
나는 집 주인에게 다시 연락 드리겠습니다. 죄송합니다 인사하곤 뒤따라 나섰다.
바로 윗 층인 자기 집으로 들어서더니 구석구석 보여주며 자랑하느라 여념이 없다. 현란한 말솜씨로 듣는 사람으로 하여금 혼을 쏙 빼 놓더니 사실 나도 집을 팔아야 되니 이왕이면 우리 집을 사라고 하였다. 같이 온 고객도 싫지 않은 눈치였다.

이 아지매 오랫동안 부동산 돌아다니며 그렇게 쑤셔대더니 이제야 구체적으로 실행에 옮기는 모양이다. 도성 초등교 동편 선릉로 변 31평을 이미 계약하고 자기 집을 팔아야 자금이 돌아가는데 되는데 뜻대로 팔리지 않아 초조한 상태였던 것이다.

의외의 반전에 나는 내심 잘 됐다 싶어 쇠뿔도 댄 김에 뽑으라고 당장 계약하자고 권유한바 멀리서 온 고객도 남편과 연락해 보더니 그렇게 하자고 동의하였다.

상담 끝에 1억 4,500만에 합의하고 잔금은 전세금으로 대체하고 계약금으로 1500만이 건너갔다.

쌍방 날인으로 유효하게 계약을 마쳤다.

방귀가 잦으면 똥이 나온다고 그렇게 설쳐대더니만 결국하는구나하고 생각하고 있던 중 전화가 왔다. 그 푼수데기였다.

500만을 더 받아 달라는 것 이였다.

그날 저녁 푼수데기는 남편을 데리고 나의 사무실로 찾아왔다.

"아저씨! 내가 1억 5천을 받아 달라고 그랬자나요. 거서 5백을 깎으면 우예요?"

"...............?"

남편이 말했다. "우리가 산 집에 돈을 맞출려면 이 집이 1억 5천이 되야된다 카이! 남의 집을 왜 깎소? 부동산이 책임지소."

"…………?"

그 나물에 그 밥이었다. 어쩌면 부부간에 저렇게 만났을까? 한심하기 짝이 없었다.

나는 할 수없이 매수자에게 전화를 걸어 이런 사정을 얘기하고 매도자측에서 계약을 해지코자하니 한번 신랑과 같이 나와 볼 것을 종용하였다. 다음날 저녁 양쪽 부부간 대면한 자리에서 나는 제3자적 위치로 물러나 그들의 일전을 지켜보고 있었다.

푼수데기 부부의 말 같지 않는 억지에 기아자동차 노조 간부로 있는 새댁 신랑의 속사포 같은 반격으로 한참동안 언쟁이 이어졌다. 결국 논리적으로나 보나 명분으로 보나 푼수데기가 질수밖에 없는 상황으로 흘러갔다. 알고 보니 부부가 서로 짜고 5백을 더 받아보려고 일종의 쇼를 한 것이었다.

신경식(남.40)씨는 구 조흥은행에 근무중이었다.

현재 신한은행 전산센타로 필자 사무실과는 언주로 길 건너편이다. 부부간 직장동료로 열심히 살아가는 전형적인 셀러리맨이다.

직장이 필자 사무실과 가까워 점심시간을 이용해 자주 찾아와 이것저것 재 테크 관해서 이야기를 나누곤 하였다.

여기서 이야기가 나왔다. 자기 집이 선릉로변 31평인데 어떻게 하면 좋으냐고 물었다. 나는 대답했다.

빨리 팔고 나와라. 늦기 전에 빨리 팔지 않으면 큰 낭패를 당할것이다라고 충고하였다. 나는 알고 있는 정확한 자료와 정보를 들고 조리있게 설명하였다.

그 신씨가 언주로변 34평을 사달라고 내게 온 것이다.
나는 매물로 나온 한 집을 보여주었다.
그 집은 집주인은 분당에 있어 현재 세입자가 살고 있었는데 집을 보면서 만일 계약하게 되면 매수자가 들어와 살아야 되는데 나가실 수 있는지 물어본 결과 자기는 언제든지 나갈 수 있다고 고개를 끄덕였다. 분당의 집주인과 신씨와 전화로 쌍방간 거래를 흥정해본결과 매도, 매수호가가 많이 좁혀져 서로 만나서 협의해 보기로 약속하였다.
드디어 어느 토요일 오후 분당의 집주인과 신씨와 나의 사무실에 서로 마주 앉았다. 매도, 매수 호가가 크게 차이 되는 점이 없어서 그런지 계약은 쉽게 이루어졌다. 나는 곧 바로 세입자에게 전화를 걸어 집이 팔렸다. 잔금일이 언제이니 그때까지 집을 비워주면 좋겠다고 알렸다. 원하신다면 제가 들어가실 집을 구해드리겠다고 하니 세입자는 괜찮다 잘 알았다고 하여 무사히 일을 끝마쳤다.

일은 그 다음날 터졌다. 쉽게 양해하고 협조하던 세입자. 오십대 초반으로 보이는 깡마르고 해골같은 얼굴에 큰 눈이 마치 뻥 뚫린 구멍같이 보였고 유난히 크게 그린 새빨간

립스틱은 눈 주위에 짙게 그린 시퍼런 아이섀도우와 묘하게 어우러져 괴기스럽게 보였다.
　따르릉 – 전화를 받았다.
　"당신! 날 내쫓으려고 … 너 죽을 줄 알아! "
　한참동안 일방적으로 떠들더니 전화를 뚝 – 끊었다.

　따르릉 –
　"당신! 날 내쫓으려고 … 너 수작 부리고 있지! "
　찰칵.

　따르릉 –
　"내 지금 경찰서가고 있어 .. … 너 죽을 줄 알아! "
　찰칵.
　1시간 단위로, 짧게는 10분 단위로 집요하게 물고 늘어진다.
　미칠 지경이다.
　이러다가 노이로제 걸리지…………….!
　스토커에게 당해본 사람은 내 심정을 알 것이다.
　그때 느꼈던 공포는 지금도 전율을 느끼게 한다.

　언젠가 빌딩 옥상 꼭대기에 있는 물탱크(고가수조)에 전기가 고장나서 혼자 올라 간적이 있었다. 칠 흙같이 어두운 깜깜한 곳을 손전등 하나에 의지하고 조심조심 물탱크 꼭대기에 올라간 후 뚜껑을 열고 비추어 보았다. 후라쉬에 비친 물빛은 잉크를 풀어놓은 듯 푸른 쪽빛이며 쥐죽은 듯 조용한 적막감속에 똑 똑 떨어지는 물소리는 메아리를 싣고 와 공포감을 더해 주었다. 두려움에 떨며 조심조심 점검하고 있는데 갑자기 콰르르르르르…………천둥소리와 함께 엄청난 물이 쏟아졌다.

나는 혼비백산 뒤로 나자빠졌다.

간신히 진정하고 상황을 살펴본 결과 물탱크 수위가 낮아지니까 자동발브가 열려 물이 쏟아져 들어오는 중이었다.

그때 놀란 가슴은 어찌나 쿵쾅거리는지 ………..

지금도 완전 새가슴이 되어 있다. 목욕탕에 가서 냉탕을 들여다보면 그때의 두려움이 생각나서 근처에 가지 않는다.

그때의 느낀 공포감!

바로 그러한 공포감이 느껴지는 것이었다.

이게 다 그 푼수데기 불 쏘시게의 농간이라는 것을 나중에 알았다. 즉 신씨의 집을 산 사람이 바로 그 푼수데기였다. 내가 신씨에게 34평을 사주었다는 사실을 알고는 그 집을 찾아가 당신이 갈 집이 있느냐? 그 놈이 당신 내쫓으려고 작당하고 있다. 이 기회에 갈 집을 공짜로 구해달라고 해라. 부동산을 못살게 굴어라. 그러면 된다. 나도 그 놈 때문에 5백만 원 손해 봤다. 등등 있는 말, 없는 말 총동원하여 험담을 한 것이었다. 처음엔 차분히 있던 세입자는 푼수데기가 들 쑤셔놓는 바람에 사기꾼에게 사기를 당한 듯 흥분하기 시작하더니 좀처럼 안정을 찾지 못하는 것이었다. 나중에 그의 남편으로부터

들은 사실이지만 부부간의 사이가 좋지 못해 정신적으로 심한 스트레스를 받고 있었으며 우울증으로 병원에 입원했다가 퇴원한지 얼마되지 않았다고 한다.

그런 사람을 열 받치도록 쑤셔놓았으니.............
자기 집을 1억 5천 받아야 하는데 5백 깍인 것을 온통 부동산 잘못으로 몰아붙이며 나보고 신씨에게 5백을 받지 못하도록 해보라며 윽박지르기도 하였다. 이쪽저쪽에서 말이 통하지 않는 무대뽀들에게 들고 볶이기 보름 동안 나는 완전 그로키 상태였다.

결국 나는 무보수로 세입자는 41평 전세를 얻어주었다. 이 과정에서도 41평 주인과 세입자간의 중개과정에서 재미있는 에피소드가 얽혀있다.

푼수데기는 끝끝내 말썽을 피우더니 잔금 중 2천만 원을 보름 후에 주겠다고 마지막까지 버텼다. 서로 서로 연결 상태이기 때문에 한 곳이 브레이크 걸리면 전 과정이 올 스톱이다.

할수없이 나는 은행에 다니는 신씨와 협의 보름간의 이자는 내가 물기로 하고 당시 조흥은행에서 2천만 원을 차용해 무사히 일을 마칠 수가 있었다. 그러면서도 푼수데기 부부는 신씨의 집을 트집잡아 온통 싸움박질이었다. 조흥은행 높은 사람한테 일러줘 직장에 못 다니도록 날려버리겠다. 니 목이 몇 개냐? 죽고 싶으냐?

심지어 관리비중 본인이 부담할 몇 만 원 마저도 부동산에서 책임지라며 가버리는등 끝까지 치졸하게 굴었다.

수많은 거래를 해봤지만 아마 전무후무한 사상최악의 거래였다.

그런 인간 다시 만날까 치가 떨린다.

나의 예상은 적중하였다.

선릉로 주변은 선릉로 도로 확장 때문에 재건축하려면 상당부분 아파트 부지를 도로에 편입시켜야 한다. 그러면 재건축 하더라도 현재의 평수보다 더 줄어들게 된다. 당연히 재건축이 어렵다.

그 쪽에서 우여곡절속에 언주로변으로 빠져나온 신씨는 안도의 한숨과 함께 요즘 콧노래를 부르고 있다.

반면 푼수데기는 코가 석자나 빠져있다.

- **퇴직금 1억으로 15억 만들다.**

대구에 사는 신경모(남.59)씨는 1억을 들고 나를 찾아왔다.

대구의 D공고 후배가 이곳을 알려 주었다고 하며 먼 길을 달려온 것이다. 그러고 보니 몇 달 전 대구에서 온 분을 집사준 기억이 났다. 어떻게 알았는지 대구에서 선배다, 후배다며 연락이 가끔씩 온다. 나는 친인척이나 학연, 주위의 잘 아는 사람과는 될수록 거래를 피하고 있으며 어쩔 수 없는 상황이라면 꼭 다른 부동산과 공동중개 형식을 취하고 있다.

왜냐하면 중개사가 권하는 물건이 완벽히 검토했다고 하더라도 놓치는 부분 즉, 눈에 보이지 않는 내부의 하자, 입주해서 살다보면 여러 가지 불편할 수 있는 문제, 그보다 더욱 중요한 것은 매매 후 집값이 떨어질 때 마치 죄지은 것처럼 매우 어색하고 뜨악해 진다. 일부 중개사는 단지 계약 성사를 위해 중대한 하자를 은폐하고 온갖 감언이설로 계약했다가 나중에 복잡한 구설수에 휘말려 법원을 오가는 신세가 되기도 한다. 공인중개사가 오래도록 장수하려면 눈앞의 이익을 쫓아서는 절대 안 된다.

천 원어치 콩나물을 파는 채소가게도 신용이 없으면 장사를 할 수 없고 날 품팔이 일용원도 신용이 없으면 일자리를 구할 수가 없다. 하물며 수억에서 수십 억 하는 물건을 오직 중개수수료 목적만을 위하여 사실을 은폐하고 진실을 호도하여 졸속으로 처리한다는 것은 첫째 공인중개사가 기본적으로 갖추어야 할 덕목이 되지못하고, 둘째 신용의 추락으로 본인의 사업이 급격히 위축되고, 셋째 전체 부동산 업계를 향한 여론이 매우 비판적으로 형성된다.

이러한 비양심적 중개사는 비교적 짧게 잠시 있는 듯하다가 언제 갔는지 흔적도 없이 사라진다. 많고 많은 부동산중 어디가 신용이 좋고 어디가 양심적인 업자인지 잘 모른다. 그때는 그 지역에서 제일 오래되고 한 곳에서 오랫동안 영업을 한 업체를 찾아가면 될 것이다.

나는 그 분을 당시 영동아파트 13평 2채를 소개해 주었다.
그 집은 지금은 부도처리 된 C 건설회사의 법인 소유였다.
9,500만원에 계약하고 4,500만원은 전세로 처리하여 두 채 (5,000만원에 한 채)를 인수한 신 씨는 곧 이어 영동아파트 재건축이 시작되어 집값이 급상승하자 관리처분 시점에서 한 채를 2억 5천만 원에 매각하여 자금을 확보하였다. 재건축으로 삼성 래미안 32평형을 배정받은 신씨는 추가부담금 1억 5천만 원을 내고도 종자돈 1억은 고스란히 통장에 남겨 두었다.

지금 이 집은 14~15억을 호가한다.
1억을 달랑들고 퇴직한 신 씨는 앞으로 무얼할까? 고심한 끝에 먼 서울로 올라와 전 재산을 처음 본 부동산을 믿고 맡긴것이 이렇게 커다란 부를 이룰 것이라고는 짐작도 못했을 것이다.
신 씨는 그때 1채를 사고 나머지는 현금으로 유지하려고 하였다. 필자가 만일 1 채만 중개했다면 신 씨는 지금의 집을 소유할 수 없었을 것이다. 추가부담금 1억 5천만 원을 낼 여력이 없기 때문이다.
이와같이 정확한 정보력으로 추가부담금까지 예측하여 확보할 수 있도록 도와주는 투자 상담자를 만난다는 것은 크나 큰 행운이 아닐 수 없다.

● 좋은 부동산 싸게 사는 방법

먼저 정부의 부동산 대책에 민감해야 한다. 세제 개편안이 시행될 경우 그동안 세금 부담 때문에 매도하지 못했던 매물이 쏟아지게 되면 급매물 중에서도 더 싼 매물을 고를 수 있다. 또한 믿을 만한 부동산 중개업소와 친분을 쌓아두면 급매물을 잡는 데 큰 도움이 된다. 중개업소 사장들은 급매물을 공동 거래망에 올리기보다 단골 고객에게만 은밀히 소개하는 경우가 많기 때문이다. 매도자가 집을 파는 이유를 정확히 아는 것도 도움이 된다. 다주택 보유자이거나 매도자가 이미 이사할 집을 새로 계약했을 경우에는 협상력이 더욱 높아질 수 있다. 그런 이유라면 매도자는 상당히 급한 상황이기 때문에 매도자가 제시한 금액보다 더 싸게 제시해도 계약이 성사 가능하다는 것이다. 발품을 많이 파는 만큼 더 싸게 구입할 수 있다. 집 안을 볼 때 구석구석 돌아다니면서 꼼꼼히 살펴 집의 약점을 기록해두는 버릇을 기르는 것이 좋다. 그래서 향후 계약을 할 때 약점을 제시하면서 그만큼 가격을 깎아줄 수 있도록 유도하는 것이다.

좋은 물건을 최저가에 인수하여 최고가에 팔아야 한다는 것은 누구나 아는 사실이지만 그게 현실에서는 말처럼 쉽지가 않다. 좋은 부동산을 싸게 사려면 사고자하는 지역의 중개사와 신뢰구축이 급선무다. 그냥 "알아봐주시오." 식으로 대충 이야기한다면 중개사도 그냥 알아보는 시늉만 할 뿐 전력으로 움직이지 않는다.

정말 꼭 사고 싶다면 그 의지를 중개사에게 피력하여야한다.

또 전화로도 좋지만 중간 중간 자주 들러 그 의지를 행동으로 확인시켜 주는 것이 좋다. 중개사는 수많은 의뢰인중 확실한 신뢰를 주는 의뢰인에게 최선을 다한다.

상식적으로 생각해보라.

이 사람이 꼭 할 사람인지 아닌지 의구심이 드는 상태에서 어떻게 최선을 다할 수가 있는가?

역삼동 선릉역에 있는 성보아파트

이곳에 살고 있는 이재덕(남.50)씨는 개나리아파트 47평을 사달라고 의뢰하였다. 나는 통상적으로 업무를 추진하고 있었는데 처음엔 사모님이 가끔 들르더니 이제는 부부가 함께 하루가 멀다하고 방문하는 것이었다. 하루는 현금과 수표를 들고 와서 이렇게 계약금을 들고 다니고 있으니 빨리 추진해보라고 다그치기도 했다.

나는 다른 모든 일을 제쳐두었다.

이 일을 최우선 순위로 두고 처리한바 10여일 만에 성사되었다.

그 후 재건축이 본격적으로 추진되어 현재 삼성 래미안 55평으로 재탄생한 그 집은 투자가치가 5배가 넘는다.

또 하나 예를 들어보자.

강남구 논현동 경복아파트에 거주하고 있는 이종규(남.56)씨는 몇 일 째 필자의 사무실을 뻔질나게 드나들고 있었다.

역삼동 개나리아파트 62평을 사기위해서다. 당시 6억을 호가하는 물건을 5억에 사달라고 졸라대고 있는 중이었다. 자기 친척이 얼마전 필자의 중개로 4억8천에 매입한 것을 알고는 그 가격에 자기도 사달라고 들이대는 바람에 난처했다. 그 동안 가격이 올라 그 가격에는 도저히 불가능하다고 아무리 설명해도 막무가내였다. 매도, 매수간 차이가 1~2천 정도라야 절충이 가능하지 1억이나 차이난 상태선 절충이 불가능하며 매도자에게 일종의 모욕을 주는 셈이다.

그도 잘 안다. 자기의 주장이 무리라는 것을 ....
자기가 동원할수 있는 자금이 융자포함 최대 맥시멈이 5억이란 것과 그 놈(4억8천에 산 친척)이 큰 집을 샀는데 대한 시기심을 숨기지 않았다. 그 놈보다 한발 늦었다는데 자존심이 상해 있었고 무엇보다 돈을 더 주고 사야하는 처지를 속상해 하였다.
"이 사장! 좋은 물건 꼭 좀 구해 주소. 내 수고비는 넉넉히 드리리다" 한날 음료수를 사들고 부부가 함께와 정말 진지하게 사정하는 것이었다.

나는 곰곰이 생각해 보았다.

6억 매도호가를 6억 가까이서 거래시키는 것은 땅 짚고 헤엄치기다. 6억 매도호가를 5억 선에서 거래시킬 수 있다면 그것이 진정한 능력이고 진정한 솜씨가 아니겠는가? 첫 눈에 반한 아가씨를 두고 아무리 속을 태워도 내 것으로 만들 수 없다. 거절당할까 두려워 고백하지 못하고 끙끙 앓고만 있다면 나를 모르는 그녀를 내 것으로 만들기란 확률 0%이다. 그러나 나의 마음을 분명히 밝히고 진정으로 그녀에게 사랑을 고백한다면 가부간 확률 50%가 아닌가?

확률 50%와 확률 0%는 부자가 되느냐? 가난뱅이로 되느냐? 란 문제에서 아주 중대한 의미를 갖는다. 현대그룹 창시자 고 정주영회장은 새롭고 혁신적인 프로젝트를 시도할 때 부정적 의견을 내는 임직원들에게 "해보기나 했어?"라고 일갈했다고 한다.

그렇다.

실패를 두려워해 시도조차 안한다면 부자가 될 수 없다.

우리는 미래를 알지 못하기 때문에 미래는 곧 두려움과 공포의 대상이 된다. 부자가 되고 싶다면 이러한 두려움과 공포를 과감히 돌파해야 한다. 내가 하고자 일에 어떠한 장애나 위험 앞에 당당히 맞설수 있는 그러한 호연지기와 진취적 기상이 필요하다.

나는 되나 안되나 한번 부딪혀 보기로하고 모두 96세대인 62평을 하나하나 분석해 보았다.

팔 의사가 없는 세대 70%

팔 의사가 있는지 없는지도 모르는 세대 20%

시세가 좋으면 판다는 세대는 매물로 내놓은 2세대 포함 10% 정도로 추정되었다. 이러한 분석은 일일이 주인에게 물어보고 해서 될 일이 아니다. 그렇게 해서는 엄청난 노력에 비해 소득은 보잘 것 없으며 집 주인들이 흔쾌히 응해주지도 않거니와 일부의 답변도 속내를 숨기는 오류가 많다. 오랫동안 중개업을 해보면 그 집은 팔 집이다, 아니다를 직감으로 알 수가 있고 집 주인들과 오랜기간 교류를 하다보면 그 분들의 성향이 파악되어 업무에 많은 도움이 된다.

여기서 팔 의사가 없는 세대 70%와 시세가 좋으면 판다는 세대는 매물로 내놓은 2세대 포함 10%는 제외하고 팔 의사가 있는지 없는지도 모르는 세대 20%를 집중 연구대상으로 삼아야 한다.

팔 의사가 없는 세대에 말을 붙였다가는 면박당하기 일쑤고 시세가 좋으면 판다는 세대는 매도호가 6억 이하로는 어렵다.

나는 10여 세대를 면밀히 분석하다가 그 중 한 집을 주목하였다.

그 집은 12층중 7층 한복판 집으로 알짜배기 로얄하우스였다.

집주인은 1999년 7월경 필자의 중개로 언주로 건너편 역삼동 대지 497.7㎡(150.5평), 연건평 285.9㎡(86.5평) 단독주택을 7억 8천만 원에 매각한 의사인 팔순 노부부였다.

워낙 연로하시어 이제 조용히 여생을 보내려던 어르신은 여기저기 보유한 부동산을 하나하나 처분하던 중 단독주택을 중개로 필자와 인연을 맺게 되었던 것이다. 그 집은 아는 친척 할머니에게 집을 깨끗이 관리해 주는 조건으로 거기서 살 수있도록 배려한 것이었다. 나는 어떻게 접근해야 좋은지 심각하게 고민하였다. 우선 집사 어른께 의사를 타진해 보기로 했다. 일흔이 넘은 집사 어른은 노부부의 운전수로 심부름이나 집안의 자질구레한 일을 도우며 평생을 같이 살아온 한 집안 식구 같은 존재였다. 나는 집사 어른께 혹 이 집을 팔 의사가 있는지? 조심스레 물어보았다. 집사 어른은 자기는 모르는 일이니 주인께 직접 알아보라고 대답하였다. 예상된 답변이다. 그러나 나는 이 분이 나의 질문을 귀찮아하거나 회피하는것은 아니라고 직감했다. 그래서 이것저것 물어보았다. 핵심을 피한 채 요즘 어르신 건강은 어떠신지, 가족은 어떠하며 미국에 있는 아들소식이며 여러 가지 잡동사니를 물어본 결과 중요한 멘트를 들을 수 있었다.

"지금 살고 있는 집도 넓은데 뭐........!"
노부부께서 살고 있는 압구정동 현대아파트를 말한다.
사실 60평대 아파트를 부부 두 사람이 살기에는 너무 크고 썰렁하다. 무심히 내뱉은 말속에는 살고 있는 집도 너무 커서 팔고 어디 아담한 곳으로 가볼까? 하는 판인데 그 쪽(역삼동)에 미련이나 관심이 있을까? 라는 뜻으로 판단되어 잘만하면 되겠구나 생각에 내심 흥분을 감추며 집사 어른께 온갖 아양을 떨었다. 나는 좋은 값을 쳐주겠다며 시간되시면 두 분을 모시고 나오라고 신신당부하였다. 이런 경우 주인과 다이렉트 트라이보다는 쿠션으로 돌리는 것이 효과적이다. 노부부께서는 단독주택을 중개한 정현부동산에서 이 물건을 좋은 값을 쳐 주겠다고 하니 그동안 팔 생각이 전혀 없다가 이 기회에 팔아버리자고 결심한 모양이다.

드디어 토요일 오후 2시에 만나기로 하였다.

나는 매수자인 이씨에게 계약회담 시 내 사무실에 절대 들어오지 말라고 하였다. 대신 부인을 보내라고 하였다. 이씨의 저돌적 성격과 투박한 말투는 노부부의 심경을 건드려 회담이 깨지기 십상이라는 판단 때문이었다. 이렇게 깨진 경우가 한 두건이 아니었기 때문에 미리 대비한 것이다.

이런 일이 있었다.

역삼동 선릉역 가까이 성보아파트가 있다.

33평 아파트를 매매하였는데 잔금을 전세금으로 대체하는 조건이었다. 전세라는게 예나 지금이나 성수기와 비수기가 있어 그때마다 임대, 임차인의 파워가 뒤 바뀐다. 더구나 잔금을 지불해야만 하는 임대인으로서는 자존심을 내세울 처지가 못된다.

잔금 지불일 다가오는데도 임대인의 콧대가 어떻게 높은지 계약을 성사시킬 수가 없었다. 어렵게 임차인을 구해서 만나도록하면 자신의 요구 조건만 잔뜩 늘어놓은채 임차인이 요구한 집수리 관계는 들을려고 하지 않고 그 집이 어때서 그러냐,

살기 싫으면 그만 두라는 둥 안하무인격인 언사에 깨진 사례가 한 두 번이 아니었다.

참다못한 나는 단호하게 말했다. "사모님. 저는 이제 손을 떼겠습니다. 더 이상 못하겠으니 다른 부동산을 통해서 하시던지 어떻게 돈을 구해서 메꾸던지 마음대로 하십시오".

며칠 후 잔뜩 기가 죽은 목소리로 연락이 왔다. "찾는 사람이 없어요?"

나는 차분하게 설득하였다. 임차인들의 자존심에 관련된 발언을 해서는 절대 안 된다. 마찬가지로 임차인도 임대인의 자존심을 해쳐서는 안 되며 상호간 존중하고 배려하는 자세가 절대 필요하다. 특히 계약당시에는 한마디한마디 발언에 특별히 신중해야하며 경솔한 발언은 절대 삼가야한다고 설득하였더니 알았다고 하였다.

그 후 어렵게 계약을 성사시켜 무사히 잔금을 치르고 등기를 마쳤다. 이렇듯 매도 매수자간 기 싸움에 계약이 엉망진창된 예가 많기 때문에 중개사는 특별히 신경을 써야한다.

만남의 시간이 다가오자 초조해 지기 시작했다.

어떻게 말문을 열어야할지 어떠한 수를 써야할지 곰곰이 생각한 끝에 나는 사실을 확실히 들어 내놓고 솔직하게 중개에 임하는 것이 최상의 방법이라고 다짐하였다. 마침내 만남이 이루어 졌고 테이블에 둘러앉아 서로 진지한 상담이 진행되고 있었다.

나는 비장의 카드인 계약서 철을 통째로 펼쳐보았다.

"한 달 전 62평 아파트가 4억 8천만 원에 매매가 이루어 졌습니다. 이 후 호가가 상승하여 6억을 부르는 물건도 있습니다만 어디까지나 매도호가일 뿐 실제 거래된 사실은 없습니다. 파는 사람은 많이 받으려고 높게 부르는 것이 당연합니다만 어디까지나 파는 사람의 희망사항일 뿐 그것이 시세는 아닙니다. 여기 딸 같은 분께서 어르신 집을 한번보고 너무 좋아 밤잠을 이루지 못합니다. 이 집을 꼭 사달라고 몇 일째 조르고 있습니다. 어르신! 여기 젊은 사람 소원 한번 들어 주십시오." 나는 진심으로 간청하였다.

매수자도 몇 번이나 머리를 조아리며 애원하였다.

노부부는 싫지 않은 듯 집 자랑을 잔뜩 늘어놓으셨다.

그 집의 내력에서부터 어떻게 구입했으며 수리는 이렇게 저렇게 하고 관리를 얼마나 잘했는지 다른 집과는 비교하지마라는 등 두 분이 경쟁하듯 장광설을 늘어놓으셨다. 우리는 두 분의 말씀을 진지하게 경청하면서 그렇습니다, 맞습니다라고 맞장구를 치면서 비위를 맞추려고 최선을 다하고 있었다. 한참동안 잔소리(?)를 늘어놓으시더니 지불조건 및 지불날자를 물어보고 드디어 허락이 떨어졌다. 매매계약서에 도장을 찍는 감동적인 장면에 나는 눈물이 핑 돌았다.

군인은 사기를 먹고 산다고 한다.
중개사는 중개수수료를 먹고 산다.

그러나 불가능을 가능으로 바꾼 성취감은 그 어떤 대가보다도 비할 바가 아니다. 하늘을 나는 기분이 이럴까?

그 감동적인 장면을 생각하면 지금도 가슴이 뭉클해진다.

● 내 부동산 비싸게 파는 방법

좋은 가격에 부동산을 팔기 위해서는 가장 먼저 매도할 부동산의 몸값을 키우는 것이 급선무다. 만약 처분하려는 물건이 아파트나 주택이라면 일단 수리를 해서 파는 것을 고려해보자. 집이 깨끗하다면 옆집과 비교하면서 흥정하기 쉽기 때문이다. 매도자들도 부동산 정책에 대해 민감해져야 한다. 다주택 보유자라면 매매 차익이 더 적고 앞으로 호재가 없어 가격 상승이 어려운 부동산부터 매도하는 것이 좋다. 양도세 완화책에도 불구하고 앞으로는 금리부담이 가중될 것으로 예상되고 시장이 실수요자 중심으로 재편되기 때문에 여러 주택보다는 똘똘한 하나를 가지고 있는 것이 안전하다. 그리고 가능하다면 다주택자들은 양도보다는 증여하는 것도 좋은 방법이다.

부동산을 비싸게 팔고 싶은 건 매도자 모두의 희망이다.

그러나 단순히 호가만 올려 부르다간 매도타이밍을 놓치기 일쑤다. 최소의 비용으로 최대의 부가가치를 창출해야한다.

즉 화장을 하여 예쁘게 보이라는 말이다. 우중충하고 퀴퀴한 냄새가 나선 제값을 못 받는다. 몸값을 최대한 올려놓아야 제 값을 받을 수 있다.

1999년 7월경 역삼동 아파트에 살고 있는 임성례(여.56)씨는 필자의 중개로 언주로 건너편 역삼동 대지 497.7㎡(150.5평), 연건평 285.9㎡(86.5평) 단독주택을 7억 8천만 원에 구입하였다.

이 집 주인은 당시 팔순의 노부부로 두 분 모두 의사였다.

할아버지는 현역에서 은퇴하셨고 할머니는 강남에서도 이름 있는 모 X 선 원장이었다. 압구정동 현대아파트에 거주하시던 노부부는 이 단독주택을 관리하는데 애를 먹는 중이었다. 슬하의 자제분들은 모두 미국에 거주하고 있고 이런 대형 단독주택에 들어오려는 임차인도 없어 오랫동안 비워둔 채 사설 경비업체에 맡겨둔 상태다.

필자의 권유로 몇 번이나 집을 보던 임씨는 구입 후 어떤 용도로 사용해야할지 심각하게 고민하였다. 당시 타지에서 역삼동으로 이사 오려는 사람은 편리한 아파트만 찾았지 연립이나 다세대주택은 거들떠보지 않는 천덕꾸러기 신세였다. 그러나 나는 풀 옵션 원룸, 투룸 빌라로 지을 것을 권유하였고 건축에 따르는 비용은 건설회사가 임대보증금에서 찾아갈 수 있도록 책임지고 주선하겠다고 하였다.

오랫동안 망설이던 임씨는 나에게 모든 것을 일임하고 알아서 잘해달라고 하였다. 나는 건설회사와 협의 풀 옵션 원룸, 투룸 절충형 빌라 18세대를 짓기로 하고 건축비는 임대 보증금에서 지불하기로 약정하였다. 넓직한 대지는 충분한 주차공간을 확보할 수 있었고 럭셔리한 인테리어는 고급스러운 분위기를 연출하는데 충분하였다.

당시 환란위기로 전 부동산이 침체기에 빠져 있을 때 오피스텔형 풀 옵션 소형빌라는 시장에서 신선한 충격을 주며 임대는 순식간에 이루어 졌다. 테헤란로 일대 직장인들은 근처로 이사 오고 싶지만 엄청난 집값 때문에 대부분 멀리서 출퇴근하는 젊은이들이 많다.

이들 주머니 사정을 감안하여 맞춤형 오피스텔 형 풀 옵션 소형빌라는 의외로 수요층이 많아 날개 돋친 듯 팔려나갔으며 이후 테헤란로를 중심으로 건축 붐이 일어났다.

지금 현재 이 주택은 대지 값만 해도 50억에 해당한다.

이와 같이 내 부동산을 시장에 잘 부응하는 최대의 부가가치를 창출하는 것이 몸값을 올리는 지름길이다.

● **혼자서 힘들면 같이 구입하라**

강남구 역삼동에 대지 250평, 지하1층, 지상 4층, 연건평 1,200평의 건물이 급매로 나온 적이 있다. 시세가 40억원을 호가하던 물건이었는데, 주인이 급전이 필요하다며 현금 10억 이면 팔겠다고 했다. 그때는 500억원 건물이 80억원에도 나와도 사겠다는 사람이 없었다. 정말 살 돈이 없어서가 아니라 수상한 시절이니 되도록 많은 현찰을 손에 쥐고 있겠다는 사람이 많았기 때문이다.

  필자는 처음 부동산 투자를 시작할 때도 그랬지만 그때도 충분한 종자돈은 없었다. 하지만 그 건물은 꼭 사고 싶었다. 일단 위치가 좋았고 건물이 나쁘지 않았던 것이다. 조금만 경기나 풀린다면 어마어마한 수익을 가져다줄 거라는 확신이 들었다. 나는 평소 투자금이 부족하다고 쉽게 포기한다면 돈 벌기는 영 글러먹은 거라고 생각하는 사람이다. 수소문 끝에 강원도 태백시에서 한의원을 운영하는 원장 한분과, 그분이 추천한 또 한분, 이렇게 셋이 공동투자를 하기로 결정하고 인수하여 지분등기를 했다. 나는 채권인수 조건이었다. 계약서에 도장을 찍은 후부터는 필자가 주체가 되어 일을 진행하게 되었다. 지하는 대형 주점과 노래방으로, 1층과 2층은 10~20평 규모로 쪼개어 일반 상가로, 3~4층은 사무실 용도로 임대하였다.

  처음에는 워낙 경기가 좋지 않았던지라 섣불리 들어오겠다는 사람이 없었기에 공동 투자자들은 서너 달이 지나자 불안해하기 시작했다. 하지만 나를 믿고 조금만 기다리라고 그들을 안심시켰다.

요즈음 이 건물에는 공실이 없다.

목 좋은 자리라고 소문이 나서 매물을 내놓지도 않았는데 임대 문의가 종종 들어오곤 한다. 다달이 들어오는 임대 수익이 적지 않아 나의 공동투자들은 요사이 살맛이 난다며 항상 웃고 다닌다. 상가 임대 수익도 수익이지만 건물 시세가 당시보다 몇 배는 뛰었다. 현재 이 건물의 시세는 150억 원을 호가한다. 당시 시세가 40억 원이었던 것을 생각해보면 그야말로 엄청난 대박이다.

좋은 매물을 발견했다면, 그리고 승리할 확신이 있다면, 그리고 사전에 충분한 의견 조율과 신뢰가 있다면, 초보 투자자들에게는 공동투자가 좋은 방법이 될 수 있다. 투자액과 이익금을 분배하는 것과 마찬가지로 위험 부담 역시 나누어 가질 수 있기 때문이다.

만나면 매번 술과 잡담으로 시간을 허비할 것이 아니라 이 참에 뜻이 잘 통하는 친구들과 진지하게 미래의 청사진을 그려보는 시간을 가져보면 어떨까? 인생을 살다보면 아무리 친했던 친구라도 서로 형편이 맞지 않아 멀어지는 경우가 많다.

지금부터 함께 계획하고 투자해, 10년이나 20년 후 오랜 벗들과 함께 행복한 노후를 보내는 것도 아름답지 않겠는가?

● 최소의 비용으로 최대의 부가가치를 만들어라

1960년대 초. 그러니까 필자가 중학교 시절인 것으로 기억된다.

당시 두꺼운 월간 잡지에서 부동산투자 성공사례를 감명 깊게 읽고 그것이 50여년의 세월이 흐른 지금까지도 뇌리에 뚜렷이 박혀 그때 그 기사를 생생히 기억할 수가 있다.

내용을 더듬어 보면

성공한 분의 사례는 누구도 쳐다보지 않는, 누구도 사려고 하지 않는 물건만 골라서 샀다는 이야기다.

당시 어느 마을에서나 많은 초가집 속에 몇 몇 집은 고래 등 같은 기와집이 있었고 그 곳에 사는 분은 마을에서 큰 어른이고 응당 마을에서 제일 부자로 통하였다. 그러나 세월의 흐름은 어쩔 수 없었던지 옛 가문의 영광을 뒤로한 채 몰락한 가문의 운명은 비참했다. 지은 지 수백 년이나 된 집은 한 번도 수리하지 않아 여기저기 비가 줄줄 새는 언제 쓰러질지 모르고 마당의 많은 고목이 울창한 가지를 뻗어내려 어둡고 습기 차고 온 집안에 곰팡이 투성이었다. 낮에도 어두컴컴하여 인근 사람들이 무서워 접근하기도 어렵고 특히 아이들이겐 성황당처럼 공포의 대상이었다. 살던 사람들이 모두 하나 둘 씩 이름 모를 병에 걸려 죽으니 살아있는 자손들은 모두 뿔뿔이 흩어 없어지고 남아있는 사람은 오직 병들고 노쇠한 늙은 노인네들만이 저승사자가 오기를 기다리는 그런 판국이었다.

성공투자자는 이런 하자있는 집만을 찾아 다녔다는 점이다.
즉 구입비용은 그야말로 공짜와 다름없었다. 늙은 어르신들 따뜻하고 편안하게 여생을 지내실 수 있도록 양지바른 곳에 조그만 초가집 하나 마련해 주고 쌀 몇 가마와 땔깜 정도를 대주면 인수할 수 있었다. 그리고 나선 대대적 리모델링 공사를 시작하는 것이다.

우선 이 집 사람들이 대대로 내려오면서 병들고 죽어나가는 원인이 되는 햇볕이 들지 않아 어둡고, 습기차고, 곰팡이 천국인 소굴을 없애기 위해 마당에 있는 아름드리 고목나무를 모조리 베어 버렸다.

원래 명문가 집안으로 당대에 막강한 권세가 있을 때 지은 집인지라 세월이 상당기간 흘렀어도 대들보나 기둥 등은 매우 튼실해 그것은 그대로 살리고 나머진 모두 철거해 현대적으로 대 수선을 하고 넓고 넓은 마당에 갖가지 화초를 심으니 그야말로 아방궁이요 무릉도원과 같았다. 온 동네 사람들 구경와선 이제야 이 집이 제 임자를 만났구나하면서 모두들 탄성을 지르는 것이었다.

이렇게 멋진 집을 만들어 놓고 매각하니 수십 배의 차익을 남긴 것은 물론이다.

필자는 이 기사를 읽고 어린 마음에도 깊은 감동을 느껴 일생동안 부동산투자에 행동철학 제1조로 삼고 철저히 지켜왔다.

즉 좋다고 해서 남들이 너도나도 몰려다니는 곳은 절대로 가지 않았고, 남들이 사자고 아우성일 때 절대 사지 않았으며, 남들이 팔려고 아우성일 때 절대로 팔지 않았다.

매스컴이나 인터넷, 도하 각 신문지상에 경쟁이나 하듯 호들갑떠는 부동산뉴스에 부화뇌동하여 여기에 동참하지 않으면 나락으로 떨어질 것 같은 조급함으로 너도나도 떼거지로 몰려다니며 묻지마 투자를 하는 사람이 많은데 이런 사람들은 팔 때도 마찬가지로 지금 팔지 않으면 큰 일 나는 것처럼 안절부절 견디지 못한다.

이렇게 귀가 얇아 시류에 편승해 팔고 사고를 되풀이하는 사람들 중 큰 돈 벌었다는 사람은 들어보지 못했다. 물론 그렇게 해서 돈을 좀 벌었다는 사람도 있겠지만 그런 돈은 푼돈이지 부자소리 들을 정도의 돈은 모으지 못한다. 돈이란 많은 사람이 몰려오면 도망치기 마련이며 설혹 잡았다 하더라도 여러 사람이 나누다보면 내 몫은 얼마 되지 않는다. 적어도 부자가 되겠다는 사람은 이렇게 해서는 안된다. 남이 가지 않는 곳, 남이 꺼리는 곳, 남이 싫어하는 곳, 남이 귀찮아하는 곳, 그런 물건을 찾아다녀야 큰 돈을 벌수 있다는 얘기다. 즉 유치권 등 하자가 많은 물건, 맹지(출입하는 도로가 없는 땅) 주택, 상습 침수지역의 주택 및 상가, 온갖 악재가 있는 곳, 흉가,

흉터, 등 남이 가지 않는 곳을 조용히 혼자 답사하면서 그 부동산 내재적 가치를 분석하고 투자유무를 면밀히 분석해 보면 얼마든지 답이 나온다. 몇 해 전 서해 앞바다에 기름유출로 온 나라가 떠들썩 할 때 자원봉사자 틈에 부동산투자자가 내려가 곳곳을 탐색한바 있었는데 남의 불행을 이용하는 도덕적 비난을 면치 못하겠으나 이와같은 자세는 투자의 정석이다.

필자의 사례를 한번 보자.

몇 해 전에 싼 주택이 있다기에 마포구 용문동의 한 허름한 단독주택을 둘러보았다. 대지가 60평으로 무척 넓은 집이었다. 하지만 다 기울어가는 기와집으로 아름드리나무가 마당을 뒤덮고 있었고 햇볕도 들지 않아 칙칙하고 퀴퀴한 냄새가 진동했다. 귀신이라도 튀어나올 것 같은 분위기였다. 거기에다 지적도상 도로와 조금도 접한 부분이 없는 맹지였다.

옆집 아주머니에게 물어보니 그 집은 예로부터 이름 있는 양반가문의 집이었다고 한다. 질곡의 역사 속에서 가세가 기울어 자손들은 모두 뿔뿔이 흩어졌고, 대대로 집을 물려받아 터를 지키던 노인 부부가 얼마 전까지 살았다고 한다. 그러다가 바깥분이 먼저 돌아가셨고, 몇 달 지나지 않아 안주인도 병으로 고생하시다가 남편의 뒤를 따라갔다고 한다. 할머니가 돌아가신 지가 겨우 석 달 남짓이라고 했다. 1년 사이에 이렇게 주인 부부가 차례로 죽어 나갔고, 돌보는 사람이 없으니 집은 쓰러져가고 있었다. 또 마당에 나무가 많아 수풀이 무성하니 귀신을 보았다는 사람도 생기고, 여러 가지 흉흉한 소문이 도는 집이라고 넌지시 알려 주었다. 이후 자식 중 한 명이 찾아와 집을 내놓았는데, 마당이 넓은 집이라고는 하지만 흉물스러운 외관 탓에 아무도 보러 오는 사람이 없다고 했다.

얼핏 보기에도 집 단장을 하지 않고서는 도통 매매가 이뤄지지 않을 듯했다. 하지만 내가 이 집을 멀리까지 보러온 이유는 멋진 외관을 기대해서가 아니라 가격 때문이었다. 그 노부부의 자식이 급히 돈이 필요했던 것인지, 아니면 빨리 집을 처분하고 떠나려고 했던 것인지는 모르겠지만 시세에 비한다면 60평의 대지가 공짜나 다름없는 가격으로 나와 있었다.

나는 앞뒤 따질 것 없이 계약을 서둘렀다. 계약서에 도장을 찍자마자 바로 마당을 뒤덮고 있던 나무며 풀을 모조리 베어 버렸다. 집안에 있던 낡은 세간들도 모두 정리했다. 몇 번 거래 경험이 있는 건축업자를 불러 1,000만 원 정도를 들여 대수선을 시작했다. 오래된 집이니 건물의 뼈대는 다치지 않는 선에서 최대한 단정하게 치장을 했다. 공사를 끝마치자 그 흉가는 신혼부부가 들어와 살아도 좋을 만큼 예쁜 집으로 변신했다. 외관이 깔끔한 것을 물론, 유구한 역사의 향취까지 느껴지는 고풍스러운 가옥으로 새롭게 태어난 것이다. 나는 인근 부동산에 전세를 내놓고 주인이 나타나기를 기다렸다. 내가 직거래를 해도 되지만, 매물을 좋은 값에 빨리 빼려면 아무래도 오래된 인근 부동산이 적격이었다. 또 필자가 직접하려면 필요 이상 많은 시간과 노력을 소모하게 될 것이었다.

그 부동산업자 실력이 괜찮았던지 일주일 만에 모 대학교 수가 들어와 살겠다고 연락을 해왔다. 풍취가 그윽한 집과 학자의 만남, 서로 제법 잘 어울리는 조합이었다. 전세금이 내가 투자한 모든 금액을 훌쩍 뛰어넘었기 때문에 공사비와 복비가 아깝다는 생각은 들지 않았다. 이후 이 지역에 재개발 바람이 불기 시작했다. 이러한 정보를 최초 입수했을 때 당시에는 가능했던 세대분할을 실시했다. 대지가 워낙 넓어 3가구로 분할 등기를 하는 데 성공할 수 있었다. 이후 재개발이 확정되었고 나는 3장의 입주권을 최상의 가격에 매각했다.

예상했던 것보다 훨씬 기대 이상의 성과였다.

위의 사례에서 보듯이 자신이 소유한 낡은 건물이나 주택을 수익형 상품으로 만들 때에는 비용 절감을 위해 리모델링을 하는 것이 좋다. 기존 건물의 장점을 최대한 유지하면서 편의성과 실용성은 물론 수익성과 효율성 역시 높이는 것이다. 임대 수익 및 건물의 매매가를 높일 수 있는 리모델링은 건물을 소유하고 있는 사람이라면 가장 손쉽게 시작할 수 있는 재테크 수단이다.

이 때 주의해야 할 것은 건물의 편의성과 수익성을 위해 기본적인 구조의 안전을 무시해서는 안 된다는 것이다. 때문에 처음부터 철저한 안전진단을 통해 어떤 부분은 공사할 수 있는지, 어떤 부분에 손을 대서는 안 되는지를 분명히 하고 시작하는 것이 필요하다. 방 크기를 조정할 때 건물의 하중을 받아내는 구조벽이나 내력벽은 무조건 건드리지 않는 것이 상책이다. 자칫 공사비를 잔금까지 다 치러놓고 다시 벽을 헐어야 하는 경우가 생길 수도 있기 때문이다.

이렇게 집과 건물을 리모델링하는 것은 단순히 인테리어의 개념뿐만 아니라 편의성은 물론 건물의 가치를 극대화시켜 안정적인 수익성을 보장한다. 자신이 이미 소유하고 있는 건물을 고쳐 가치를 높이는 것을 물론이거니와, 남들이 외면하는 흉가를 사서 금덩이로 바꿀 수 있는 것 또한 리모델링의 매력이다.

최근에는 건축법이 개정되어서 음식점, 슈퍼마켓 등의 근린생활시설을 주거용으로 고치거나, 반대로 주거시설을 근린생활시설로 고치는 것이 자유화되었으니 리모델링을 통해 수익을 창출하기가 한결 수월해졌다.

● **버려진 빌딩지하에서 보물을 찾자**

지금도 그렇지만 예전에 나는 불교에 깊이 심취해 있었다.
남들이 생각하면 조금 어처구니없다 생각할지도 모르겠지만, 당시에는 정말 진지하게 서울 시내에 법당을 하나 만들고 싶다는 생각을 했었다. 영리 목적이 아니라 누구나 쉽게 찾아와서 참선과 명상을 할 수 있는 공간을 만들어보고 싶었다. 무언가 생각한 것이 있으면 일단 발로 뛰고 보는 성격 탓에 나는 구체적으로 법당 자리를 알아보기 시작했다. 마침 마땅한 매물이 하나 눈에 들어왔다. 강동구의 모 빌딩 지하상가였다. 대지지분 40평에 면적 200평으로 최초 감정가는 10억원이었다. 필자가 발견했을 당시에는 이미 다섯 차례나 유찰이 되어 최저 입찰가는 3억 2천만 원으로 떨어져 있었다.

지하 1층에 지상 4층인 이 상가는 1층에 세탁소, 분식점, 부동산, 철물점이 있고 2층에 미술학원이 들어 있었다. 하지만 이것이 다였다. 지하는 물론 2, 3, 4층 거의 텅 비어 있었다. 보통 내놓기가 무섭게 빠지는 1층마저도 도로변 뒷면의 점포는 비어 있었다. 위험 부담이 적지 않았지만 저렴한 낙찰가가 호기심을 자극했다. 하지만 섣부른 판단은 금물이다. 나는 우선 직접 현장을 확인해 보기로 했다.

직접 그 상가 건물을 보고 처음 든 생각은 "어쩜 이런 자리에 상가 건물을 지었을까?"였다. 하루종일 유동인구가 거의 없는 외각지역이었다. 주위는 다세대, 다가구로 이루어진 빌라촌으로 상권으로는 거의 최악의 조건이었다. 입주자가 많지 않다보니 관리비가 제대로 걷히지 않는 듯했고, 덕분에 화장실, 복도, 빈 점포 등은 엉망진창, 거의 버려진 건물 수준이었다.

이런 상황이라면 아무리 목이 좋아도 장사가 잘 되기는 힘들 것이었다. 보증금 없이 가게를 내준다고 해도 들어올 사람이 없을 것 같았다. 하지만 여유 있는 주차공간은 탐이 났다. 치밀한 계획 없이 건축이 되었고, 잘 관리가 되지 않는 건물에는 큰 위험 부담이 있게 마련이지만 생각지도 않았던 장점

또한 있게 마련이다.

　나는 최저가에 입찰했고 무난히 낙찰을 받았다. 시세에 비해 저렴한 가격과 넉넉한 주차공간이 이러한 결정을 내리는 데 결정적으로 작용한 것이다. 막상 낙찰을 받고 나니 법당을 세우겠다던 애초의 계획은 거의 불가능하였다. 설사 법당을 세운다 해도 문제가 있었다. 만사를 제쳐놓고 내가 그 곳에 앉아 자리를 지킬 수도 없었기 때문이었다. 나는 그 꿈은 훗날을 기약하기로 하고 이 지하상가의 가장 효과적인 활용 방안을 고민하기 시작했다.

　'어떻게 하면 부가가치를 높일 수 있을까?'

　수 주일째 현장을 둘러보며 골똘히 생각하던 나는 한 군데를 주시한 채 오랫동안 꼼짝 않고 있었다. 8M 큰 도로가 있는 쪽과는 달리 주차장이 있는 6M 좁은 도로 쪽이 지대가 조금 낮았던 것이다. 높이 1M, 길이 20M 정도의 지하실의 유리창이 지상 밖으로 나와 있었다. 그날 이후 나는 관청 주택과, 건축과를 비롯해 대한건축협회, 건축사협회 등을 쫓아다니며 조사를 시작했다. 대법원 판례 등 관련법 조항도 빠짐없이 검토해 보았다. 여기저기 전문가들을 찾아가 자문을 받아보기도 했다. 그 결과 내가 하려고 하는 일이 불법이 아니라는 사실을 알게 되었다.

　판례를 보면 강서구 가양동 E 오피스텔 1층에 있는 모 동물병원 원장은 자기의 개인 사업을 위해 출입문 앞에 있는 화단을 임의로 없앴다. 그리고 자신의 동물병원으로 바로 통하는 계단을 설치하였다. P 오피스텔 1층 모 부동산은 공동 화장실 벽을 파손하여 문을 내고 사무실 앞뒤로 대대적인 확장공사를 임의로 시행한 바 있다.

두 가지 경우 모두 건물 입주자들이 공동의 재산이라 생각하는 화단과 화장실을 임의로 파손, 점유한 경우이고 공동부분을 개인영업에 이용하는 사례이다. 당연히 입주자들과 마찰이 발생했고, 급기야 법정에서 결론을 내리게 되었다. 놀라운 사실이지만, 이 사건에서 입주자 측은 패소했다. 법원은 이와 같은 공사는 대수선에 해당되지 않아 관청의 허가나 신고가 필요 없는 사항이고, 또 이로인해 입주자가 입은 손해액의 객관적 입증이 곤란하므로 입주자 측의 청구를 기각한다고 판시하였다. 건축법에 의하면 벽의 규정이하의 소규모 철거는 대수선에 해당되지 않아 허가나 신고의 의무가 없다는 사실에 나는 주목했다.

드디어 어느 일요일 새벽 포크레인이 굉음을 내며 땅을 파기 시작했다. 지하 유리창 벽면을 따라 지하층 바닥까지 파내려간 후 비 내력벽 길이 10M 정도를 철거하고 깔끔한 출입문을 설치했다. 여기에 1층을 통하지 않고도 도로에서 곧바로 지하로 출입할 수 있도록 둥근 계단을 설치하여 출입구를 선큰가든형으로 꾸몄다. 쥐구멍에도 볕들 날 있다는 속담이 떠오르는 순간이었다. 이곳에 K 마트가 큰 기대를 걸고 입점하게 되었다. 출입구가 넓고 편리했으며, 넉넉한 주차공간으로 인해 인근 주민은 물론 어느 정도 거리가 있는 소비자들까지 흡수할 수 있다고 판단했던 것이다.

세련된 대형마트는 이후 지역 고객의 대부분을 흡수했고 막대한 매출고를 올리기 시작했다. 낙찰 금액 3억 2천만 원 중 2억 원은 보증금으로 회수했다. 수리비 천만 원을 합쳐 실제 투입된 금액은 1억 3천만 원이었다. 현재 이 지하상가의 가치는 수십억 원이 넘는다. 그냥 내버려 두었더라면 지금쯤 거미줄만 가득한 창고가 되었을지도 모르는 물건이었다.

다시 말하지만 부자가 되기 위한 기회는 도처에 널려 있다.

단지 누가 먼저 그것을 발견하고 완성시킬 것이냐의 싸움인 것이다. 당신도 지하에 묻혀 있는 탄소덩어리를 캐내 다이아몬드를 만들고 싶지 않은가?

조금만 더 생각하고 행동한다면 누구나 가능한 일이다.

● **한 알의 밀알도 좋지만**

제수상(祭需床)에 대추(棗), 밤(栗), 감(柿)을 쓰는 이유는 뭘까?

제수상에 왜 대추, 밤, 감을 사용하며 폐백(幣帛)을 드릴 때 신부가 펼친 치마에 시부모가 대추를 던져 주는 이유는 무엇일까?

　제사 지내는 법만큼 지방 따라 각양각색인 것도 없다.

　제사를 지낼 때 가가례(家家禮)라는 말이 있듯이 제수를 진설(陳設)하는 방식은 지역마다 가가호호(家家戶戶)가 다르다. 과채탕적(果菜湯炙)을 마련하고 제사를 지내는 것은 대동소이하다.

　좌포우혜(左胞右醯) (왼쪽에는 포 오른쪽에는 식혜),
　어동육서(魚東肉西) (어찬은 동쪽 육찬은 서쪽)
　두동미서(頭東尾西) (머리는 동쪽 꼬리는 서쪽)
　좌반갱우(左飯羹右) (메는 왼쪽 국은 오른쪽)
　생동숙서(生東熟西) (날것은 동쪽 익은 것은 서쪽)
　홍동백서(紅東白西) (붉은 과실은 동쪽 흰 과실은 서쪽)
　조율시이(棗栗柿梨) (서쪽부터 대추, 밤, 감, 배)
　의 순서로 차례를 올린다.

　그중에서도 과일에 오색 또는 삼색을 쓰는데 아무리 간소하게 차례를 올려도 삼색의 과일을 쓰는 것은 필수다.

　즉 대추, 밤, 감이다.

　감이 겨울에 없으면 곶감을 사용할 정도로 필수로 제사상에 사용했다. 즉 조(대추), 율(밤), 시(감)가 없으면 제사를 지낼 수 없을 정도다. 조상의 유풍을 보면 고도의 상징과 합리성 깊은 속뜻으로 우리조상의 슬기에 경탄을 금치 못한다

첫째로 대추를 쓰는 이유는 무엇일까?

그것은 빛깔이 좋아서도 아니다. 거기에는 상징적 이유가 있다.

대추의 특성이라면 한 나무의 열매가 많이도 열리는 것이 되겠지만 그것은 대추만이 갖는 묘한 생리가 있다. 그것은 꽃 하나가 피면 반드시 열매 하나를 맺고서야 떨어진다는 것이다. 아무리 비바람 치고 폭풍이 불어도 맺혀있다. 그래서 만약 흉년이 들거나 풍년이 들었다면 그 만큼 꽃이 적게 피었거나 많이 핀 해라고 보면 된다.

이것을 사람에게 옮겨 놓으면 어떤 의미로 해석해야 할까?

국가나 민족의 역사도 마찬가지다. 막 혼례를 치른 신부가 시부모에게 폐백을 드릴 때 시부모가 대추를 한 웅큼 새 며느리의 치마에 던져주는 것도 같은 상징적 의미이다. 아들 딸 구별 말고 대추 열듯이 많이 낳아 자손이 번성해 달라는 의미일 것이다.

둘째는 밤을 꼭 사용하는데,

한 알의 밤이 땅속에서 뿌리를 내리고 싹이 나서 줄기와 가지가 힘이 되어 성숙한 나무를 이룬다. 식물의 경우 어느 나무든 길러낸 최초의 씨앗은 사라져 버리지만 절대로 썩지 않고 남아있다.

장구한 세월이 흘러도 최초의 씨앗은 그 나무 밑에 생밤인 체로 영구히 달려 있는 것이다. 그럼 인간과의 관계는 어떤 상징적 의미가 포함되어 있는가?

씨알 씨 밤이 생밤 그대로 달려있다.

그래서 밤은 나와 조상의 영원한 연결을 의미한다.

자손이 수백 대를 헤아리며 내려가더라도 조상은 영적으로 연결된 채로 함께 존재한다.

셋째는 감이다.

제사상에 왜 감을 필히 써야 하는가?

종두득두(種豆得豆),

즉 '콩 심은데 콩 나고 팥 심은데 팥 나고' 라고 하지만 감 심은데 감은 절대로 나지 않는다고 한다. 아무리 탐스러운 감에서 나온 감 씨를 심어도 거기서 나온 것은 감이 아니고 고욤이다

감 씨를 그냥 심기만 해서는 그 나무에 고욤이 열리지 감은 열리지 않는다. 고욤은 생김새는 밤을 닮았지만 크기는 도토리만 하고 떫어서 들짐승들이 잘 먹는다.

그럼 감나무는 어떻게 재배하는가?

감 씨를 심은 지 3~5년 되었을 때 그 줄기를 대각선으로 짼다. 그리고 기존의 감나무 가지를 거기에 접을 붙이는 것이다. 이것이 완전히 접합이 되면 그 다음부터 감이 열리게 되는 것이다.

이것이 사람과 관련된 상징적 의미는 이렇다.

사람으로 태어났다고 다 사람이 아니라 가르침을 받고 배워

야 비로소 사람이 된다는 것이다.

율곡선생이 쓰신 격몽요결(擊蒙要訣)에는

"인생사세(人生斯世)에 비학문(非學問)이면 무이위인(無以爲人)이다" 즉 인생에 있어 학문을 배우지 아니하면 쓸모없는 인간이 되니라 하였다. 가르침을 받고 배움에는 생가지를 째서 접붙일 때처럼 아픔이 따른다. 그 아픔을 겪고 선인의 예지를 이어 받을 때 비로소 진정한 하나의 인격체를 삼을 수 있다.

이와같이 제수상(祭需床)에 대추(棗), 밤(栗), 감(柿)을 필히 사용하는 것은 자식들에 대한 부모의 내리 사랑을 후손들이 영원히 기억하기를 바라는 소망이며 자자손손 후대들이 조상의 은덕을 영원히 간직하기를 바램 일 것이다.

인(仁) 중에서도 효(孝)를 으뜸으로 하는 유교사상이 지배하던 옛날 대가족제도 아래선 가족 중 어느 하나가 출세하면 그 집안 모두 잘살았고 골고루 혜택을 받았다.

부모는 자식을 위해 뼈를 깎는 고통을 감수하였으며 자식은 당연히 부모님을 위해 돌아가실 때까지 한평생 봉양함으로 은혜에 보답하곤 하였다. 만약 늙으신 부모님을 제대로 봉양하지 않거나 소홀히 모신다면 주위사람들이 그냥 두지 않았으며 짐승보다 못한 후레자식으로 취급 가족사회, 부족사회에서 매장되기 일쑤기 때문에 불효란 상상하기도 어려웠다.

그래서 농사 중에 자식농사가 으뜸이라고 하였다.

현대사회에 들어서도 부모의 내리사랑은 크게 달라지지 않은 것 같은데 자식들이 부모에 대한 태도는 많이 달라지는듯 하다.

부모를 살해한 희대의 살인마도 자식을 생각하며 눈물을 흘리며 온 메스컴을 떠들썩하게 한 전 프로야구출신 이모씨도 네 가족을 무참히 살해하면서도 자식을 향한 애틋한 마음은 보는 이로 하여금 씁쓸하게 한다. 설혹 부모한테 무지막지한 불효를 저지른 탕아라 하더라도 자기자식한테만은 각별한 애정을 쏟는 것이 요즘 세태가 아닌가 생각된다.

어느 추운 겨울날 사무실로 전화가 걸려 왔다.
급하다면서 빨리 집을 팔아달라는 것이다.
매물장에 동, 호수와 연락처를 적어놓고 원매자를 물색하고 있는데 사무실 문을 열고 한 노쇠한 할머니가 들어왔다. 뚱뚱하고 작달막한 키에 얼굴은 부기가 가득하고 여기저기 검버섯이 가득 피워있어 한 눈에 병세가 완연하였다. 추운 겨울철이라 켜켜이 껴입은 옷 때문에 더욱 뚱뚱해 보이고 털실로 뜨개질한 목도리로 온 얼굴을 감싸고 있었다. 좀 전에 전화했던 아무개라 소개하며 소파에 앉으면서 깊은 한숨을 내쉬며 말문을 열었다.

잘 나가는 중소기업체를 경영하던 남편과 두 자매를 키운 여사는 남부럽지 않은 생활로 많은 재산을 보유하고 있으며 딸 들은 풍요한 생활속에 고생이란 도통모르는 고귀한 부잣집 규수로 자랄수가 있었다. 넉넉한 생활이라 과외수업 외에 개인교사를 두고 공부를 시킨바 모두 일류대학에 무난히 붙었고 졸업 후 장래가 촉망되는 유능한 사위를 보아 남부럽지 않은 생활을 할 수 있었고 두 딸 모두 잘 가꾸어 모델 뺨 칠만큼 미모와 몸매를 자랑하였다.

비극은 남편의 사망으로부터 시작되었다.

남편이 죽자 잘 나가던 기업은 휘청거리기 시작하였다.

당시 후계자로 경영자의 경험을 쌓던 첫째사위는 둘째사위에게 도움을 요청하였고 둘째사위와 함께 회사를 살려보려 안간힘을 썼으나 한번 기울러진 사세는 되돌릴 수가 없고 회사의 침몰은 시시각각 다가오고 있었다. 그러자 모 그룹이 회사를 포기하고 대신 자사의 대리점을 하는 것이 어떻겠느냐? 제의해 왔다. 당시회사는 모 그룹회사에 부품을 납품하는 업체인데 납품가 대신 자사의 전자제품을 주겠다는 것이다. 두 사위는 협의결과 그렇게 하기로 결정하였다.

드디어 대리점 계약이 작성되고 각종 전자제품이 쏟아져 들어왔다. 여기서 문제는 모 그룹에서 요구하는 담보요구가 엄청나게 많아 당사자는 물론 주위 일가친척 모든 사람의 부동산이 담보로 제공되었던 것이다. 그 뒤로 일어난 일은 뻔했다. 그룹에서는 엄청난 전자제품을 밀어냈고 서투른 사업경영으로 제때 판로를 찾지못한 대리점은 많은 물량을 떠안은 채 드디어 도산하고 말았다.

그 많던 부동산은 추풍낙엽으로 쓰러져 경매로 넘어갔고 살던 집에서 쫓겨나 최후 피신처로 장모 혼자 사는 24평 아파트에 구차스레 모여 있었다. 그러나 채권추심단이 가만히 내버려 둘리가 없다.

시시각각 죄어오는 추심단에 위협을 느껴 긴급히 집을 팔려고 나왔다는 것이다. 그러나 그 집도 1억에 은행담보가 잡혀있었다.

하루가 급했다.

추심단이 알면 그야말로 큰 일이다.

이들이 누군가?

이름하여 채권 추심단이지 말하자면 해결사다.

나는 긴급히 매수자를 물색한 결과 당시 1억 5천 시세를 1억 4천에도 살 사람이 없었다. 당시 집값이 하향추세였던 것이다.

이쪽에서는 하루가 급했다.

결국 1억 3천에 매수자가 있었는데 계약서 쓰는 날 사무실이 온통 울음바다였다. 엄마와 두 딸이 몸부림치며 처절하게 우는 모습에 매수자도 울었고 계약서 쓰는 필자 역시 울었다.

눈물로 쓴 계약서 !

혹독한 추위 속에 불과 2천 정도의 돈을 갖고 울며불며 그들은 그렇게 떠났다.

나는 일요일이면 자주 종묘에 가본다.

거기에는 할 일없는 노인들이 소일하러 많이 모인다.

요즘은 금지됐지만 얼마 전까지 만해도 유랑극단이나 개인 연주자들이 와서 흘러간 옛 노래들을 부르고 연주하여 어르신들을 흥겹게 하였다. 나는 이들의 모습을 유심히 관찰하는 것이 버릇이 됐다.

나의 미래의 모습을 그려보기 위해서다.

나의 미래가 어떤 모습일까?

저렇게 힘들어하는 모습일까?

저렇게 서글퍼하는 모습일까?

저런 노추(老醜)의 모습일까?

나는 서울역이나 지하철역에도 자주 가본다.

거기에는 노숙자들을 만날 수 있다.

그들의 심기를 건드릴까봐 똑바로 쳐다보지 못하고 가까이 지나치면서 슬쩍 쳐다보곤 한다.

나의 미래가 혹시 저런 모습이 아닐까? 하고…….

노후를 준비하지 못하면 나이 들어 닥친 재난에 속수무책 당하는 수밖에 없다. 주위에는 자식들의 교육을 위해 아내와 함께 외국에 보내놓고 돈만 꼬박꼬박 부치는 기러기아빠들을 많이 보게 된다.

매월 수백만 원을 송금하기위해 정작 자신은 원룸이나 골방에서 라면으로 끼니를 때우며 외로움과 돈 벌기에 지쳐 심신이 갈수록 망가져가는 그들을 볼 때 안타까움을 금할 수가 없다.

한 알의 밀알도 좋지만
나의 인생(My Life)
내 인생은 나의 것이다.

자식은 자식대로 그들의 인생이 있으며 때가 되면 민들레 홀씨처럼 떠난다. 자식에게 좋은 것 다해주고 싶은 부모 마음이야 이해하지만 자식들에게 나의 모두를 걸었다간 정작 나의 인생은 어떻하란 말인가? 대부분 엄청난 교육비에 혼신을 다하다 보면 아무 준비없이 은퇴를 맞이하게 된다. 교육비는 우리 인생에서 가장 많은 금액이 소요되는 은퇴이후 생활자금의 희생분이다. 예전의 우리 부모님들처럼 소 팔고 논 팔아 뒷바라지한 후 자식이 당연히 봉양하던 세상이라면 별 문제다.

하지만 우리가 맞이하게 될 미래는 결코 그렇게 되지 않는다.

일평생을 바쳐 자식을 훌륭히 키워 일류대학을 나오고, 일류기업에 취직도 했다. 부잣집 딸과 결혼하려는데 초라한 행색의 부모가 부끄러워 우리 집 관리인이라고 소개했다는 일화, 그것 말고도 자식한테 학대받는 부모가 무척 많다.

필자는 서울시 사회복지 자원봉사자로 오랫동안 활동하고 있다. 아파트 노인회나 병원, 노인대학 혹은 웰빙대학에서 음악(노래)봉사자로 활동한지 10년째다.

근래는 강남구 개포동에 있는 노인웰빙대학에서 활동하고 있는데 구성진 노랫가락에 맞혀 일렉기타로 흥을 돋구면 어르신들 좋아라 합창하며 춤을 추며 주어진 1시간이 언제 지나갔는지 아쉬움이 많다. 틈틈이 어르신들의 푸념이나 애로사항을 듣는데 대부분 자식들에 대한 원망이나 섭섭함이었다. 쓸쓸하고 노쇠한 모습은 남의일 같지 않아 더욱 가슴에 와 닿는다.

분명히 말해 두지만 앞으로는 자식에게 기댈 생각일랑 아예 하지 말아야 한다. 기대했다가 그렇게 되지 않을 경우 본인은 물론이거니와 자식들도 부담감을 떨쳐버릴 수 없어 서로 괴로워하게 된다.

농사중에 자식농사가 최고라지만 교육에 올인 하는 것, 생각할수록 이래저래 밑지는 장사다. 물론 부모의 내리사랑을 장사에 비유할 수는 없겠지만 진정으로 내 아이를 도와주는 방법은 늙어서 짐이 되지 않는 것이다. 요즘 사회가 취업이 어렵다 보니 청년 실업자가 한없이 늘고 있다. 그리고 젊은 자녀가 직장 생활을 하다 아무 대책 없이 직장을 그만두기도 한다.

이때 자녀가 가장 쉽게 생각하는 것은 사업이다. 직장생활보다 더 힘든 것이 사업(장사)이란 것이다. 이런 어려움을 잘 알면서도 자녀가 부모에게 경제적 도움을 요청하면 쉽게 뿌리치지 못하는 것이 부모심정이다. 자녀에게 자주 돈을 주는 것은 결코 옳지 않다.

언제까지 품안에 끼고 자립심 없는 약한 존재로 만들 것인가?

하물며 본인들의 노후에 활용할 자금을 내어 주었을 때 그 결과가 잘못된다면(요즘 사회 환경으로는 확률이 높다) 공멸하는 것이다.

'젊어서부터 뼈가 으스러지도록 일해서 공부 다 시켜놓고 그것도 모자라 사업하겠다고 해서 퇴직금 다 털어 주었더니 이제는 더 이상 나한테 나올 것이 없다고 생각했는지 집에 인사도 안 온다. 괘씸해서 못 살겠다' 하고 자탄해 봤자 소용없다. 자본주의에서 돈이 많다고 해서 반드시 행복한 것은 아니지만 돈이 없다면 분명히 불행해 진다. 은퇴 이후 삶 자체가 고달파지지 않으려면 지금 당장 준비해야한다.

하루라도 빨리 노후 준비를 시작하자.

이 나이에 뭘 얼마나 할 수 있겠느냐고 포기해서는 안된다.

생각보다 중요한 것은 행동하는 것이고, 늦었다고 생각할 때가 가장 빠른 때다. 40대는 노후자금 마련에 10년을 확보할 수 있는 마지막 세대이다. 생활에 쫓긴다고 해서 더 이상 뒤로 미뤄서는 안 된다. 따라서 40대보다 더욱 시간적 여유가 없는 50대는 지금 당장 준비하지 않으면 늙어서 크게 후회할 것이다. 돈은 무덤 갈 때까지 갖고 가라. 그래야 자식들과 사이도 좋고 그래야 자식들이 효도한다.

땅을 치고 후회하지 말고 미리미리 준비하라.

몇 년전 전문가가 예측한 바로는 노후준비자금을 8억이라고 발표한바 있다. 인생의 생노병사(生老病死) 중 노병사(老病死)가 소득없는 시기 30 ~ 40년간 계속됨을 감안하면 최소한 10억은 마련되야 한다고 생각된다.

끔찍하지 않은가?

이 부담을 자식한테 지우려는가?

나의 인생 1/3을 소득 없이 살아야 한다는 것을 명심하자.

II 금액별 투자사례

● 3천만원이하 투자사례

여기는 강남구 대치동 모 아파트상가

도로변으로 출입문이 있는 상가만 그럭저럭 장사가 될 뿐 내부의 오픈상가는 듬성듬성 비워있는 곳이 많고 장사하는 곳이라도 파리만 날릴 뿐 거의 반은 죽은 상가이다. 완전히 오픈된 상가라 출입문이 따로 없고 유리진열대가 경계선에 맞추어 있어 어느 정도 크기인지 짐작할 뿐이다. 3.5평이라 하나 전용면적은 2평이 조금 넘을 정도로 작은 가게가 여러개 빈 상태로 방치되어 있다.

필자는 업무상 간혹 이 상가를 들러보지만 저렇게 방치된 빈 상가를 효율적으로 이용해 볼 수 없을까? 항상 생각해 보았다.

가게는 대개 보증금 300만에 월세 20~30만 정도였다.

주인으로서는 월세는 커녕 매달 관리비만 부담하는 꼴이 되어 흥정에 따라 보증금과 월세가 어느 정도 융통성이 있었다.

나는 일단 보증금/월세를 200/20에 계약하고 가게에 있는 기존 설치물(유리진열대, 기타)을 모두 치워 버렸다.

완전히 치우고 빈 바닥을 바라보니 예상외로 넓어 보였다.

나는 생각했다.

내가 구상하고 있는 방식이 맞아 떨어질지 모르지만 완전히 망쳐 손을 떼더라도 1,000만원이내에서 승부를 걸어볼 수가 있겠다고 생각했다. 까짓꺼 1,000만원 손해 볼 요량하고 사나이 뱃장 어디한번 해보자! 편한 마음으로 덤벼들었다. 주위의 뭇 사람들은 무얼해도 않되는 가게에 저 양반이 뭘 하려나 걱정 반, 호기심 반으로 쳐다보았다. 나는 우선 천정 속으로 지나가는 수도파이프를 분기하여 싱크대까지 연결하고 하수구가 없기에 커다란 통을 받쳐 물이 차면 버리도록 하였다. 유리진열대가 놓인 자리에는 테이블로 둘러쌓았고 작은 냉장고, 작업대, 찬장, 가스렌지, 간판, 조명시설등 모두 설치하고 인테리어까지 마치니 약 300만원이 소요되었다.

보증금 200을 합쳐 500만원이 지불되었다.
간판에는 "김밥 1000냥 하우스" 라고 하였다.
요즘 김밥 한 줄에 1000원하는 곳이 많지만 당시만 해도 1000원 짜리 김밥을 파는 곳이 없었다. 일본에서 크게 히트한 1000원 Shop을 한국에서 벤치마킹하여 지하철 매장을 중심으로 악세사리, 완구등을 취급하는 정도였다. 1000원 Shop을 먹거리에 적용해볼 수 없을까? 오뎅, 떡볶이, 튀김요리등 여러가지를 생각해 보다가 상가 내부에서 음식냄새를 풍기면 안되기에 김밥으로 결정한 것이다.

우선 하루 100개 판매를 목표로 시장에서 장을 보았다.
김, 시금치, 단무지, 계란, 햄 등을 위주로 하고 손익을 맞추기위해 게맛살은 빼기로 했다.

우리 집 사람은 김밥은 잘 한다.

없는 재료에도 불구하고 그냥 양념간장만으로도 맛있게 만들 줄 안다. 하루 이틀이 지나고 한 달이 지나가자 매출이 폭증하였다.

주위의 유치원, 학원 등에서 단체주문이 쏟아져 들어오고 교회, 성당은 물론 초, 중, 고 학생들의 여행, 소풍 등으로 주문이 폭증하여 밤을 꼬박 세우는 등 코피가 터질 지경이었다.

아파트 주민들도 50개씩, 100개씩 주문하는 날이 많았다.

일하는 아줌마를 들이고 밤에는 필자가 도와주어도 바빠서 정신이 없을 정도였다. 그동안 낮에도 한가하던 상가에서 사람들이 북적대고 장사가 잘 된다는 소문이 나더니 부근 부동산에서 얼마면 팔겠냐고 제의가 들어왔다.

나는 권리금 3,000만원을 불렀다.

그러자 일하는 아줌마가 자기에게 팔아라고 한다.

그동안 일해 본 결과 현재의 매출액을 근거로 권리금 3,000만원을 주고서라도 충분히 해 볼만하다고 생각한 것이다.

나는 좀 더 튕겨볼까 하다가 그냥 가게를 넘겨주었다.

나가는 사람 들어오는 사람 모두 만족하였다.

아줌마는 옆 가게를 인수하여 김밥 가게를 두 배로 키워 매출액을 더욱 높이고 있었다. 이 모든 일이 석 달이 채 걸리지 않았다.

불과 500만원과 약간의 노력으로 웬만한 월급쟁이 년봉을 수확한 것이다.

소액 투자자에게는 투자유혹이 많다.
어떻게 전화번호를 알았는지 수시로 개발지역에 좋은 땅이 나왔다는 텔레마케터들이 매일같이 전화를 걸어오고 필자도 이들의 권유에 여주근처의 땅을 둘러본 적이 있었다. 그러나 기획부동산에서 전화로 판촉하는 토지는 투자자로서는 무조건 당하는 땅이다. 평당 3~5만 원 정도의 헐값으로 매입한 땅 장사들이 도면을 잘라서 파는 기획 상품이기 때문이다. 가만히 두어도 열배 스무배의 이익이 난다면, 사실이 그렇다면 그 황금덩어리를 일면불식인 그대에게 사라고 졸라대겠는가? 요즈음 치솟는 유가, 곡물가에 모든 물가가 다 오르고 덩달아 써비스요금도 오르니 하루하루 살아가는 것이 외줄타듯 아슬아슬하다. 불경기라 많은 상가가 헐값에 나오고 있다.
장사하는 사람이 장사를 집어치울 정도면 현재 보증금을 까먹고 있다는 증거이며 월세는 물론 현상유지도 안된다는 의미다.

안되는 집안은 발버둥 쳐도 안된다.
보증금 다 까먹기 전에 빨리 빠져나와야 한다. 이런 시기에 현미경을 들고 살펴보면 대박 터트릴 곳이 너무 많다.
반드시 창조적이고 혁신적인 사고로 무장하여야 한다.

● 5천만원대 투자사례

장상현(42.남)씨는 세를 찾아 필자를 찾아왔다.

역삼동 테헤란로에 근무처가 있어 부근에 전세 집을 마련해보려고 온 것이다. 그런데 돈이 5천만 원이 전부다. 아파트는 물론이고 연립, 다가구도 이 금액으로 맞추기가 어려웠다.

나는 그를 설득하였다. 무리하게 직장근처를 고집하지 마라. 출퇴근시간 1시간이내면 어디든 상관없다.

그래서 동작구 사당동에 있는 다가구 연립을 추천하였고 이 지역의 부동산과 연결해본 결과 이 금액이면 방 2개짜리 13 ~ 15평정도 반지하 물건 매입이 가능하다는 사실도 알았다. 현장을 답사해본 결과 지은 지 5년 정도 된 빌라에 지대가 약간 경사진 곳으로 북쪽은 창문만 나오는 반지하이지만 남쪽은 1층과 마찬가지로 지상에 노출돼 있어 매우 밝고 햇볕도 잘 들어 반 지하라는 느낌이 전혀 들지 않았다. 나는 장씨에게 그 돈으로 이 집을 사라고 강력히 추천하였다. 장씨는 세를 구하러 왔다가 얼떨결에 집을 사게 된 것이다.

대지지분 6평인 그 집은 현재 2억을 호가하지만 장씨는 팔 생각이 전혀 없다. 뉴타운 호재로 가격이 나날이 오르고 있는 알토란 집에서 곧 있을 재개발을 바라보며 흐뭇해 하고 있다.

이와같이 부동산 투자는 큰돈이 있어야한다는 고정관념을 버려야 한다. 불과 몇 백, 몇 천의 소액으로도 웬만한 월급쟁이 년봉을 훨씬 능가하는 수익을 올릴 수 있는 기회가 도처에 널려있기 때문이다.

만약 당시 장씨가 세를 들어 살고 있었다면 지금 현재 장씨의 재산은 전세금 5,000에서 플러스 마이너스 알파 정도밖에 안될 것이다. 필자도 수십년간 공기업(한전, 안전공사)에서 근무해봤지만 먹고 살고 자식들 교육시키면서 큰 재산을 마련하기란 도저히 불가능한 일이다.

또 다른 예를 들어보자.

전수연(39.여)씨는 점포를 물색 중 필자를 찾아왔다.

그는 돈까스 집을 열고 싶다고 했다.

오래 전부터 백화점 음식코너에서 주방 일을 하며 실력을 쌓아온 터라 가게의 운영요령 등은 이미 통달한 상태였다.

여러 가지 물건을 검색한바 언주로변 K은행 부근 허름한 가게가 눈에 띄였다. 그곳은 약국자리로 주변의 대형 약국에 밀려 매우 위축된 상태이며 약사는 이곳을 팔고 나가고 싶어 했다. 10평이라고 하나 전용은 7평정도일까 그 정도라 약국자리로서는 턱없이 부족한 자리였다. 현재 보증금/월세는 2000/120이고 권리금 2000을 요구하였다. 그 집을 점씩은 전씨는 몇일 동안 하루종일 주위를 맴돌면서 유동인구를 조사하였고 직장인들의 동선과 점심시간때의 이동경로, 주위의 식당이용객의 실태등을 비교분석해본 결과 승부를 걸어도 좋겠다는 결론을 얻었다.

그녀는 권리금을 좀 깎아달라고 하였다. 약국과 절충해본 결과 지금 다른 부동산에서 공인중개사 업소로 들어오려고 시도중이라는 사실을 알아냈다. 잘못하면 놓칠수 있다는 위기감에 서둘러 계약을 마쳤다. 가게를 인수한 전씨는 돈까스 가게로 탈바꿈하기위해 수리비 및 설비비 모두 1,000만 정도가 소요되었다.

보증금, 권리금 합쳐 5000이 들어갔다.

준비된 전씨는 능숙한 솜씨로 주위의 직장인들을 사로잡았고 점심시간에는 자리가 모자라 순번을 기다릴 정도였다. 또한 배달을 적극적으로하여 매출액에서 매장과 비슷하게 오르는등 그야말로 낙엽 긁어모으듯 돈을 벌었다. 그녀는 또 다른 점포를 아예 사버리고 돈까스 2호점을 개업하였다.

● 1억대 투자사례

포항에 살고 있는 이경자(50,여)씨는 여유자금 1억으로 뭘 했으면 좋겠냐며 여러번 전화를 해 왔다. 나는 여러가지 물건 중 재건축을 앞둔 강남구 역삼동에 있는 영동아파트를 추천해 주었다. 재건축을 앞둔 시점이라 가격이 올라 1억 5000정도 호가가 형성되던 시점이었다. 이씨는 또 망설이고 있었다.

그런데 1년전에도 망설였고 지금도 망설이고 있는것이다.

이런 고객은 중개사도 곤혹스럽다. 그러나 곧 투자할 듯이 전화는 수시로 온다. 얼마전까지만 해도 1억에 살수 있었던 영동아파트를 계속 주저하다가 놓치더니 지금 1억 5000에 사야 되느냐를 두고 또 고민에 빠진 것이다. 나는 지금이라도 사야 된다고 적극 권유하였다.

투자를 할 때 분석하고 고민은 길게 하되 결정하였으면 과감하고 신속하게 처리하여야 한다. 1억이란 큰돈을 행여 날리지 않을까 걱정은 십분 이해가 되지만 결정을 하고서도 실행을 미적미적 미루다 보면 예기치않은 상황이 전개되어 결국 포기하는 경우가 많이 발생된다. 필자는 강남의 아파트에서 전세를 살고 있는 사람이 그 아파트를 매입하는 경우를 잘 보지 못했다. 물론 자금 사정이 있겠지만 자꾸 과거를 회상하기 때문이다. 자기가 전세 들어올 무렵 그 아파트가 가령 2억이었다면 몇 년이 지난후에도 2억이란 금액이 각인되어 그동안 오른 새로운 금액을 도저히 인정 못하기 때문이다. 그래서 그 곳에 세 살고 있는 사람을 설득하여 그 곳 아파트를 사게 만들려면 무척 힘이 든다. 반면 외부에 있는 사람은 현재 가격을 물어본 후 살 의향이 있으면 곧 바로 거래가 성립된다.

오랜 고민 끝에 이씨는 결국 계약하러 서울로 올라왔다.

5000 전세를 안고 1억을 지불하여 인수한 13평짜리 영동아파트는 그 후 재건축을 거쳐 삼성래미안 25평으로 새롭게 태어났고 추가부담금 8천만 원을 부담하였지만 현재 그 집은 7~8억을 호가하고 있다.

연초부터 중소형 주택 가격이 강세를 보이면서 자금사정이 넉넉지 않은 수요자들의 시름이 더욱 깊어져가고 있다.

1억 원대의 자금으로는 수도권에서 전셋집도 구하기 힘든 것이 사실이다. 하지만 조금만 주의를 기울여 꼼꼼히 살펴보면 1억 원대에 매입할 수 있는 쓸 만한 부동산이 수도권 곳곳에 숨어 있다.

서울에서 1억 원대로 매입 가능한 아파트나 재개발 연립, 다세대주택은 대부분 강북 지역에 집중돼 있다. 새 정부 출범을 전후로 강북 호재 지역을 중심으로 가격상승이 가파르지만 용산이나 주요 뉴타운 지역에서도 1억 원대 아파트·재개발 물량을 매입할 수 있다. 앞으로 각종 개발에 따른 효과를 누릴 수 있어 저렴한 가격에 실거주와 투자라는 효과를 거둘 수 있을 것이다.

● 2억원대로 투자사례

동작구 사당동 영아아파트에서 살고 있는 이세동(65.남)씨는 필자에게 수시로 전화를 한다. 오랫동안 교육공무원으로 지내다가 퇴임 후 마련한 2억상당의 자금으로 좋은 물건을 소개해 달라고 몇 달 전부터 연락을 취해왔다. 나는 이씨에게 재건축을 앞둔 역삼동 저층아파트 30평대를 권유하였으나 할까 말까 망설이며 계속 미적거리는 있는 중이었다. 사실 이 가격대에 관심을 둘 만한 상품은 안정성과 환금성을 동시에 만족할 수 있는 아파트가 제격이다.

특히 서울 수도권 중, 소형 아파트의 매물을 잡아두면 가격 상승을 노릴 수 있고 전세수요도 풍부하여 크게 부담이 없다. 재건축 아파트도 이 금액대에 투자 가능한 종목이다.

줄곧 서울 및 수도권에서 가장 높은 수익을 낸 종목으로 꼽히는 재건축 아파트는 잘만 고르면 큰 시세차익을 챙길 수 있다.

오랫동안 협의 끝에 저층 31평형을 근저당 7,500 인수조건으로 총 2억 4천에 계약하였다. 그 아파트는 재건축을 거쳐 "I 파크" 54평형으로 거듭 태어났다. 추가부담금 약 1억 5천을 부담하였지만 현재 20억 이상 호가한다.

요즘 강남의 경우 재건축아파트는 가격이 너무 올라 투자의 매력이 사실상 없다. 반면 수도권의 경우 규제가 비교적 덜 하고 분양성이 양호한곳이 많아 과천, 수원, 광명, 의왕, 성남 등 수도권 요지에 위치한 대단지에 투자를 해보는 것도 좋고 특히 9호선 주변 전철개통 예정지 일대 노량진, 흑석동 등은 향후 가격 상승세가 이어질 투자 유망지역이다. 또한 월세수익이 고정적으로 잘 나오는 대표적인 수익성 상품이 상가다. 대단지 아파트내 상가는 점포마다 구분등기가 되어있어 일반 상가처럼 토지 소유권을 둘러싼 갈등이 없어 안전한데다 상업용지 비율이 낮아 가격상승 및 높은 프리미엄을 기대할 수 있고 임대수요도 풍부해 잘만하면 안락한 노후를 보낼 수 있다.

정우성(68.남)씨는 필자의 중개로 자기 집 57평을 5억에 팔고 30평대 저층을 2억5천에 사고 나머지 돈으로 세가 잘나오는 상가를 구하려고 부동산을 수시로 드나들었다.

나는 아파트단지 내 상가 15평형(전용면적 8평)을 3억에 중개하였고 보증금/월세는 2000/150으로 임대까지 완료하였다.

정씨가 매입한 그 아파트는 재건축을 거쳐 "I 파크" 54평형으로 거듭 태어났으며 추가부담금 약 1억 5천을 부담하였지만 현재 20억 이상 호가한다.

또한 상가도 현재 10억을 호가하고 있으며 월세도 짭짤하게 잘 들어와 정씨는 안락한 노후를 보장받게 되었다.

이처럼 찾아보면 적은 돈으로도 대박을 터트릴 곳이 많이 있다.

● 2억 ~ 10억원대로 투자사례

2억 원 이상 ~ 10억대로 부동산 투자를 하려면 안정성을 위해 분산투자를 하여야하며 소형 몇 채를 사되 수익성과 환금성을 고려하는 것이 좋다.

도심 내 상가주택 또한 손꼽히는 투자 대상이다. 지하 1층부터 지상2층은 상가, 나머지 위층은 주택으로 이용하기 때문에 경기여파를 타지 않고 안정적인 수익을 거둘 수 있다. 특히 나이가 많은 중, 장년층은 적은 금액을 투자해 위층의 주거시설을 활용할 수 있으므로 내 집 마련까지 해결할 수 있다는 장점이 있다. 위층에 살면서 아래층을 세를 놓으면 고정적인 수입을 보장받을 수 있고 역세권 근처 원룸, 투룸 등 다세대 건물을 구입하여 거주하면서 고정적 월세수입과 가격상승을 기대할 수가 있다.

부동산에 투자하기에는 여유 있는 자금이어서 대부분의 부동산 매입에 모두 적당하다. 아파트, 빌라, 토지, 또는 상가, 오피스텔, 전원주택 등으로 분산투자를 하면 의외로 수익을 챙길 수 있고 한강변의 재개발아파트나 인기 지역 주상복합아파트 분양권도 좋다.

서울 강북이나 외곽지역은 투자수익이 적은 반면 투자금액도 적으므로 큰돈 들이지 않아도 된다. 서울 강남, 서초 등 인기지역은 원룸형 다가구주택의 경우 최소 5억 원 이상의 초기 투자비가 들어가지만 높은 수익을 보장한다.

1999년 7월경 역삼동 아파트에 살고 있는 임성례(여.56)씨는 필자의 중개로 언주로 건너편 역삼동 대지 497.7㎡(150.5평), 연건평 285.9㎡(86.5평) 단독주택을 7억 8천만원에 구입하였다.

이 집 주인은 당시 팔순의 노부부로 두 분 모두 의사였다.
할아버지는 현역에서 은퇴하셨고 할머니는 강남에서도 이름있는 모 X 선 원장이었다. 압구정동 현대아파트에 거주하시던 노 부부는 이 단독주택을 관리하는데 애를 먹는 중이었다. 슬하의 자제분들은 모두 미국에 거주하고 있고 이런 대형 단독주택에 들어오려는 임차인도 없어 오랫동안 비워둔 채 사설 경비업체에 맡겨둔 상태다.
필자의 권유로 몇 번이나 집을 보던 임씨는 구입 후 어떤 용도로 사용해야할지 심각하게 고민하였다.
당시 타지에서 역삼동으로 이사 오려는 사람은 편리한 아파트만 찾았지 연립이나 다세대주택은 거들떠보지 않는 천덕꾸러기 신세였다. 그러나 나는 풀 옵션 원룸, 투룸 빌라로 지을 것을 권유하였고 건축에 따르는 비용은 건설회사가 임대보증금에서 찾아갈 수 있도록 책임지고 주선하겠다고 하였다.
오랫동안 망설이던 임씨는 나에게 모든 것을 일임하고 알아서 잘해달라고 하였다. 나는 건설회사와 협의 풀 옵션 원룸, 투룸 절충형 빌라 18세대를 짓기로 하고 건축비는 임대 보증금에서 지불하기로 약정하였다. 넓직한 대지는 충분한 주차공간을 확보할수 있었고 렉셔리한 인테리어는 고급스러운 분위기를 연출하는데 충분하였다.

당시 환란위기로 전 부동산이 침체기에 빠져 있을때 오피스텔형 풀 옵션 소형빌라는 시장에서 신선한 충격을 주며 임대는 순식간에 이루어 졌다. 테헤란로 일대 직장인들은 근처로 이사오고 싶지만 엄청난 집값 때문에 대부분 멀리서 출퇴근하는 젊은이들이 많다.

이들 주머니 사정을 감안하여 맞춤형 오피스텔형 풀 옵션 소형빌라는 의외로 수요층이 많아 날개 돋친 듯 팔려나갔으며 이후 테헤란로를 중심으로 건축붐이 일어났다.

지금 현재 이 주택은 대지 값이 평당 3천 ~ 4천만 원선, 땅값만 해도 50억이 넘는다.

III 연령별 투자사례

● 20대의 부동산 투자사례

학교를 졸업하고 사회생활을 시작하는 대부분의 사회 초년생은 우선 자신이 버는 돈으로 맘껏 쓰고 싶어 한다.

레저활동, 여행, 몸치장, 술자리 등 하고 싶은 것이 많다.
부모님과 함께 생활하면서 어려움 없이 지내다 보면 어느새 친구들은 하나둘씩 결혼하기 시작하고, 주변으로부터 결혼 권유를 받게 될 즈음이면 막상 결혼하려고 해도 그 비용 때문에 망설여지게 된다.

사당동에 있는 모 부동산에서 연락이 왔다. 중이 제 머리 못 깎는다고 7세대인 우리 집의 세를 내가 못 놓는다. 그래서 집 주변 부동산 한두 곳에 빈 집이 있다고 연락하면 손님을 모시고 수시로 들락거린다.
반지하를 전세 4,000에 내 놨는데 들어올 사람이 2,700밖에 없단다. 몇 달 후 1,000을 더 들릴테니 어떻게 안되겠느냐고 물었다.
나는 그러라고 하였다. 마땅히 돈을 써야할 곳이 없기 때문이다.

이상호(29.남)씨는 갓 결혼한 신혼으로 패션업계면서 웨딩문화 이벤트를 전문으로하는 회사에 다니고 있다.

서글서글하고 인사성이 밝은 이씨는 직장이 역삼동 테헤란로라 출근시간이 맞으면 종종 우리 집 사람을 태우고 같이 나가곤 했다.

몇 달이 지난 후 아내에게서 들은즉 아직 1,000만원을 마련못했는데 조금 더 기다려주면 안되겠냐고 하더란다.

나는 신경쓰지 말라고 했다. 그냥 그대로 있으라고 했다.

얼마 후 귀여운 첫 딸이 태어났고 나는 생애 처음으로 할아버지라는 칭호를 들으면서 어린 새싹을 무척 귀여워하였다.

집 사람도 갑자기 할머니라는 칭호에 멋쩍어 하였.

이씨는 약 4년간을 반 지하에서 생활하면서 차곡차곡 돈을 모아 부천에 18평형 빌라를 구입하여 이사하여 나갔다.

나는 젊은 친구가 매우 현명하게 처신한다고 생각하였다.

결혼을 준비할 때 가장 시급한 문제는 바로 주택 마련일 것이다.

소형 주택을 매입하거나 전세를 얻을 때에도 사전에 철서히 계획을 세운 다음 차근차근 준비해나가야 한다. 자신의 돈으로 충당하지 않고 처음부터 빚을 안고 출발하면 신혼생활 시작부터 고달파진다.

이씨는 자기가 마련할 수 있는 돈 2,700만원에서 감내할 수 있는 빚 1,000만원에 맞는 적당한 집을 찾아 신혼부부들이 꺼려하는 반 지하의 집을 마다하지 않고 들어온 것이다. 이처럼 자금규모에 맞게 출퇴근 1시간이내 외곽지 소형 주택을 장만하거나 전셋집을 구하는 것이 바람직하다. 만약 이씨가 욕심을 부려 온갖 빚을 동원하여 억대의 집에서 신혼살림을 시작하였다면 지금쯤 집 마련은 커녕 이잣 돈 부담에 허덕이고 있을 것이다.

필자는 용산구 효창동에서 7평정도의 작은 집에서 서울 생활을 시작했다. 이후 강남으로 이사하였으나 13평정도의 작은 아파트였으며 30 ~ 40평대 아파트를 몇 채 구입하였으나 입주하지 않고 세를 주어 넓은 평형에서 살아보는 것은 요즘이다. 이처럼 처음 시작하는 사회 초년생은 자신의 역량에 맞게 눈높이 맞추어 시작하여야 한다.

또한 주택공사 등에서 공급하는 국민주택을 분양 받거나 임대주택에 우선 입주하기 위해서는 청약저축에 가입해야 한다.

매월 적립하는 청약저축은 무주택자의 주택구입을 돕기 위해 전용면적 60평방미터 이하의 국민주택 분양가를 정부에서 규제하고 있기 때문에 저렴한 가격에 분양 받을 수 있을 것이다.

● 30대의 부동산 투자사례

30대 중반을 넘어서면 소득은 늘어나지만 자녀 교육비 부담이 커서 넉넉한 살림을 꾸릴 수는 없다. 그러나 이시기에 내 집 마련의 기회를 놓치면 40대에는 자녀들이 상급학교에 진학하기 때문에 훨씬 많은 부담이 생기게 된다.

시중에는 급매 물건이 점차 늘어나는 추세이므로 틈새상품을 폭넓게 골라볼 필요가 있다. 특히 직장과 가까운 도심 재개발 지분은 반드시 눈여겨볼 만한 재테크 상품이다.

오예진(38.여)씨는 서울대를 나온 재원이다.

동갑인 남편도 같이 S대를 나와 Y고 교사에 재직 중이다.
필자의 1층집에서 거의 6년간이나 살고 있으면서 남편과 함께 S대 대학원에 다니고 있다. 강남의 모 학원에 강사로 나가고 있는 오씨는 억척같이 돈을 벌기위해 아직도 아기가 없으며 점심무렵 학원에 나가면 서의 새벽 2시가 되어 들어온다.
최근에 필자의 집 근처 대지지분 6평의 빌라를 구입 이사하였는데 구입한지 얼마되지 않았지만 재개발의 기대심리로 벌써 수천의 시세차익이 났다. 이와같이 처음부터 무리하지 않게 적당한 집에 살면서 부부가 함께 차곡차곡 저축한다면 의외로 쉽게 내 집 마련을 할 수 있으며 경우에 따라선 짭짤한 시세차익을 거둘 수 있다.

내 집을 마련할 때 도심 아파트를 고집하면 목돈이 들어가야 하므로 재테크에 실패할 수 있다. 넉넉지 않은 자금으로 멀리 보고 투자할 때는 되도록 주거비용을 적게 들이는 방법을 찾아야 한다.

아파트보다는 빌라나 소형 연립주택을 먼저 고려해볼 만하다.

하지연(36,여)씨는 1억을 들고 필자를 찾아 왔다.

연하의 남편은 모 대학원에 재학 중이라 경제력이 없으며 자기가 벌어 남편 학비 및 생활을 꾸려가야 한다고 하였다.

그녀는 전세집과 커피Shop 할 곳을 찾고 있는 중이었다.
나는 그녀를 2호선 선릉역 인근 신축중인 주거용 오피스텔을 소개하여 세를 들게 하였고 그 건물의 1층 점포를 얻어 주었다.

신축 중에 점포를 얻어 권리금 없이 들어간 그녀는 원채 사교성이 많고 붙임성이 좋아 장사가 잘 되었다. 필자도 가끔 들러 차를 마시곤 하는데 현재 권리금이 1억이 넘는다.

● 40대의 부동산 투자사례

40대는 중년에 접어든 나이며 자녀들이 상급학교에 다녀 지출도 많아지고 자녀양육은 물론 노후준비를 위한 10년을 확보할 수 있는 마지막 세대이며 인생의 한가운데로 중요한 시기이기도 하다.

흔히 주식과 예금만으로 구성하는 포트폴리오로 일관했다가는 노후준비는 실패할 가능성이 크므로 부동산을 반드시 포트폴리오에 편입하여 수익률을 크게 높일 수 있도록 하여야 한다.

임선호(49.남)씨는 집을 팔러 내게 왔다.

모 대기업에서 잘나가던 이사로 재직하던 그는 47평 아파트를 팔고 저층 31평 아파트를 사서 이사하였으나 1년이 조금 지나 현재의 31평 아파트를 팔고 자기는 전세로 있겠다고 하였다.

임씨와 필자는 십년 넘어 알고 지내는 사이로 대기업 이사로 재직시에는 간혹 만났으나 구조조정으로 퇴직 후에는 거의 매일 만나 세상사는 이야기를 나누며 지냈다.

그는 필자사무실 근처 D증권에 들락거리며 주식투자에 여념이 없었다. 증시가 파하면 바로 내 사무실로와 입에 거품을 물며 열변을 토한다. 어느 종목은 어떻고, 어느 종목은 어떤 사업에 나서고 어느 종목은 몇 억불 공사를 수주했다는 둥, 그래서 어느 것은 팔고, 어느 것은 사야하고 등등 주식전문가 이상의 실력을 과시하였다.

도대체 모르는 것이 없었다.

수많은 상장업체 중 어느 종목이라도 물으면 그 회사의 이력에서 부터 대주주는 누구고, 어느 사업이 좀 부진하고, 심지어 오너집안의 내부 사정까지 좔좔 외우며 대답할 정도다.

47평에서 31평으로 옮기며 2억 상당의 자금을 확보한 후 한동안 소식이 끊겼다. 거의 매일 들리다시피 하는 친구가 귀찮을 정도였는데 또 한참 소식이 없으니 궁금하기도 하였다.

어느 날 오후 사무실 앞을 지나던 그를 우연히 발견하고 불러 세웠다.

"야! 요즘 왜 놀러 안와?"

"내가 거기 놀러갈 시간이 어디 있어? 하루 60만원씩 버는데 가야지!"

나는 생각했다.

'하루 60만원씩 번다......................음.........!!!!!!!'

1980년대 필자는 한전을 나온 후 받은 퇴직금 2,000만원으로 주식투자를 하였다. 당시 2,000만원은 현재 약 2억 이상으로 30대 초반의 젊은이로는 상당한 현금을 확보한 것이다.

모 건설주에 2,000만원 올인하여 2만주를 매입하였다.

당시 중동건설 붐으로 건설주가는 하늘 높은 줄 모르고 매일 상종가를 기록하였다. 잘나가는 건설주는 사자는 물량이 폭주하였으나 매도물량이 없어 주식을 사기란 하늘의 별 따기였다.

당시 D산업은 잘 나가는 건설주로 매일같이 70원씩 상종가를 기록하였다. 2만주를 갖고 있었으니 매일 140만원씩 버는 셈이었다.

당시 한전 중견사원의 월급이 10만원 정도였으니 하루 140만원 번다는 것이 상상이 가는가? 모든 기쁨과 모든 희열을 만끽하였다. 진시황제와 아방궁을 그리기도 했다.

증시가 쉬는 국경일이나 공휴일이 오면 140만원 손해났네 하면서 엄살을 떨었다. 그러나 황제의 꿈도 잠시 7월초 여름이 시작될 무렵 영원히 오를 것 같던 주식이 한번 꺾이기 시작하자 추풍낙엽이었다.

매일 하종가에도 주식이 팔리지 않아 매도물량이 쌓이고 쌓여 깡통계좌가 되는데 한 달이 채 걸리지 않았.

값비싼 수업료를 톡톡히 지불하고 인생의 중대한 경험을 한 필자는 초장 끗발은 파장 맷감이라고 흠씬 두들겨 맞고 깡통을 찬 채 주식시장에서 쫓겨나고야 말았다.

나는 그때 나의 경험을 떠올리며 그 친구가 염려스러웠다.

한동안 소식이 없던 친구가 다시 집을 팔러 왔을 때 나는 걱정스러워 나의 경험담을 알려 주며 신중하라고 충고하였지만 이번엔 틀림없다며 자신만만하였다. 반드시 된다는 뚜렷한 확신을 내 비쳤다.

이후 그 친구를 본 적이 없다.

그냥 부동산을 지키고만 있었어도 20억 이상 재산을 갖고 있었을 텐데.........

40대의 투자방식은 안전성을 우선시해야한다.

이러한 안전성과 노후보장을 동시에 확보할 수 있는 것이 상가다.

상가는 고정적인 월세수익 뿐만 아니라 창업용으로도 활용할 수 있는 투자종목이며 신도시 주변이나 대단지 아파트가 배후에 있는 아파트 상가는 높은 월세와 시세차익을 기대할 수 있다.

당분간 저금리 기조가 이어질 전망이므로 월세수익이 보장된 상가를 위주로 상품을 고를 필요가 있다.

신도시 주변이나 역세권의 유동인구가 많은 1층 상가는 약간의 대출을 감안하고라도 적극적인 투자에 나서면 알짜상품을 고를 수 있다.

● 50대의 부동산 투자사례

이 시기에 무리한 부동산 투자는 금물이다.

본격적인 노후생활을 준비해야 하는 50대로 들어서면 무엇보다도 안정성이 최우선이다. 잘못된 투자로 인해 퇴직금 등을 날려버리면 이를 되찾을 수 있는 시간적 여유가 없기 때문이다.

자녀들이 분가하고 본격적인 노후생활을 준비하는 시기이므로 다양한 포트폴리오를 세우고 분산 투자해야한다.

늘 직장에 다니던 사람이 퇴직이후 뚜렷이 나가는데 없이 집안에만 박혀 있으면 수 십 년간의 생활리듬이 깨지고 집사람과의 갈등과 자신과의 갈등으로 여간 고통이 아닐 수 없다.

그래서 정년 퇴직자들이 퇴직금을 들고 쉽게 찾아갈 수 있는 곳이 증권회사다. 마치 아침에 출근하듯이 느긋하게 나가서 시세판을 보며 객장에서 시간을 보내다가 저녁 무렵 퇴근하는 이른바 퇴직백수들이 많이 있다. 그런데 퇴직금을 극도로 보수적으로 운영해야할 나이 때에 증권회사의 잦은 출입은 매우 위험하다.

50년 범띠생인 박영준(59.남)씨는 공기업인 주택공사에 근무하다 정년 퇴직한지 얼마 되지 않는다. 주공은 신의 직장, 철 밥통이라는 애칭과 함께 많은 젊은이들이 부러워하는 그런 직장이었다. 아파트 등 주택건설 붐을 타고 주공의 인기는 하늘을 찌를듯하여 수도권지역 지점장으로 있던 박씨는 한마디로 깃발 날렸던 것이었다.

박씨는 주식 매니아였다.

따기도 하고 잃기도 했지만 대부분 많이 잃었다.

그런데 여윳돈뿐만 아니라 중간 정산한 퇴직금마저도 주식투자에 올인하여 깡통 찬 신세가 되었다. 막상 퇴직 후 손에 든 돈은 6천만 원이 고작이었다. 얼마 전 아들 결혼식을 성대하게 치르느라 강남 집을 팔고 강북으로 이사 간 박씨는 앞으로 어떻게하면 좋겠냐며 필자를 찾아왔다.

나는 잠시 생각하다가 말해 주었다.

첫째, 증권회사 출입을 일체 금할 것. 둘째, 6천만 원은 이자가 낮더라도 가장 안전한 펀드등에 넣어둘 것. 셋째, 전직의 자존심을 버리고 단돈 100만원이라도 벌수 있는 직장을 구하라 라고 충고하였다.

첫째로 증권회사 출입을 계속하다보면 분위기에 휩쓸려 나도 모르게 투자에 동참하게 된다는 점이다. 강원랜드와 같은 도박장에서 돈을 갖고 들어갔는데 구경만하고 나오겠는가? 술고래가 회식장소에서 술을 잘 참겠는가? 박씨와 같은 주식매니아는 주머니에 돈이 있는 한 주식투자를 하게 된다. 아예 출입을 하지 말아야 한다.

둘째로 마지막 종잣돈 6천만 원은 목숨걸고 지켜야 한다.

이 나이 때 잘못하여 돈을 날리게 되면 회복하기란 불가능하다. 섣부른 부동산투자도 삼가야한다. 자칫하면 환금성 없이 돈이 잠기게 되고 잘못되면 반토막 날 각오를 해야하기 때문에 위험하다.

그래서 안전하면서도 그 중 이자율이 높은 펀드등에 넣어 두어야 한다.

셋째로 가정의 평화를 위해서 직장이 필요하다. 본인도 마찬가지지만 아내도 생활의 리듬이 있다. 수 십 년간 남편과 자식들을 직장과 학교에 보내놓고 이리저리 집 안 일들 청소, 정리, 세탁하고 또 자신의 일을 보기위해 외출을 하여왔다. 그런데 남편이 집안에 죽치고 앉아 있으면 되는 일이 없다. 서로가 스트레스 쌓이게 되고 큰 소리가 오고가고 갈등이 심해지며 심각한 부부문제가 야기될 수 있다. 구직활동을 적극적으로 하여 건강이 허락되는 한 직장에 다녀야한다.

이 시기에 부동산 투자는 되도록 임대수익이 보장되는 다양한 소형 물건에 투자하는 것이 좋다. 다세대, 다가구, 상가주택은 투자규모가 크지만 입지에 따라 임대수익이 높고 전철역세권 등 요지에 위치한다거나 소형 부동산이라면 안락한 노후를 보장할 수 있을 것이다. 소형 아파트 도심 오피스텔이나 원룸주택도 임대수익이 높은 상품으로 집 수선 등 세입자

관리가 손쉬운 데다 월세 비중이 높아 위험 부담이 낮다. 여유자금이 적은 소액 투자자라면 경매를 통한 소형 물건도 고려해 볼만하다. 직장에서 은퇴해 전원주택을 꿈꾸는 사람이라면 자녀들이 찾기 쉬운 농가를 싸게 구입하면 전원형 주택으로 안성맞춤이다. 이러한 물건을 매입할 때는 퇴직한 이후라도 쉽게 현금화 할 수 있는 환금성이 용이한 수도권 지역이나 관광지 주변의 부동산을 구입하는 것이 현명한 투자방법이다.

● 60대 이후의 부동산관리사례

수구안석(守舊安席) : 편안한 자리에 앉아 옛 것을 지킨다.
이때는 그동안 이루어놓은 것을 지키는 자세가 필요하다.
또한 많은 부동산을 펼쳐 놓았으면 자식들에게 증여할건 증여하고 본인과 아내가 끝까지 함께 할 핵심부분만 남겨두고 나머지 부동산은 서서히 거두어 들여야 한다.

이진순(79.여) 할머니는 일평생 살아오면서 희로애락을 온몸으로 체험하며 모진 삶을 이어가고 있다.

작년에 돌아가신 남편은 과거 00법원장 출신으로 그 당시

식모를 셋씩이나 들이고 쩌렁쩌렁하게 살았었다. 그때 마련한 수많은 부동산을 지금까지 보유하던 중 요즘 하나둘씩 처분하는 중이다. 할머니는 슬하에 3남매를 두었는데 큰 아들은 정신이상자이고, 둘째 딸은 죽었고, 셋째 아들은 미국으로 이민 갔다.

큰 아들이 금년 58세로 10년전 장가를 보냈다고 하는데 며느리는 유방암 말기 환자로 치료해주는 조건으로 둘이 결혼시킨 것이다.

돈이 많아도 병마를 이기지 못하는 법 작년에 며느리도 죽었다.

남편도 죽고, 며느리도 죽고, 딸도 죽고, 정신이상자인 큰 아들을 뒷바라지하며 단 둘이 살아가는 팔순노모를 보면 산전수전을 다 겪으며 모진 목숨이어 가는 것이 안쓰러웠다.

할머니는 필자의 단골손님이다.

영동아파트 2채는 관리처분 시점에서 팔고, 개나리아파트도 팔아 현재 전세로 앉아 있고 성보아파트도 요즘 팔려고 내놓은 상태이다.

테헤란로 부근 역삼동 이면도로에서 모텔을 경영하고 있는 할머니의 파란만장한 모진 삶은 인생의 파노라마와 같은 것이었다.

이와같이 칠순을 넘어 팔순을 바라보는 황혼세대에는 부동산을 가을에 추수하듯 거두어들이고 지켜야 안전하다.

IV 부동산 신 개발지

● 광교 신도시

입지여건 경기첨단, 행정신도시는 서울도심과 35km, 강남과 25km 거리에 위치하고 있으며, 수원 동북부와 용인 서북부에 위치한 수도권 남부 도시발전축의 중심지역으로서 성장 가능한 지리적인 장점을 가지고 있다. 개발대상지의 75% 정도가 임야 및 농지로 구성되어 있으며, 지구내 여천과 원천천이 남북으로 흐르고 광교산 자락의 임상양호지가 남북으로 입지하고 있어 환경 친화적이고 쾌적한 주거단지 조성에 최적의 조건을 갖추고 있다.

2003년 현재 약 2,200세대 정도가 거주하며, 300여개 상가, 공장, 숙박시설 등이 난립하여 임야 훼손이 심각한 상태이고, 무분별한 개발이 진행되고 있다. 신도시 중심으로 영동고속도로, 국도 43호선이 통과하고, 동측으로 경부고속도로, 서측으로 국도 1호선 및 남측으로 국도 42선이 통과하고 있어 인접 주요 도시간의 접근성이 양호한 지역이다.

위치는 수원시 매탄동, 이의동, 원천동, 하동, 우만동, 연무동과 용인시 상현동, 영덕동 일대로 개발 면적은 1130만1699㎡, 사업기간은 2005. 12 ~ 2011. 12으로 약 6년간에 걸쳐서 시행될 예정이다. 수용인구는 7만7500인(68.6인/ha)으로 총 가구

수는 3만1000세대 로 가구당 2.5인을 적용하고 있고 사업시행자는 경기도지사, 수원시장, 용인시장, 경기도시공사사장으로 사업방식으로는 수용, 환지 혼용방식을 채택하고 있다.

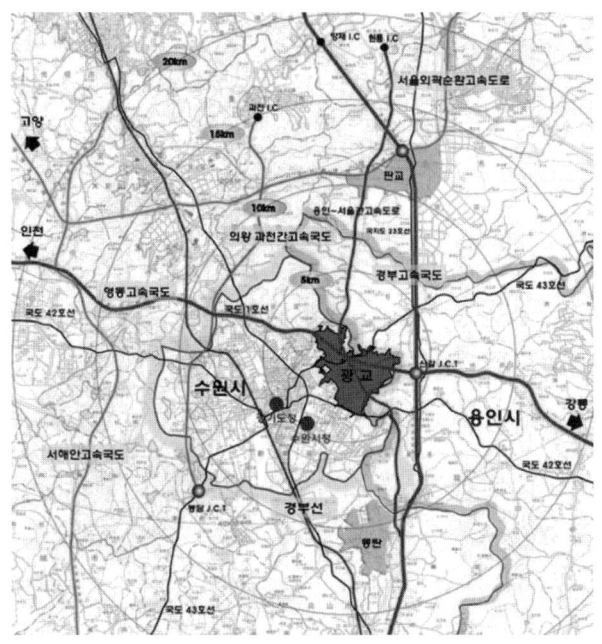

사업목적 광역행정 및 첨단산업 입지를 통한 행정복합도시 및 자족형 신도시를 건설하고 수도권의 택지난 해소를 위한 신 주거단지 계획을 통한 국민주거생활의 안정과 복지향상에 기여하고 도시 중심성을 확보할 수 있는 도시공간구조 형성 및 친환경적 도시환경 조성으로 수원시와 용인시 서북부지역의 발전 도모하는데 있다.

개발의 필요성 수원 구시가지의 도시기능 재배치와 첨단지식기반산업 위주의 자족형 복합기능을 갖는 수부도시를 조성함으로써 개발압력 고조에 따른 난개발 사전 차단과 주변 지역 일원의 교통체계개선 및 중심생활권 기능을 유지하여 수도권 남부지역의 계획적·체계적인 재정비를 통한 균형개발과 서울에 집중되어 있는 주택수요 분산에 기여 하고자 추진하게 되었다.

개발목표 환경적인 주거도시, 자연과 인간이 공존하는 도시를 지향하고 농촌과 도시가 하나의 생활권을 형성하고 분담과 협조로 도, 농이 공생하는 도시, 젊은 부부가 살고 싶어 하는 전원도시로 변모시켜 도, 농 복합형 지역발전 도시로 발전시키고자 한다.

수도권의 근린여가를 위한 공간을 제공하고 자연미와 인간미가 조화를 이루는 매력있는 도시를 구축하고 삶의 질이 중시되는 문화, 예술의 도시로서 수도권의 종합관광 휴양기능을 함양하고 있다.

또한 광역교통의 결절지로서 수도권 남부교통 요충도시, 도시간 유통업무의 기능을 담당하는 도시를 지향하고 있다.

지리적 위치 서울도심과 35km, 강남과 25km 거리에 위치하고 있는 신도시로 수원 동북부이면서 용인 서북부에 위치해 있다. 지구내여천과 원천천이 남북으로 흐르고 광교산 자락의 임상양호지가 남북으로 입지하고 있어 환경 친화적이고 쾌적한 주거단지 조성에 최적의 조건을 갖추고 있다. 광교산 자락의 임상양호지가 남북으로 입지하고 있어 녹지공간도 풍부한 편. 신도시 중심으로 영동고속도로, 국도 43호선이 통과하고, 동측으로 경부고속도로, 서측으로 국도 1호선 및 남측으로 국도 42선이 통과하고 있어 인접 주요 도시간의 접근성이 양호한 지역이다. 특히 영동고속도로 동수원 인터체인지는 지구 내에 위치한다.

교통계획 기본방향은 광역교통도 서울방향의 출퇴근 노선보다는 경기 남부권 및 수원시가지와의 연계에 중점을 두고 추진할 계획이고 전철 신분당선을 수원 화서역까지 연장(17km)하고 수원시 내부를 순환하는 경전철(16km) 또는 BRT를 도입하여 대중교통체계를 구축하고 지구 외 5개 노선 22.2km의 도로를 개설하고 의왕 - 과천간 고속화도로 (13.5km)를 확장하는 등 수원, 용인 등 주변지역의 만성적인 교통난을 해소할 예정이다.

도시간 교통망 신도시 주변의 도시간 교통망은 남북방향의 경부고속도로와 3개 간선도로, 2개 철도 및 동서방향의 영동고속도로와 2개 간선도로로 구성하고 전국을 연결하는 경부고속도로, 수원, 안양을 연결하는 국도1호선, 의왕 ~ 과천간 도로, 영덕 ~ 양재간 도로 및 국지도 23호와 동서방향으로 국도 42, 43호선에 의해 광역교통량을 처리하고 서울과 연결되는 국철 및 신분당선 연장, 경기 ~ 인천지역을 연결하는 수인선 전철에 의해 남북, 동서간 철도망을 구축하게 된다.

신도시 개발로 인한 발생교통량은 주요간선도로의 신, 증설 및 전철 개통에 의해 분담 처리될 것이며, 대중교통을 활성화시키기 위해 신설 역사주변에 환승주차장을 건설하고, 신교통수단인 BRT도입 등 Non-stop 광역버스를 운행할 계획이고 광교 테크노밸리(구 이의신도시)의 가로방은 광역행정 및 자족기능 유치에 따른 인근 도시들과의 원활한 교류를 위해 6개의 간선도로를 계획, 생활권과 중심지역을 연결하는 내부간선도로망과 일상생활 편의를 위한 보행녹도 및 자전거 네트워크를 구축할 예정이다.

기본구상방안 국제적 수준의 첨단기술 혁신기반 구축을 위해 혁신기술의 역동적 확산을 위한 정보, 교류 인프라를 구축하고 최적의 연구 환경을 갖춘 핵심기술 R&D 클러스터를 조성하고 산, 학, 연 연계를 위한 도시기반을 확보하고자 한다. 경기 남부의 도시형 관광, 레저 거점 조성을 위해 레저, 문화 융합 형 도시공간조성으로 미래형여가 공간을 제공하고 교육환경과 주거환경이 조화를 이룬 미래형 주거생활권의 모델을 제시한다.새로운 설계기법으로 미래형 도시문화를 위해 고급 인력 유치를 위한 직주근접의 고품격 정주공간을 조성하고 수요자 중심의 수준 높은 교육환경을 제공한다.2000만 광역도시권 중심도시로서의 기능을 강화를 위해 종합 행정지원이 가능한 행정타운, 법조타운을 조성하고 국제적인 산업비지니스 도입을 위한 업무의 핵을 구축하고 기업의 창업, 홍보, 투자를 위한 지원시설에 유비쿼터스 시스템 완비로 최고의 도시정보 기반을 제공한다.

개발컨셉트 기능연계 및 용도복합을 통한 도시통합을 위해 대중교통 거점으로의 개발과 연관기능의 보행권내 배치, 복합용도개발(Mixed Use Development)의 적극적으로 도입하고 있다. 장벽 없는 개방형의 열린 도시공간을 창출하고 고층, 저밀개발을 통한 도심 오픈스페이스 확보와 열린 학교, 커뮤니티회랑 개념을 도입한다.또한 광교만의 도시특징을 대표하는 장소성을 부각시키기위해 자연환경을 도시개발의 테마로 활용하고 전체 도시특징을 대표하는 랜드마크 및 스카이라인을 형성하고 주요 도시기능의 특화이미지를 강조하고 있다.사람과 자연이 공생하는 녹색도시를 실현코자 그린플랜과 병행된 도시개발을 실현시키고 조성녹지의 활용성을 제고한다. 테마형 주거단지 조성으로 다양한 징주환경 조성을 위해 수요자 특성을 고려한 주택유형을 도입하고 차별화된 주거단지, 주거단지를 교육 및 학습공간의 장으로 조성키로 하였다.

주택건설 및 분양계획

인구 및 주택건설 계획 광교신도시에는 약 2만 가구 정도의 주택이 건설될 예정이며 전체 주택건설용지의 34%는 공동주택용지로, 공동주택용지의 40%는 임대주택용지로 계획하고 있고 영동고속도로 북측은 단독주택지를 집중배치하고, 남측은 중, 고층 공동주택지를 배치하였으며, 임상 및 경관이 양호한 광교산 자락은 원형지 블록형 단독주택단지를 조성하여 자연 친화형 친환경 주택단지가 되도록 구상하고 있다. 자연친화적인 주거단지는 개발밀도가 낮을수록 바람직하고, 계층별로 구입 가능한 주택을 공급하기 위한 분양가는 개발 밀도가 높을수록 유리하므로 적정수준의 개발밀도 설정하기로 하였다.

세부개발계획 광역행정기능으로 광교신도시 개발을 활성화할 수 있는 핵심선도 기능으로 광역업무, 광역상업, 첨단산업 및 연구, 레저위락기능을 양성하고 도시이미지 측면에서 수도권 남부 중심도시로서의 광역적 위상을 대표하는 시설도입을 적극 검토하고 있다.

광역업무기능을 위해 기업 본, 지사급의 업무시설, 국제전시시설 유치 등으로 서울의 광역업무기능을 분담하고, 경기도의 국제경쟁력을 강화할 수 있는 역할을 수행하며 기업의 브랜드 이미지 제고와 광교의 국제적도시로서의 이미지를 구축한다.

광역상업 및 테마관광기능으로 수원시 전체를 대상으로 하는 광역상업시설을 유치하며 상업 및 문화가 조화된 문화아케이드 도입을 통해 신개념 호수공원(유원지)을 조성하고 호수도시 광교의 이미지를 구체화할 수 있는 도심 속 휴양지를 육성한다.

첨단산업 및 연구기능으로 경기도 기술혁신 거점으로서의 첨단산업, 연구기능을 육성하고 인근대학, 기업과 연계한 산, 학, 연 클러스터 형성하고 관련시설 도입을 검토한다.

정주기능 광역기능의 고급인력 유치를 위해 고품격 정주환경 조성을 위해 공교육 중심의 다양한 교육서비스를 제공할 수 있는 신 주거단지 모델제시와 자연환경과 조화된 웰빙 카운티 개발로 웰빙도시의 이미지를 강화시키고 있다.

토지이용계획

기본방향 부족한 가용토지의 효율적 활용을 위해 입체적 토지활용 및 복합용도개발을 적극적으로 전개하고 자연환경의 보전, 복원 및 도시개발 테마로의 인용한다. 자연지형을 활용한 친환경적 계획의 수립과 주, 상, 산업, 행정 등의 기능이 복합적으로 어우러진 자족도시를 계획하고 도시경관과 단지의 동일성(identity)을 살린 주제가 있는 단지를 계획한다.

주택용지 환경 친화적이고 쾌적한 도시환경 조성을 위한 낮은 주택용지율(19.0%)로 단독주택의 공급축소로 단독 : 공동 = 10.0% : 90.0% 으로 배분하고 영동고속도로 북서측지구 및 지구내 양호한 산림지역은 자연환경을 활용한 환경 친화적 주택단지 조성의 유도와 다양한 주거환경 창출을 위한 경사지를 활용한 연립주택을 배치하고 있다.

공동주택은 중앙부에 상업, 업무지구와의 연계를 감안한 아파트 용지를 주로 배분하고 기존의 용인지역에는 신분당연장선 역사와 연계하여 공동주택지를 배분하고 유원지 북동측 상현동에 저밀도의 단독주택지를 배치하게 된다.

상업, 업무시설 광교의 도심은 주변지역과의 연관성, 지역중심성, 행정타운의 상징성 등을 고려하여 지역중심의 상권으로 인구가 상대적으로 많이 배분되는 동쪽지역에 있는 신분당연장선 역사의 최적위치를 감안하여 배치, 지역중심기능 담당하게 하고 유원지와 연계한 상업용지를 유원지 입구에 배치하여 수원시 동측지역의 관문역할을 수행하게 한다.

주상복합단지 및 업무복합단지는 도심에 중심상업지역, 역사와 연계하여 배치함으로써 중심상업과 주거와의 기능상충을 최소화하고, 도시의 중심성을 강화하여 활력있는 도심을 창출토록 계획하고 있다.

도시지원시설용지(광교테크노밸리) 도시지원시설용지는 단지내 중소기업 종합지원센터, 나노펩소자특화센터 등과 연계가 용이한 동수원 나들목과 밀레니엄로변에 집중배치를 통해, 광교테크노밸리를 조성하여 집적에 의한 시너지효과 창출을 도모하고 상업, 업무시설, 주거 등과의 연계 등을 고려하여 계획하고 입지수요에 탄력적으로 대응하기 위해 일부 토지를 유보지로 계획하여 추후 여건변화에 능동적인 대응이 가능토록하고 있다.

공원, 녹지용지 광역녹지축상의 녹지대를 공원으로 계획하며 하천을 따라 녹지축을 조성하고 지구 내 지방하천 및 소하천을 활용한 수변 녹지공간 조성해 하천경관 향상 및 지역주민 휴식공간을 제공한다. 하천이 합류되는 원천저수지 상부 주변 녹지대를 포함하는 근린공원을 조성하고 각 생활권 별로 근린공원 및 어린이공원을 적정 배치하며 보행자 전용도로와의 연계하고 고속도로 및 주요간선 도로변에 완충녹지대를 설치해 소음 및 대기오염을 최소화하도록 했다.

교통계획 광교지구 택지개발사업에 따른 광역교통 개선대책으로 도로 6개구간(19.2km)을 신설, 2014년까지 신분당선연장선 중 정자 ~ 광교구간 개통, 환승시설 설치 1개소, 교차로 개선 4개소, 간선급행버스체계(BRT) 1개 구간 구축한다.

신분당선연장선 : 분당선 정자역에서 화서 및 호매실까지 연결되는 신분당선 연장선의 정자~광교 구간은 2014년 개통

하고 동 노선상의 경기도청역(가칭)에는 환승센터를 설치하고 철도와 도로교통을 연계함으로서 대중교통 이용을 활성화시킨다.

광역도로망 : 영동고속도로(북수원IC ~ 신갈IC)의 정체를 해소하기 위해 우회도로를 신설하여 교통량을 분산하고 동수원 및 수원종합터미널과의 연계를 위해 2개 노선의 도로를 신설함과 동시에 용인 ~ 서울간 고속국도를 편리하게 이용할 수 있도록 동수원 ~ 성복IC간 도로 신설과 주변도로와의 연계가 도모될 수 있도록 도로개설사업을 계속 추진한다.

청약자격

공급방식 특별공급 : 신혼부부용 등 다양한 특별공급특별공급 물량 : 신혼부부특별공급(혼인기간 5년이내 자녀가 있는 자) 3%, 용인, 수원시 지역우선특별공급 30%, 3자녀특별공급(만 20세 미만의 직계자녀 3명을 둔 자) 3%, 기타 특별공급(장애인이나 국가유공자 등) 10%.

일반공급 : 특별공급 대상자를 제외한 일반 청약자를 대상으로 공급. 공급물량의 30%를 당해지역 거주자에 우선 공급

청약자격 특별공급은 청약통장 없이 자격만 갖추면 신청이 가능하고 신혼부부 등 일부의 경우 청약통장 제한이 있고 일반 공급은 민영주택인지 공공주택인지 여부와 전용면적 간에 청약자격의 차이가 있다.

- 전용 85㎡ 이하 공공주택은 청약저축자 대상
- 전용 85㎡ 이하 민간주택은 청약예금, 부금 대상
- 전용 85㎡ 초과는 공공, 민간주택 상관없이 청약예금 가입자 대상
- 전체 공급물량의 30%를 1년 이상 수원, 수원 거주자에 우선공급
- 나머지 70%는 지역 우선공급 탈락자와 서울, 수도권 거주자 몫

전매제한 기간

- 수원지역(1~26블럭) 전용 85㎡ 이하 : 5년
  전용 85㎡ 초과 : 3년
- 용인지역(27~30블록) 전용 85㎡ 이하 : 3년
  전용 85㎡ 초과 : 1년다양한 세금 혜택
- 비과밀 억제권역인 용인지역의 경우 입주 후 5년 내 팔 경우 양도세를 전액 면제받음-과밀 억제권역인 수원지역의 경우 입주 후 5년 내 팔 경우 양도세 60% 감면 받음
- 5년 이후 양도할 때는 5년간의 양도차익을 제외하고 일반 세율(6~33%) 및 장기보유 특별공제율 (최대 30%) 적용

● 송도지구

사업개요 위치는 인천광역시 연수구 동춘동 일대(송도신도시 1, 3공구 + 2, 4공구 일부)로 면적 1,611만평에 사업기간은 2003 ~ 2020년으로 약 25년의 장기간에 걸쳐 시행되며 사업시행자로 인천광역시, NSC, 해양수산부, 외국인투자자 등이 참여하고 있다.

사업추진일정
2000. 01 - 2·4공구(174만평) 매립공사 완료 기반시설공사
2001. 12 - 주택단지 54만평 용지분양, 지식정보산업단지
　　　　　 80만평 실시설계 진행
2002. 03 - 127억불 규모의 규제비즈니스센터 외자 유치
　　　　　 계약체결
2002. 10 - 10만평 규모의 첨단 바이오 단지 조성
2003. 03 - 1공고(130만평) 매립공사완료

입지여건 인천시 남단의 연수 택지개발지구와 남동 공업단지 앞 공유수면 지역(일부 매립 및 호안축조완료)으로서 기존 송도유원지와 인접하고 있으며, 서울 도심과 약 25km, 인천 도심과 약 8km, 인천국제공항과 약 20km 떨어진 지점에 위치하고 있다.

중앙부 송도신도시(659만평)를 중심으로 북측의 인천국제유통단지(216만평)와 남동측의 장래에 확장 할 예정으로 1지역(199만평) 및 2지역(282만평)을 개발기본구상의 공간적 범위로 설정하였다.

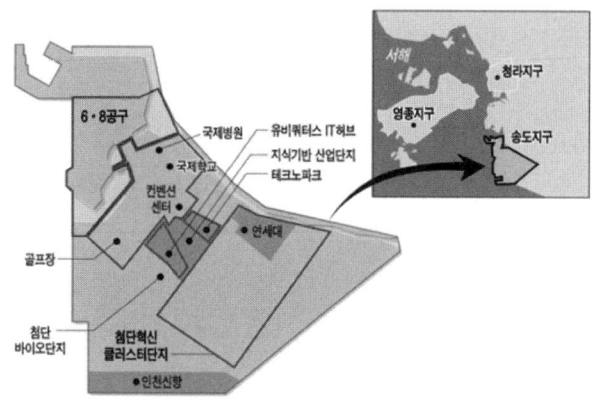

사업지구 개요 국제비즈니스의 중심 송도지구는 국제물류, 비즈니스, 지식정보산업 거점을 조성하여 다국적 기업의 아, 태지역본부와 IT, BT 관련 국제기업을 유치하게 된다.

사업규모는 1,611만평(1단계 773만평)의 면적에 2003 ~ 2020년 의 사업기간을 두고 252.5천명의 인구를 유치할 계획이다. 주요 설치사업은 지식징보산입단지, 테크노 파크, 국세비지니스센터, 첨단바이오 단지 등이다.

기반시설

1. 송도 2/4공구 기반시설 1-1공구 건설공사 현황

사업개요
- 사업규모 : 도로 13.6km(교량 L=517m), 상·하수관로 50.68km, 방재시설 1식
- 사업기간 : 2001. 4. 13 ~ 2005. 11. 15

공사 진행사항
- 중2-239호선(신송중학교 앞길) : 포장완료
- 대3-69호선(한진㈜ ~ 금호·풍림아파트간) : 포장완료
- 대3-70호선(현대㈜ ~ 해양경찰청간) : 포장완료
- 대3-71호선(먼우금초 ~ 근린공원 1호간) : 포장완료
- 중2-237호선(먼우금초 ~ 금호·풍림아파트 사이길) : 2005. 3월말 포장 ※그 외 인도포장, 현대아파트 및 주상복합 주변도로 : 2005. 5월 포장

2. 송도지식정보산업단지 진입도로 공사 현황

사업규모 : 도로 2.06km B=50m(터널 505m, 교량 770m, 도로 785m) 사업기간 : 2004. 12. 31 ~ 2007. 12. 16

3. 쓰레기 자동집하시설 공사현황

사업규모 : 투입구/밸브 199개소, 관로 3.2km, 집하장 1개소
사업기간 : 2004. 6 ~ 2005. 9
송도국제신도시는 서해안시대 국제교류의 중심지 역할을 하게 되고 이곳의 핵심은 국제비즈니스센터로 각종 다국적 기업

이 입주할 예정이며 포스코건설과 미국 게일사가 매입한 국제비즈니스 개발지(2.9㎢)에는 60층 규모의 국제비즈니스빌딩과 백화점, 쇼핑몰, 컨벤션센터 등이 들어설 예정이다.

- 위치: 인천광역시 연수구 송도동
- 개발면적 : 53.4㎢
- 기반시설비 : 4조3734억원
- 사업기간 : 2003~2020년
- 계획인구 : 25만2000명
- 개발사업 시행자 : 인천광역시, 송도테크노파크 NSIC
- 계획현황 : 지식정보산업단지, 바이오단지, 첨단산업클러스터, 송도랜드 마크시티, 인천신항 등

개발 컨셉트 기본방향으로 다국적기업 아 태본부 및 국제업무의 거점지로 개발하고 고도지식기반산업의 집적 단지화와 산업과 학술, R&D가 연계되는 클러스터 조성과 함께 컨벤션센터 및 전시장 등을 포함하는 국제비즈니스센터 조성키로 했다. 주요 전략으로 동북아 경제중심지로서의 기능을 확보하고 환경적으로 건전하고 지속 가능한 발전방안을 마련하여 국가경제 활성화 및 지역 발전을 유도하기 위해 각종기반시설 확충 및 신설하고 원활한 재원조달 방안을 마련, 신속하고 편리한 행정지원을 할 예정이다. 합리적인 도시공간을 배분하기 위해 경제자유구역 핵심 원동력인 '인천국제공항↔경제자유

구역↔수도권'을 연결하는 기능적 흐름을 고려한 토지이용계획을 확립하여 중심지 체계 및 생활권 개념을 고려한 토지이용체계를 통해 도시공간을 합리적으로 배분한다. 중심업무지구 내 비즈니스 서비스 기능과 R&D 첨단산업, 공공행정, 문화, 레저 및 주상복합기능이 상호 유기적인 관계를 유지할 수 있도록 교통, 동선계획과 오픈스페이스를 배치하고 상충기능 또는 이질기능 연접에 따른 문제점으로부터 주거환경을 보호하기 위한 완충녹지공간을 조성하도록 하였다. 송도국제도시의 특성인 수변공간 및 생태환경을 감안하여 공원, 녹지체계를 확대 적용하고 인천지역을 동북아경제권 물류거점으로 육성시키기 위하여 항만 및 항만 배후단지 개발에 역점을 두기로 한다.

주택건설 및 분양계획 송도국제도시 1~11공구(10공구 제외)에 9만3602가구 25만2000명 거주하게 될 예정이며 지난 5월 포스코건설이 분양한 송도 더샾하버뷰II는 502가구 모집에 3만69명이 접수해 평균 59.9대 1, 최고 285대 1의 경쟁률 기록하였다.당첨자들의 청약가점 커트라인은 56~69점으로 대부분 60점 이상이었고 하반기엔 포스코건설이 아파트 1606가구, SK건설이 주상복합 아파트 286가구를 분양할 예정으로 있으며 앞서 분양한 단지 청약결과를 감안했을 때 당첨커트라인은 50점 후반 될 듯하다.

층, 향 좋은 주택형은 60점 후반은 넘어야 안정권으로 전망된다.

세부개발계획

국제업무단지 위치는 인천연수구 송도동 7번지 일원으로 면적은 5.7㎢ 에 사업비 10조 4,253억원(단지조성 7조 703억원, 간선시설 3조 3,550억원)을 투입하여 사업기간 : 2003 ~ 2020 (1단계2009, 2단계2014, 3단계2020) 동안 국제업무단지, 지식정보산업단지, 첨단바이오단지, 송도랜드마크시티, 첨단산업클러스터, 항만 및 배후지원단지(신항물류단지, 아암물류단지) 등을 설치하게 된다.

6, 8공구 랜드마크시티 개발(151층 인천타워) 송도지구 6, 8공구에 151층 랜드마크 인천타워를 세우도록 했으며 부지면적 17만㎡, 연면적 60만㎡, 높이 587m 의 규모에 오피스, 호텔, 주거, 상가, 콘도, 전망대 등 복합시설로 구성되며 부대사업으로는 관광, 레저, 문화, 교육, 스포츠 및 주거시설 등이 들어서게 된다.

u-IT 클러스터 지원센터 송도 11-13번지 (지식정보산업단지 內)에 u-IT 클러스터 지원센터를 설치하게 되는데 8만1275㎡/연면적 2만9869㎡ 에 2006년 6월~2010년 12월동안 3717억원 투입하게 될 예정이다. 사업내용으로 RFID/USN의 설계, 제조, 기술지원·육성을 위한 지원센터 준공, MEMS센서 외주가공, 생산 및 지원을 위한 USN Fab구축하게 된다.

Bio Research Complex 송도 5, 7공구 바이오메디컬허브 단지 내 사업규모 20만7284㎡/ 연면적 43만2171㎡의 Bio Research Complex를 조성하며 사업기간 2009~2011년 동안 8422억원의 사업비를 투자하여 자생적 성장이 가능한 동아시아 최고의 'Leading Bio Cluster' IBM, SIEMENS, 루드윅 암 연구센터 등 글로벌 앵커기관 참여토록 한다.

도시통합운영센터 및 u-City 기반시설 구축을 위해 2007~2020년 동안 1647억원의 예산을 투입하여 도시통합 운영센터 건립, 인프라 구축(송도지구 1~11공구), 통합운영 플랫폼 구축, 다양한 u-서비스 발굴하고 제공한다.

연세대 송도국제화복합단지 조성 송도지구 5, 7공구 일부에 61만4670㎡ 규모의 면적에 연세대 송도국제화복합단지 조성하게 된다.
　-사업기간 : 2006~2012년
　-사업비 : 3조4400억원
　-시행자 : 인천광역시, 송도국제화복합단지개발(주)
　-사업내용 : 연세대학교 Global Campus 조성, Joint University Campus, Global Academic Village, Science &Engineering, R&D Park 등 조성
　-교원수 280명, 학부생 5000명 규모.

-향후추진계획

  2010년 3월 : 부분 개교

  2012년 : 전면 개교

교통계획

인천대교 : 송도국제도시~영종지구를 잇는 18.2km 길이의 대교, 제2경인고속도로와 연결돼 서울 및 수도권으로 접근이 쉬워지게 된다.

인천국제공항철도 : 서울역~인천공항간 61.5km 길이 철도. 김포공항~인천공항 구간은 2007년 3월 개통. 나머지 구간은 2010년 1월 개통 예정이다.

제2공항철도 : 인천공항~인천역 잇는 구간, 1단계 인천국제공항-인천역(21.8km). 2단계 소래역-광명역(16.9km) 계획이 유력시 되고 있으나 개통시기 미정이다.

기타 : 시화~송도~청라~검단~일산을 잇는 수도권 제2외곽순환도로, 인천공항~송도~시흥의 제3경인고속도로(계획) 등 계획돼 있다.

청약자격

공급방식

-특별공급: 신혼부부용 등 다양한 특별공급

- 특별공급 물량: 신혼부부특별공급(혼인기간 5년이내 자녀가 있는 자) 30%, 경제자유구역특별공급(구역 내 외국인 투자기업에 종사하는 자) 2%, 3자녀특별공급(만 20세 미만의 직계자녀 3명을 둔 자) 3%, 기타 특별공급(장애인이나 국가유공자 등) 10%.
- 일반공급 : 특별공급 대상자를 제외한 일반 청약자를 대상으로 공급. 공급물량의 30%를 인천 거주자에 우선 공급

청약자격
- 특별공급은 청약통장 없이 자격만 갖추면 신청 가능. 신혼부부 등 일부의 경우 청약통장 제한 있음
- 일반공급은 민영주택인지 공공주택인지여부와 전용면적 간에 청약자격의 차이가 있음
- 전용 85㎡ 이하 공공주택은 청약저축자 대상 - 전용 85㎡ 이하 민간주택은 청약예금·부금 대상
- 전용 85㎡ 초과는 공공·민간주택 상관없이 청약예금 가입자 대상
- 전체 공급물량의 30%를 1년 이상 인천 거주자에 우선공급
- 나머지 70%는 지역 우선공급 탈락자와 인천 이외 서울, 수도권 거주자 몫

전매제한 기간

-전용 85㎡ 이하 : 3년

-전용 85㎡ 초과 : 1년

다양한 세금 혜택 비 과밀 억제권역이어서 입주 후 5년 내 팔 경우 양도세를 전액 면제받으며 5년 이후 양도할 때는 5년간의 양도차익을 제외하고 일반세율(6~33%) 및 장기보유 특별공제 (최대 30%) 적용받고 내년 6월 말까지 2009년 2월 12일 기준 미분양분을 취득하면 취득, 등록세 각각 50% 감면하게 된다.

● 영종지구

입지여건 위치는 인천 중구 운북동, 운남동, 운서동, 중산동 일원으로 개발면적 1911만6000㎡, 사업기간 2003.8 ~ 2020.12 동안에기반시설비 10조4902억 원을 투입하여 1-1단계 : 2012.12(1541만7000㎡) 1-2단계 : 2020.12(369만9000㎡) 을 조성한다.

인구는 12만명(4만5454세대, 63인/ha)을 유치토록 했으며 사업시행자로 한국토지공사, 인천광역시 도시개발공사, 인천광역시, 인천국제공항공사가 담당하게 된다. 주요개발은 인천국제공항으로 영종하늘도시, 운북복합래저단지, 용유, 무의관광단지, 영종물류복합단지, 메디씨티(JHH) 이며 사업방식은 수용, 환지 혼용방식이 적용될 예정이다.

개발목적 동북아 중심국가 실현을 위한 영종하늘도시를 건설하고 공항과 연계한 고부가가치 항공물류, 산업도시 건설과 공항 및 산업, 물류단지 지원을 위한 국제도시(산업, 업무, 숙박, 관광 등 건설) 및수변공간의 입지 잠재력을 활용한 레크레이션 도시건설를 목적으로 한다.

위치도

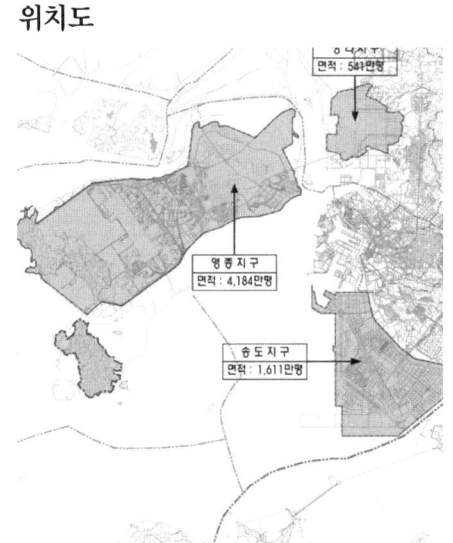

개발컨셉트 동북아 중심의 국제교류도시 지향하며 인천국제공항을 기반으로 2020년까지 단계별로 진행되며 외국인 투자 기업의 경영환경과 외국인의 생활 여건을 개선해 외국인의

투자를 촉진하고 국가 경쟁력을 강화해 국가균형발전을 꾀한 다는 기본 목표를 두고 있다. 국제물류기능으로 인천국제공항의 입지적 장점을 활용하고 국제 업무, 전시, 교류 등 국제적인 기능과 중심상업, 첨단 정보, 지식산업, 공공행정, 문화, 레저 및 주상복합기능 등을 유치하고 상호 유기적인 관계를 유지할 수 있도록 교통동선계획과 오픈스페이스 배치계획을 감안해 연계 배치하고 있다.

공항 및 산업, 물류단지 지원을 위한 국제도시 국제업무단지는 공항과의 연계성이 높고 접근성이 우수한 공항배후신도시 남쪽에, 첨단산업 및 물류용지는 장래 공항시설 확장 및 관세 자유지역과의 연계를 감안해 공항 인근에 배치하고 운북 복합레저단지는 중국 등 아시아 지역민이 함께 할 수 있는 전원 속의 고품격 친환경주거지 조성하고 영종하늘도시 도시개발사업, 운북복합레저단지 등은 2020년까지 단계별로 산업을 진행하게 된다.

인천국제공항과 연계한 국제공항, 물류도시 건설로 공항의 배후지원기능을 수행하면서 복합공항도시로서의 자족성 확보하고 용유, 무의도를 중심으로 하는 국제적인 레저, 관광단지로 육성키로 했다.

주요전략으로 공항지원, 항공물류, 관광단지 등을 통하여 체계적으로 개발하되, 기능(업무, 관광, 산업·물류, 상업, 등)별 연계성 확보하고 항공물류, 첨단산업 지역은 공항 2단계

확장 및 관세자유구역 운영과 보조를 맞춰 개발하되 인근 생산지로부터 운송된 고가의 부품을 조립, 마감하는 고부가가치 항공물류 중심지로 육성함과 동시에 용유, 무의지역은 난개발을 방지하고, 기존 자연환경을 최대한 보전해 친자연적인 국제적 관광, 위락단지로 조성하게 된다.

주택건설 및 세부개발계획 주택건설용지 중 단독주택지 비율을 34.6%로 설정해 일반적인 택지개발사업에 비해 단독주택 비율을 높여 저밀도의 쾌적한 주거환경 을 도모하게된다.

영종물류복합단지
-위치: 영종하늘도시 산업·물류단지 내
-사업기간: 2006년~2017년 (1단계 : 2012년)
-면적: 3.7㎢(전시장 0.77㎢)
-사업비: 3조7500억원
-시행자: FIEX
-기능: 전시, 숙박, 산업, 교육, 유로형타운 등
-향후추진계획: 사업계획 수립 및 SPC 설립(2007년 11월), 1단계 준공(2012년 6월), 2단계 준공(2017년 6월)

영종하늘도시
-위치: 인천광역시 중구 영종동 일원
-사업기간: 2003년 8월~2020년 12월

-면적: 19.1㎢ {1-1단계(2012년)15.4㎢, 1-2단계(2020년)3.7㎢}
-사업비: 8조9328억원
-시행자: 한국토지공사, 인천도시개발공사
-기능: 공항배후지원 기능 수행 및 자족적 복합공항도시 건설
-추진상황: 1-1단계 단지조성공사 착공(2007년 12월)
-향후추진계획: 1-2단계 단지조성공사 착공

Medi-City
-위치: 영종지구 운서역 일원
-사업기간: 2008년~2013년-면적: 77만4000㎡
-사업비: 미정
-시행자: 미정
-기능: 국제병원, 호텔, 바이오연구단지, 진료, 신약개발, 교육, 휴양, 레저 기능을 갖춘 복합의료단지
-향후추진계획: 2009년 6월 개발SPC 구성, 2009년 12월 병원사업개발자 확정

운북복합레저단지
-위치: 인천 중구 운북동 일원
-사업기간: 2005년~2014년
-면적: 2.7㎢-사업비: 6859억원

-시행자: 인천도개공, 리포인천개발
-기능: 레저, 업무, 주택, 숙박, 교육, 병원 등
-추진상황: 개발계획 및 실시계획 변경 승인, 기반시설공사 착공(2008년 9월), 문화재 시굴조사
-향후 추진계획: 단지조성공사 시행

용유·무의관광단지
-위치: 중구 용유동, 무의동 일원
-사업기간: 2004년~2020년
 1단계: 2014년 (기반시설 및 주요건축물)
 2단계: 2020년 (문화관광레저복합도시 완성)
-면적: 21.65㎢
-사업비: 9조3000억원
-시행자: 인천시, 인천도시개발공사
-기능: 문화, 관광, 레저 복합도시
-추진상황: 2008년 9월 PMC 설립, 2008년 12월 SPC 구성

교통계획

가로망계획 지역 간 간선교통 및 인접한 개발지역 등 주변 지역 교통망과 연계해 지구 내의 원활한 교통처리를 위한 기능별 계획을 수립하여 자연지형의 훼손을 최소화하고 지형에 순응하는 가로망체계를 구성하고 지역 간 간선도로와 지구 내 도로의 평면접속을 최소화해 통과교통을 원활히 할 수 있

도록 한다.단지 내 접근성 제고를 위해 주간선도로-보조간선 도로-집산도로 등 위계에 따른 기능별 내부교통체계가 구축되도록 하고 첨단 및 산업(물류)용지를 서비스하는 화물수송도로와 여객수송도로를 분리하며, 화물차량의 주거지 및 업무지역의 통과를 최소화하도록 가로망을 계획하고 있다. 주차장으로 거주자 및 이용객의 편의를 위하여 상행위 등 많은 이용인구를 유발하는 상업기능 등에 인접하여 주차장을 설치하도록 (총 49개소) 하였다.

청약 자격
공급방식
-특별공급: 신혼부부용 등 다양한 특별공급
-특별공급 물량: 신혼부부특별공급(혼인기간 5년이내 자녀가 있는 자) 30%, 경제자유구역특별공급(구역 내 외국인 투자기업에 종사하는 자) 2%, 3자녀특별공급(만 20세 미만의 직계자녀 3명을 둔 자) 3%, 기타 특별공급(장애인이나 국가유공자 등) 10%
-일반공급 : 특별공급 대상자를 제외한 일반 청약자를 대상으로 공급.

청약자격
-특별공급은 청약통장 없이 자격만 갖추면 신청 가능. 신혼부부 등 일부의 경우 청약통장 제한 있음.

-일반공급은 민영주택인지 공공주택인지여부와 전용면적 간에 청약자격의 차이가 있음
　-전용 85㎡ 이하 공공주택은 청약저축자 대상
　-전용 85㎡ 이하 민간주택은 청약예금, 부금 대상
　-전용 85㎡ 초과는 공공, 민간주택 상관 없이 청약예금 가입자 대상
　-전체 공급물량의 30%를 1년 이상 인천 거주자에 우선공급
　-나머지 70%는 지역 우선공급 탈락자와 인천 이외 서울, 수도권 거주자 몫

전매제한 기간
　-전용 85㎡ 이하 : 3년
　-전용 85㎡ 초과 : 1년

다양한 세금 혜택
　-비과밀억제권역인 영종지구(성장관리권역)는 입주 후 5년 내 팔 경우 양도세를 전액 면제받음
　-5년 이후 양도할 때는 5년간의 양도차익를 제외하고 일반 세율(6~33%) 및 장기보유 특별공제 (최대 30%) 적용
　-내년 6월 말까지 취득하면 취득, 등록세 각각 50% 감면

● 청라지구

입지여건 검단, 한강신도시 개발의 시너지를 기대하며 인천광역시 서구 경서, 원창, 연희동 일대(1777만1448㎡)에 조성하고 있으며 인천경제자유구역 중 서울과 가장 가까운 곳으로 주변에 인천 검단신도시, 김포한강신도시가 있고 동쪽에는 가정뉴타운을 비롯해 인천 도심부가 가깝다. 서울과 직선 30km 거리에 있고 아직 교통여건이 좋지 않아 서울로 다니기는 불편하지만 향후 교통망이 확충되면 서울 및 인천 각지로 다니기 편해질 것으로 보인다.

서울 지하철 7호선 온수역에서 인천지하철 1호선 부평구청역을 잇는 서울지하철 7호선 연장선이 청라지구까지 8.4km 추가 연장될 계획이고 경인고속도로 직선화 사업으로 서인천 나들목에서 청라지구까지 직선으로 연결될 예정이다. 청라지구와 영종도를 잇는 제3연륙교 건립도 추진되고 있으며 청라지구 북쪽에 들어서는 인천공항철도 청라역을 이용하면 서울역까지 30분대에 이동 가능해짐.

교통계획 인천국제공항 고속도로, 수도권 제2외곽순환 고속도로, 경인고속도로 직선화도로 및 중봉로 경명로 등 지역간 연계도로와의 합리적인 연결체계를 구축하고 간선도로의 일부구간 입체화(고가 지하차도) 및 교차점의 적정거리 이격으로 통과교통 배제 및 원활한 교통소통 도모하게 한다.

가로망의 단순, 명료한 접근체계 구축으로 도시인지성 향상 및 차량간섭을 최소화한 보행체계 구축하고 경인고속도로 직선화사업을 2013년에 완료하고 서울 목동에서 출발해 청라지구 남측에 위치한 청라나들목으로 진입할 경우 20~30분 이내에 서울 도심권에 연결가능하게 된다. 청라~서울화곡동 간 BRT(간선급행버스체계)노선 개통(2012년)으로 서울 서부권 진입이 한층 수월해 질 것으로 예상되고 서울5호선 화곡역과 연계(30분)하고 인천~김포간 제2수도권외곽도로 건설 청라지구 관통 예정에 있고 영종도와 연결되는 청라대교 건설도 예정되어 있다.

철도 청라지구 북측에 인천국제공항철도의 청라역을 신설함으로써 대중교통에 의한 광역적 접근성을 제고하고 복합역사 및 주변상권에 의한 구역활성화 도모하기 위해 인천공항철도 청라역(2010년)을 신설할 예정이며 김포공항에서 5호선, 9호선 환승 가능토록하며 청라역 개통시 도보이용은 다소 어려울 듯 하나, 대중교통 이용시 5~10분내 접근이 가능하다. 지하철 7호선 온수역과 연결 예정(향후 계획)에 있어 강남권에 보다 빠르게 도착할 수 있을 것으로 보인다.

개발계획 레저, 스포츠, 첨단산업단지도 조성을 위해 주택인구 계획으로는 3만1035가구(단독:1660가구, 공동:2만6125가구, 주상복합:2905가구, 기타: 345가구)의 주택을 건설하고 9만명 (가구당 2.9명 기준)의 인구를 수용 할 예정이다.

그린네트워크로 자연수림대를 조성하고 청라지구를 관통하는 길이 6km에 달하는 공촌천, 심곡천을 친수환경적인 공간으로 적극 활용하고 지구 중앙에 중앙호수공원(폭 400m, 길이 2km)을 설치한다.

동서방향의 폭원 50m, 길이 4km의 보행공원, 2개의 중 생활권 중심부의 대규모 근린공원을 연계한 그린네트워크(Green Network)를 구축하여 쾌적한 주거환경 도모하고 지구중심에 북한까지 조망할 수 있는 시티타워 건설과 배를 타고 관광과 레저 활동을 할 수 있는 운하를 계획하는 등 청라 경제자유구역의 상징성과 지역의 랜드마크적인 요소를 적극 도입해 경제자유구역 도시매력을 창출한다.

최첨단 도시로 청소차가 없는 자동크린넷(Clean Net) 시설을 도입하고 최첨단 U-City 조성 등을 통해 도시 안전성, 환경 친화적 향상에 의한 도시의 가치 증가, 기상정보, 환경정보, 생활정보 등 다양한 정보를 통합 관리해 신속한 정보를 제공키로 한다.

또한 도시정보화를 통한 공공정보 및 도시포탈 서비스 확충으로 도시경쟁력을 강화하기로 했다. 국제도시로서 충분한 기반시설이 구축된 매력적인 공간을 창출하고 거주자 및 방문객의 소비욕구를 충족시킬 수 있는 다양한 상업시설 확보하고 외국인의 취향과 정주환경을 고려한 주거 및 지원시설 제공한다.

국제 금융기능 강화를 위해 도시의 기능적, 환경적, 제도적 기반을 완벽히 구축함으로써 경쟁력 있는 국제금융, 업무도시로 개발하고 세계적으로 유명한 기업, 교육기관, 의료기관 등의 적극적 유치로 청라지구의 국제적인 지명도를 높인다.

기업 활동을 위한 최상의 업무환경조성으로 국제적인 금융 업무도시 개발, 활발한 경제활동과 국제 업무지원을 위한 국제교류 및 전시시설 유치하여 최상의 비즈니스 환경을 제공하고 고부가가치 산업인 첨단 화훼단지 조성으로 자족기능을 강화시킨다.

편의시설을 확보하여 수준 높은 주거환경 조성 및 첨단의 정보, 통신기술을 이용한 유비쿼터스(Ubiquitous) 도시 실현, 국내, 외 체류 및 방문객의 목적, 기간 등에 따른 다양한 숙박시설 및 편의시설 확보하고 건전하고 지속가능한 도시환경 조성 및 주민의 여가, 휴식을 위한 충분한 공간을 제공한다. 다양한 문화 환경으로 세계의 다양한 음식을 접할 수 있는 식당가 형성을 유도하여 외국인의 편의 및 내, 외국인간의 자연스러운 교류 공간 제공하고 쾌적하고 수려한 환경도시 창출을 위하여 공원, 녹지와는 별도로 화훼단지, 골프장, 테마파크 등의 가능한 많은 녹화 공간 확보가 용이한 대규모 시설을 유치한다.

관광 및 위락시설로 대규모의 특색 있는 관광 위락시설을 도입하여 주민의 여가활용뿐만 아니라 국내 외 관광객을 유치함으로써 활기 있고 재미있는 도시이미지 창출하고 국제도시로서 수준 높은 문화예술에 대한 욕구를 충족시킬 수 있는 문화공간을 제공할 계획이다.

청라지구 주요 개발 계획

국제업무타운조성 내용

위 치 : 청라지구 내 4,8블럭
면 적 : 127만4000㎡
구 성 : 국제업무시설, 멀티쇼핑몰 등
사업시행자 : 한국토지공사
사 업 비 : 6조 2000억원
사업기간 : 2007 ~ 2015년
향후추진계획 : 기본설계 및 실시설계 착수, 각종 인.허가

금융허브조성 내용

위 치 : 청라지구내 10블럭
면 적 : 52만7000㎡
구 성 : 컨벤션센타, 쇼핑몰, 호텔, 외국인전용주거단지 등 (77층 트윈랜드마크빌딩 건설)
사업시행자 : 한국토지공사
사 업 비 : 5조 7000억원
사업기간 : 2007 ~ 2021년
향후추진계획 : 우선협상 대상자 지정, 사업협약 체결

테마파크골프장 조성 내용

위 치 : 청라지구내 1,2블럭
면 적 : 152만2000㎡
구 성 : 27홀 골프장, 골프빌리지 200호
사업시행자 : 한국토지공사
사 업 비 : 5315억원
사업기간 : 2006 ~ 2010년
향후추진계획 : 개발계획 및 실시계획 변경, 착공

로봇랜드조성 내용

위 치 : 청라지구내 5블럭
면 적 : 79만1000㎡
구 성 : 로봇을 주제로하는 산업연계형 테마파크
사업시행자 : 한국토지공사(인천시)
사 업 비 : 7855억원
사업기간 : 2009 ~ 2013
향후추진계획 : 로봇랜드조성 예비타당성조사 결과 확정

첨단산업단지(IHP)조성 내용

위 치 : 청라지구 남측
면 적 : 146만4000㎡
구 성 : 외국인투자기업(자동차 부품제조업 등)
GM대우 R&D센터 등

사업시행자 : 한국토지공사(인천시)

사 업 비 : 5326억원

사업기간 : 2006 ~ 2011년

향후추진계획 : IHP 실시계획 승인 협의, 승인 신청

화훼단지 조성 내용

위 치 : 서구 경서동 일원

면 적 : 41만2000㎡

구 성 : 화훼단지의 첨단화, 집단화

사업시행자 : 한국농촌공사

사 업 비 : 1216억원

사업기간 : 2007~2012년

향후추진계획 : 2025 도시기본계획 반영, 개발계획 변경 승인

주택건설계획 전용 85㎡ 초과 가구 수가 60% 차지, 인구 9만명, 3만1035가구 건립하는데 단독주택 : 1660가구, 공동주택 : 2만6125 가구, 주상복합 : 2905가구, 기타 : 345가구가 들어서게 되며 전용 60㎡ 이하, 60~85㎡, 85㎡ 초과 공동주택 용지 배분 비율은 1 : 2 : 7이고 공급가구 비율은 2 : 2 : 6이 되게 계획되어 있다.

● 삼송지구

입지여건 경기도 고양시 덕양구 삼송동, 신원동, 오금동, 대자동, 용두동 일원에 위치하고 개발면적 506만8759㎡에 사업기간은 2006.12 ~ 2011.12에 걸쳐서 시행되게 되며 시행자로 한국토지공사, 총 사업비 5조822억원 (용지비 3조225억원, 조성비 2조596억원)이 투입하게 된다. 주변 환경으로 동측에 북한산 국립공원, 노고산 도시자연공원, 남측엔 서오릉도시자연공원, 서측에는 한양CC, 뉴코리아CC가 있어 쾌적한 주거환경이 마련되어 있고 지방2급 하천인 곡릉천, 창릉천, 오금천이 지구 남, 북측에서 한강으로 흐르고 있어 뛰어난 자연생태환경과 쾌적한 주거지역으로서 주목을 받아온 지역이다.

개발컨셉트

주변 자연환경 활용한 친환경 도시 조성 주변 천혜의 자연환경을 최대한 살려 산수화(山水花) 풍경이 흐르는 친환경도시 '삼송'을 개발컨셉트로 북한산을 이웃한 풍부한 자연경관자원을 활용한 그린네트워크(Green Network)를 구축하고 입주민들이 집에서 북한산을 포함한 주변의 경관을 최대한 누릴 수 있도록 단지계획 수립한다. 삼송지구를 횡단하는 대표적인 혐오시설인 철탑은 지중화(약 5km)로 예정되어 한전과 협약체결을 앞두고 있으며 지구 내에는 전신 및 통신주가 없는 쾌적한 주거단지로 조성하기로 했다.

친수공간 어우러진 블루 네트워크 조성 창릉천을 포함한 기존의 소하천을 이용한 블루 네트워크(Blue Network)를 동시에 구축하여 단지내 주민들이 걸어서 200~300m내에서 다양한 시설이 배치된 친수공간과 접할 수 있도록 설계한다.

방송미디어 복합단지 삼송브로멕스 조성 신도시의 자족성을 높이면서 일자리를 창출할 수 있도록 교양방송, 영상 산업과 관련된 디지털 미디어 R&D센터 및 교육, 제작센터 등의 삼송 미디어파크(Media Park) 조성 위한 도시지원시설용지 33만m^2 이상 계획하고방송미디어 복합단지인 삼송브로멕스는 고양시가 차세대 주력사업으로 추진하고 있는 프로젝트로 방송사 및 방송영상관련 기업본사를 이전하여 방송영상제작, 교육시설이 조성 될 것이며 수도권 서북부의 새로운 성장 거점으로 육성하게 된다.

추진경위 및 계획
- 2004. 12. 31 : 고양삼송 택지개발예정지구 지정(건설교통부 고시 제2004-465호)
- 2006. 12. 11 : 택지개발계획 승인(건설교통부 고시 제2006-526호)
- 2007. 05. 18 : 예정지구 지정 변경 및 개발계획 변경 승인 (건설교통부 고시 제2007-169호)
- 2007. 11. 06 : 개발계획 변경 및 실시계획 승인(건설교통부 고시 제2007-469호)
- 2008. 07. 14 : 조성공사 착공
- 2011. 12. 31 : 사업 준공(예정)

인구 및 주택 수도권 서북부 주거지로 각광 받는 삼송지구엔 2만1597가구, 5만8317명이 거주하게 되며 은평 뉴타운과 붙어있어 주변 주거수요를 흡수할 것으로 기대된다. 단독주택 1550가구, 공동주택 2만138가구, 주상복합 438가구 건립 예정으로 인구밀도는 117.8인/ha 예상하고 있다.

세부개발계획
파크코리도 기법 적용한 단지 신도시 전역에 걸쳐 주민들이 쉽게 공원·녹지 및 하천으로 접근, 활용할 수 있는 20km에 달하는 마라톤 코스와 25km에 이르는 자전거전용도로 조성하고 노고산 도시자연공원 남서측, 삼송지구 북측 오금동 일대는 기존 하천과 주변지형을 활용해 파크코리도(Park Corridor) 기법을 적용해 전원주택, 클러스터형 단독주택, 타운하우스 등 다양한 생태 주거유형을 도입하게 된다. 커뮤니티 기능과 자족기능을 복합화한 커뮤니티 코어와 커뮤니티 센터를 주민들이 주로 활동하는 생활가로에 집중 배치하여 커뮤니티 중심의 지역 연결망 구축하게 된다.

다양한 휴게공간 조성 도심보다 온도를 낮춰 열섬효과를 완화시키는 수도권 최고의 친환경 건강 주거단지로 만들고 단지 중앙에 흐르는 창릉천 고수부지 및 주변 근린공원 등은 이용자의 특성에 맞게 주민교류마당인 커뮤니티회랑과 청소년을 위한 X게임장등의 레크레이션 마당조성을 포함한 건강회랑, 하천과 주변의 공원, 녹지를 연계한 생태회랑 등으로 조성해 주민들의 휴식공간으로 꾸미게 된다.또한 장애인복지시설, 노인복지시설, 아동복지시설을 통합하여 지구 중심에 배치한 종합사회복지시설은 사회적 약자를 배려하고 휴머니티 기능 강화하도록 한다.

교통계획 서울과 각 지역 잇는 다양한 교통망 구축삼송지구는 서울시청과 12km거리. 서울 도심까지 20분이면 접근 가능한 서울 생활권으로 지하철 일산선 삼송지구 통과와 서울 외곽순환도로 통일로 나들목 200m 거리에 있으며 주요 간선도로는 통일로, 고양대로, 서오릉로, 수색로, 자유로, 제2자유로 등을 이용가능하고강매 ~ 원흥간도로, 기자촌 ~ 향동 ~ 가양대교 잇는 도로를 신설 또는 확장 예정이다.삼송지구 주변 18개 노선, 29.5km 도로 신설 또는 확장 예정으로 있으며 행진2지구 ~ 삼송지구간 도로, 삼성지구~행신2지구~방화대교 연결하는 6차선, 3.4km도로 개통되면 일산신도시와 은평구 신사동을 연결하는 백신도로와 서오릉로가 남북축으로 연결된다.은평뉴타운 ~ 향동지구 북단 연결하는 4차선 1.9km 도로 신설되면 고양시 북부에서 강변북로로 진입 훨씬 쉬워지고 삼송지구 내 원흥동에 2013년까지 일산선 전철구간에 원흥역을 신설하고 삼송지구 내에 지하철 역 2개소가 설치된다.

청약자격
- 고양시 거주자 30% 우선 공급
- 서울과 기타 수도권 거주자는 나머지 70%에 신청
- 전용 85㎡ 이하 공공주택 : 청약저축
- 전용 85㎡ 이하 민간주택 : 청약예금, 부금
- 전용 85㎡ 초과 : 공공, 민간주택 상관없이 청약예금

예상분양가
- 중소형 기준으로 3.3㎡당 1000만원선

전매제한

–고양시는 과밀억제권역

–전용 85㎡ 이하 : 5년

–전용 85㎡ 초과 : 3년

양도세 감면

–고양시는 과밀억제권역으로 5년간 양도세 60% 감면

–5년 이후 양도할 때는 5년간의 양도차익 60% 제외하고 일반세율(6~33%) 적용

● 한강신도시

입지여건 경기도 김포시 장기동, 운양동, 양촌면 일대로 주변 개발의 호재도 많고 사업면적은 1085만1319㎡로 김포시 최대 규모이다. 서울 강서구에서 자동차로 30분 거리로 한강을 사이에 두고 파주시와 일산신도시가 서로 마주하고 있다. 김포시에서 추진된 택지개발지구 중 가장 큰 규모로 인근에 사우지구와 김포시청이 있고 한강변을 따라 59만4000㎡ 생태공원이 개발 중이고 165만㎡ 규모의 양촌 지방산업 단지도 인근에 건립 중이다. 주변에 학교, 대형마트, 체육관, 시민회관, 공공기관 등도 다양하고 장기지구가 편입되면서 경기도 대표 주거단지로 각광받을 전망이다.

교통환경 인근 9호선 김포공항역에서 김포 신도시까지 연결되는 경전철이 2011년 개통될 예정이고 김포고속화도로가 신설 돼 올림픽도로와 연결될 예정이다.

국토48호선의 구간별 입체화를 유도하고 주간선도로는 김포 신도시와 연계해 단지 내 구간 및 국도48호선과 연결되는 진입도로로 단지 내 구간은 폭 40m로 계획하고 있다.

보조간선도로로는 주간선도로를 중심으로 동서축 3개 노선, 남북측으로 2개 노선을 계획해 보조진입기능과 집분산도로에 연결기능을 병행토록 하였다.

집산도로로 교통의 분산기능을 위해 단지 규모에 따른 교통량을 감안해 상업지역은 폭 15m, 남측 연립주택과 북측 이주자택지는 폭 11m로 구상하고 있고 보행자도로로 보행이 활발한 지역인 상업지역에는 폭 8m 보행자도로를 주차장과 연계할 계획이고 지구 내 보행네트워크 구축을 위해 보행자로도로(폭 6m)를 조성할 예정이다.

자전거전용도로로 단지전체가 자전거를 통해 주용시설 접근 가능토록 할 계획이며 폭 20m이상 도로에 설치될 예정으로 보도와 단지사이에 폭 1.5m이상으로 만들 예정이다.

개발계획 생태환경지구, 문화교류지구, 복합업무지구로 공간별 컨셉을 잡아 공간성격 구분 및 특성화를 유도하고 생태환경지구에는 생태체험, 학습 공간도입, 문화예술의 거리를 조성할 계획으로 아트빌리지 등 문화도시로서의 기반을 닦을 예정이고 중 저층 위주의 전원형 주거단지를 조성하게 된다.

문화교류지구는 김포대수로의 선형변경 및 문화형 상업기능을 도입하고 고층 위주의 공동주택단지가 조성될 예정이다.

복합업무지구는 중심상업 지구로 업무, 커뮤니티회랑의 연계체계를 구축할 계획이며 초고층 주상복합과 다양한 유형의 공동주택이 조성될 예정이다.

풍부한 공원녹지 공간계획의 일환으로 주변 자연환경과 도시 내를 연계하는 공원존치체계를 구축하여 공원녹지율 31%를 회복해 1인당 공원녹지면적 23㎡를 계획하고 있으며 지구별 특성화 된 주제공원(7개소) 및 각 생활권 단위별로 근린공원(15개소), 어린이공원(16개소), 소공원(20개소)을 만들 예정이다.

다양한 문화, 복지시설을 구축하기 위해 공공시설을 마련할 예정으로 예술의 전당 등의 입지가 가능한 대규모 문화예술센터와 에코센터를 계획하고 도서관은 공원과 연계해 지구 생활권별로 1개소씩, 그밖에 보육시설, 문화예술 촌, 종합의료시설을 갖출 예정이다.

그밖에 초등학교 13개, 중학교 6개, 고등학교 5개 개교할 계획이며

클린도시 조성을 목적으로 자동집하시스템에 의한 쓰레기 처리계획을 수립했고 에너지 공급을 위한 열 공급설비 계획으로 자기완결형 공급처리 시설계획을 마련했다.

주택건설 및 분양계획 김포 한강신도시에는 5만388가구 들어서게 된다. 2008년 9월에 우남건설의 우남퍼스티빌을 시작으로 올해 우미건설의 우미린이 분양 스타트를 끊었고 하반기부터는 KCC건설, 성우종합건설, 화성산업이 분양을 시작할 예정이다. 올해 6월 분양한 우미린은 1, 2순위서 미달, 3순위서 1.2 ~ 1.7대 1의 경쟁률로 마감된 상황이라 청약경쟁은 덜 치열할 전망이다.

● **파주신도시**

위치도

청약안내 판교, 광교와 함께 수도권 2기 신도시 '빅3'로 꼽히는 파주 신도시에서 이달 민간아파트 5068가구가 동시분양 형태로 쏟아져 나온다. 전용면적 85㎡ 이하 중소형(2467가구)과 85㎡ 초과 중대형(2601가구)이 고루 섞여 있다.

당초 동시분양에 참여할 예정이었던 벽산건설·우남건설(A8 블록 958가구)은 착공계 제출이 늦어져 분양일정이 다소 늦춰졌다.

모두 분양가 상한제가 적용되며 청약가점제 대상이다. 동시분양 참여업체들은 23일 입주자 모집공고를 낸 뒤 28일 1순위 청약을 받는다. 파주 신도시는 규모가 워낙 큰 데다 파주 LCD단지 및 남북교류 협력단지 조성, 경의선 복선 전철 개통, 제2자유로 건설 등 매머드급 개발 재료도 많아 주택 수요자들의 관심을 끌 것으로 보인다. 이번 물량을 제외한 파주 신도시 공급 물량은 내년부터 2010년까지 순차적으로 분양될 예정이다. 2009년 개통하는 경의선 복선전철 운정역 인근 단지가 인기를 끌 것 같은데 경의선을 이용하면 서울로 접근하기 쉬운 데다 운정역 주변에 대규모 상업시설이 들어설 예정이기 때문이다. 이번 동시분양 물량은 분양가 상한제가 적용돼 중소형 아파트는 ㎡당 287만원(평당 950만원) 안팎, 중대형은 333만~363만원(평당 1100만~1200만원) 선에서 분양가가 결정될 전망이다.

지난해 고분양가 논란을 일으켰던 파주신도시 한라비발디 분양가(㎡당 393만원)보다 훨씬 낮은 수준이다. 인근 교하지구 기존 아파트값(중소형 ㎡당 340만원·중대형 419만원)보다도 ㎡당 53만~86만원 싸다. 일산신도시와 비교하면 가격 차는 더 벌어진다. 일산 아파트값은 ㎡당 393만~484만원(평당 1300만~1600만원) 선이다.

파주시 교하읍 공인 사장은 "각종 개발 호재로 미래 가치가 높은 데다 분양가도 싸 파주시 거주자는 물론 인근 고양시 등 수도권 서부지역 주택 수요를 상당수 흡수할 것 같다"고 말했다.

전문가들은 파주신도시 청약 가점 커트라인을 중소형 50점대, 중대형 40점대로 보고 있다. 분양가가 싸 무주택 실수요자들이 청약이 많이 나설 것이란 판단에서다.

중소형 청약가점 커트라인 50점대 예상 청약가점이 50점이 되려면 무주택기간 10년(22점), 부양가족 3명(20점), 청약통장 가입기간 6년 이상(8점) 등의 요건을 갖춰야 한다. 공급 물량이 워낙 많은 데다 단지별 입지 여건도 달라 일부 단지에선 미분양 가능성도 적지 않은 만큼 가점이 낮더라도 청약에 나서는 것이 좋겠다. 동시분양 방식이어서 중복 청약할 수 없다.

여러 단지 중 한 곳만 골라 청약해야 하는 것이다. 판교, 동탄 등 다른 신도시와 같이 청약 접수 전에는 사이버 모델하우스만 공개된다. 전매제한 기간이 길다는 것도 유의해야 한다. 중소형은 계약 후 10년, 중대형은 7년간 아파트를 팔지 못한다. 아파트 공사 기간(2년 6개월~3년)을 감안하더라도 입주 후 4~7년간 집을 되팔 수 없는 것이다. 장기간 자금이 묶이는 데다 담보 대출을 통해 분양받는 수요자는 오랜 기간 이자를 물어야 한다. 따라서 자금 마련 계획을 구체적으로 세운 뒤 청약하는 것이 좋다.

파주 신도시는

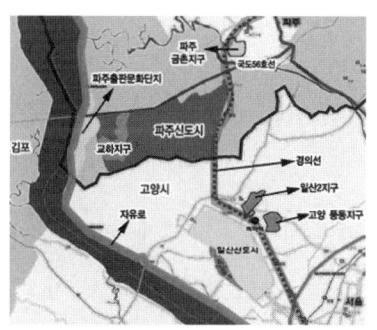

파주시 교하읍 동패, 야당, 와동, 다율리 일대에 조성된다. 1647만7000㎡(498만평) 규모다. 여기에 지난해 신도시에 편입한 교하지구(204만4000㎡)를 합치면 전체 면적은 1852만1000㎡(560만평)으로 늘어난다. 분당신도시(1963만9000㎡)와 맞먹는다. 이곳에는 아파트 7만4197가구와 단독주택 4007가구 등

8만54가구가 들어설 예정이다.서울에서 15km, 일산신도시에서 2km 거리다. 수도권 서북부의 거점도시로 개발되는 만큼 향후 '파주 ~ 김포 ~ 인천 검단'으로 이어지는 수도권 서북부 주거벨트의 중심축을 형성할 것으로 보인다. 파주 신도시는 신도시 중앙에 대규모 생태공원, 호수공원, 용정저수지 등이 들어서는 등 친수(親水) 환경 생태도시로 조성된다. 다만 교통 상황은 아직까지 좋은 편이 아니다. 서울로 가는 거의 유일한 도로망인 자유로의 경우 출퇴근 시간대에 체증이 심하다. 하지만 2009년까지 경의선 복선전철과 제2자유로(대화 IC~강매 IC), 김포~관산간 도로, 서울~문산간 도로 등이 완공되면 교통 여건은 개선될 전망이다.

파주신도시 동시분양 청약 일정 및 자격

입주자모집공고 사이버 모델하우스 개장 11월 23일

1순위 청약일 11월 28일

분양 물량 배정, 청약 자격 −파주시 거주자에게 30% 우선 공급(입주자 모집공고일 기준으로 1년 이상 파주시에 거주)

−나머지 70% 서울, 수도권 거주자청약 가능

주택 전매 제한 기간 − 전용면적 85㎡ 이하 중소형은 계약 후 10년, 전용면적 85㎡ 초과 중대형은 7년

청약 가점제

민간아파트청약 25.7평 이하 = 가점제 75% +추점제 25%

25.7평 초과 = 가점제 50% +추점제 50%

가점제 내용 : 무주택기간, 부양가족수, 통장가입기간

유주택자 1순위 범위

가점제 1주택 보유 = 1순위 배제, 2순위 인정

2주택 이상 = 1순위 배제, 2순위 감점제

추점제 1주택 보유 = 1순위 인정

2주택 이상 = 1순위 배제, 2순위 인정

● 양주신도시

양주 위치도

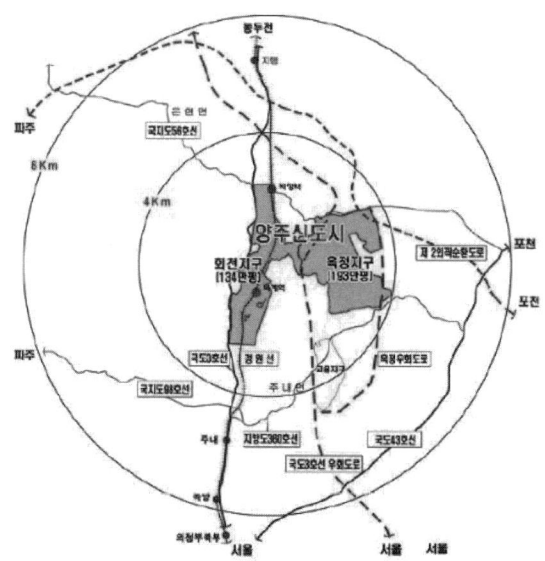

입지현황

입지여건 양주고읍지구는 경기도 고읍동, 만송동, 광사동 일대에 1,484천㎡ 규모로 서울 북동측 28Km지점에 위치하고 경원선과 국도3호선으로 이어지는 의정부 ~ 동두천 개발 축 상에 있으며 주변에 185만평의 양주 옥정지구와 36만평의 양주광석지구가 지난 2004년 12월 지구로 지정되었다.

고읍지구는 약 8천7백6가구가 들어서 2만5천189명을 수용하는 도농복합도시로 조성될 예정이며 토지이용계획에 의하면 주거용지 36.3%(16만2천평), 상업용지 2.8%(1만2천평), 산업용지 3%(1만3천평), 공원녹지 28.9%(12만9천평), 도로 등 공공시설 29%(13만평)로 각각 개발하고 사업기간은 2004년에 시작, 오는 2008년까지 진행된다.

사업개요

위치 경기도 양주시 고읍동, 만송동, 광사동 일원
면적 1,484천㎡ 수용인구/수용호수
  2만5천1백89인 / 8천7백6호
공동주택 8천2백55가구
공원녹지/학교 20만1천㎡ (13.6%) / 9만8천㎡ (6.6%)

별내지구

입지여건 경기도 남양주시 별내면 화접리, 광전리, 덕송리 일대에 위치하고 개발예정 면적은 509만 1574㎡ 에 이른다. 예정 사업기간은 2005.12.20 ~ 2011.12.31 으로 되어 있고 시행자는 한국토지공사이다. 2012년까지 국민임대주택 100만호 건설 정책에 따라 추진된 택지개발사업으로 주위 환경은 수도권 동북부 지역 택지지구로 주변이 그린벨트(개발제한구역)으로 둘러싸여 녹지공간 풍부하고 서울외곽순환도로를 비롯해 국도 4개 노선(6, 43, 46, 47호)이 지나고 있고 2011년께 경춘선 별내역이 개통 예정으로 있고 서울과 경기 동북부 지역의 중심도시로 발전 기대감이 매우 높은 곳이다.

개발목적 서울 기능 분담 및 지역성장 거점도시로서 물류 유통기능 유치를 통해 서울 기능 분담 및 권역 내 생활중심 기능을 확보하고 경춘선, 중앙선, 수도권 광역철도가 교차하는 요충지로 개발한다. 수도권 동북부 중심도시로서 수도권 동

북부 지역에서 발생하는 단기적인 주택수요 흡수하고 권역 내 특화산업 구조 고도화 및 성장촉진을 위한 도시형 제조 및 특화 산업을 유치하고 저소득층과 중산층이 사회적으로 혼합할 수 있는 도시로 개발하고 저소득층 주거안정 도모, 저소득층의 소외감과 지역주민간의 갈등을 해소할 수 있는 주거복지 공간을 실현하고자 한다.

자연과 사람이 공존하는 고품격 교외전원도시로서 기존 자연환경을 보전, 활용해 레저 활동이 포함된 전원도시를 구현하고 도시환경의 자생적인 복원이 가능하도록 생태복원 기법 도입하고 주변 자연자원과 도시내부 공원과 연결하고자 한다.

주택건설 및 분양계획 인구는 7만 2417명으로 주택은 총 2만584가구로 임대 1만1294가구(54.8%), 분양 7451가구, 혼합형 1839가구로 구성되어 있다.

세부 개발계획 기본방향은 외곽순환고속도로에 의한 지역 단절을 극복하고 대중교통과 녹색교통중심의 친환경 도시체계 구축하고 별내 역세권의 대규모 개발을 통한 지역의 중심 기능을 부여하고자 한다.

'J'자형 도시구조로 도시 각 부분에서 도시 중심성을 향하는 단순하고 기능적인 구조로서 외곽순환고속도로 및 군도 1호선으로 단절된 지구를 남북간 – 동서간을 유기적으로 연계하고 여러 요소에 의해 나뉜 도시공간을 단순한 동선에 의해 최대한 통합한다.

각 생활권의 중심성을 확보하고 공공시설로의 접근을 쉽게 하기 위해 사업지안에 있는 덕송천, 용암천변으로 선형으로 복합기능 배치, 근린생활시설, 소규모 문화시설, 공공청사 등을 녹지 속에 복합으로 커뮤니티 회랑을 조성하여 주거 커뮤니티가 지구 중심의 각 부분을 관통하는 공원형 중심벨트로 하고 공원과 더불어 근린생활시설을 배치해 이용의 편의성을 높이고자 한다.

도시 개발목표인 지역 중심성 확보 위해 단핵구조로 조성하고 도시 중심에는 문화, 판매, 위락, 문화 등 다양한 기능을 집적해 중심의 영향권을 갖도록하게 하고 신설되는 역세권으로 접근하는 명확한 동성을 형성해 상업과 업무의 일부 산업을 집적시켜 자족기능을 극대화하기로 하였다.

생활권을 3개권으로 나누고 각 생활권의 중심이 커뮤니티 회랑을 향할 수 있도록 계획하고 지구 북측 생활권과 동측 생활권은 하천을 중심 커뮤니티 회랑을 중심으로 생활권 형성하고 서측 생활권은 별내역 - 중앙공원 - 불암산으로 이뤄지는 커뮤니티 회랑을 중심으로 생활권 형성할 계획이다.

교통계획 수도권 및 강북 광역교통망 확충으로 남양주 광역철도망 확충계획과 연계해 북부권역의 거점지역으로서의 교통망 구축예정으로 중앙선 (청량리~덕소(18km)), 경춘선 (청량리~춘천(57.8km)) 과 수도권 외부순환선 (의정부~도농~광주(44.2km))의 확충과 경춘선 복선화 사업으로 사업지구 남단에 철도 노선을 신설하고 인근 갈매역사 및 퇴계원역사와의 역간격 등을 감안해 지구 내 역사를 신설을 추진하고 있다.

청약자격

청약자격 남양주 1년 이상 거주자에 30% 우선 공급하고 서울과 기타 수도권 거주자는 나머지 70%에 신청이 가능하다.
 −전용 85㎡ 이하 공공주택 : 청약저축
 −전용 85㎡ 이하 민간주택 : 청약예금, 부금
 −전용 85㎡ 초과 : 공공, 민간주택 상관없이 청약예금

전매제한 남양주는 과밀억제권역
 −전용 85㎡ 이하 : 5년
 −전용 85㎡ 초과 : 3년

양도세 감면 남양주시는 과밀억제권역으로 5년간 양도세 60%를 감면하고 5년 이후 양도할 때는 5년간의 양도차익 60% 제외하고 일반세율(6~33%)로 적용한다.

● 송파 신도시

사업개요 위치는 서울 송파구 거여, 장지동, 경기도 성남시 창곡동, 하남시 학암동 일원으로 676.8만㎡ 면적으로 공동주택 4만8천6백20가구(단독주택 7백94가구 포함)과 함께 주택 규모 총 4만9천4백14가구를 유치하고 사업기간은 2006.07 ~ 2011.12 으로 예정되어 있다.

사업추진일정
2007.9 - 개발계획 승인
2007.12 - 보상착수
2008.6 - 실시계획 승인
2008.9 - 공사착공
2009.9 - 주택 최초 분양
2011.12 - 최초 입주

입지여건 서울 강남역 동남쪽 10km 지점, 서울 송파구, 경기 하남시·성남시 일원에 위치에 위치하여 입지여건이 매우 뛰어나다. 신도시 주변에 송파 장지지구, 동남권 유통단지, 거여·마천 뉴타운 개발 호재 등이 풍부하고 신도시 내에 위치한 군 시설은 이전하기로 확정되어 있다.

블록별 입지현황 및 위치도

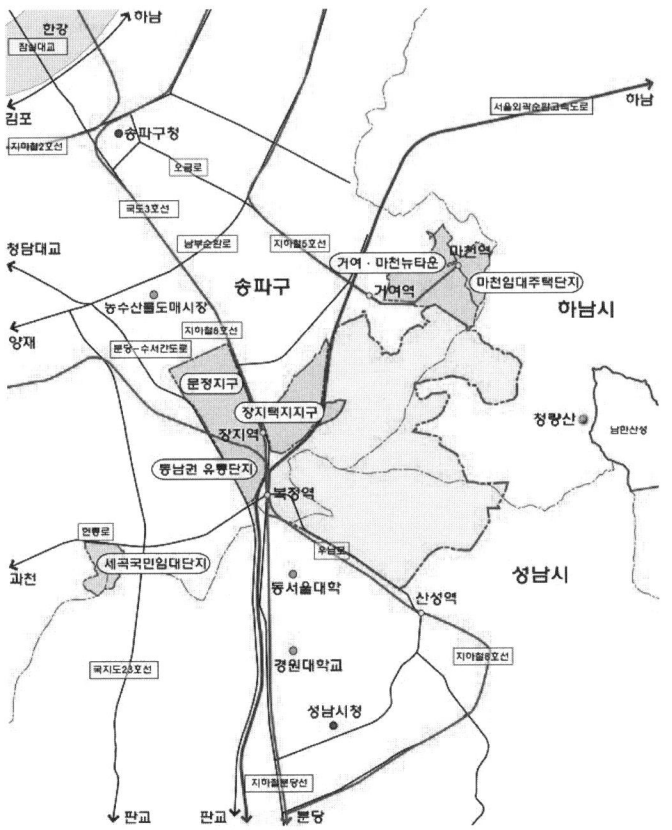

미래형 웰빙 도시, 송파신도시 강남지역의 주택부족, 특히 중대형주택 부족으로 인한 주택시장 불안을 근본적으로 해소하기 위해 건설되는 신도시다. 송파신도시는 서울 강남역 동남쪽 10km 지점에 떨어져 있으며 송파구, 경기도 하남시, 성남시 일원에 위치하고 있는 지역으로 청량산 자락(남한산성

도립공원)에 입지하고 있어 경관도 매우 뛰어나며 지구 서쪽으로 서울외곽순환고속도로 및 지하철 8호선(복정역), 북쪽으로 지하철 5호선(거여역)이 인접하고 있어 대중교통 여건 및 접근성이 매우 양호하다.

가락동 농수산물시장을 비롯해 문정동 상설할인매장을 차량으로 10분이면 이용할 수 있고 청량산, 검단산, 남한산성 등 주변 녹지율이 풍부해 주거환경이 쾌적한 편이며 서울외곽순환도로가 신도시를 따라 지나며 송파인터체인지가 신도시와 접해 있다.

서쪽으로 서울지하철 8호선과 분당선 환승구간인 복정역, 북쪽으로는 서울지하철 5호선 거여역이 위치하고 있고 교통시설이 잘 갖춰져 서울 강남권 접근성이 매우 뛰어난 장점이 있다.

송파, 성남, 하남 등 3개 지자체가 포함되어 개발되므로 입주민의 불편이 없도록 하기 위해 행정자치부, 교육부 등 관계부처 및 해당지자체와 협의해 나가고 초등 9곳, 중 5곳, 고 5곳이 들어설 예정이며 신도시 주변에는 거원초등, 거원중 등의 학군이 밀집돼 있다.

토지이용계획 총계 676.8(100%)(ha) 로 주택지 253.5(37.5%) 상업, 업무지구 46(6.8%) 도로 112.2(16.6%) 공원, 녹지지대

148.8(22.0%) 기타116.3(17.1%) 로 구성되어 있다.

송파신도시 개발구상 미래형 웰빙 주거도시를 만들기 위해 중대형 아파트를 40%이상 공급하여 주택가격 상승의 진원지인 강남의 수요를 흡수하여 서민주거안정을 도모할 예정이다. 또한, 범죄예방 설계를 통한 안전도시, 하수처리장 등 공급처리 시설을 지하화한 살고 싶은 도시로 만들어 나갈 계획이다.

또한 자연과 어우러진 환경 및 커뮤니티 도시를 만들기 위해 도시와 자연생태계간 상호작용을 촉진할 수 있도록 선 환경계획, 후 개발계획 수립을 원칙으로 지구내 소구릉지, 하천 등 소생물권을 보전하고 이를 생태교육의 장으로도 활용할 예정이다.

인접한 남한산성의 역사·문화적 요소를 최대한 활용하여 역사박물관, 역사 탐방로, 테마공원 등을 조성할 구상도 가지고 있다. 또한, 녹지대를 조성하고 그 주변에는 학교문화시설 등 공용공간을 배치하는 커뮤니티 회랑(Community Corridor)을 도입하여 사회계층간의 통합을 촉진할 수 있는 공간도 조성할 계획이다.

녹색교통·대중교통 중심도시를 만들기 위해 경전철, BRT 등 신교통수단 및 자전거, 보행자 위주의 녹색교통체계 구축방안 마련을 추진할 예정이다. 또한, 인근 개발사업과 연계하고 현재의 교통체계를 종합적으로 개선할 수 있는 광역교통개선대책도 마련하여 서울 도심접근성이 뛰어난 주거지로 조성할 계획이다.

송파신도시는 앞으로, 2007년 말 개발계획을 완료하고 2008 실시계획 승인을 거쳐 2009년부터 본격적인 분양을 추진할 계획이다.

광역교통대책 8호선 역사신설 등 대중교통 확충하고 경전철 등 신교통수단 도입 검토하고 있고 우남로, 오금로 확장 등 주변도로 7개노선 건설(10.6km)하고 외곽순환도로 송파 IC 접속체계 개선 등 방안을 강구하고 있다.

● 동탄 2지구

사업추진일정

2008. 02 - 예정지구 지정 (개발계획 포함)

2008. 05 - 보상착수

2009. 05 - 실시계획 승인 (택지공급 포함)

2010. 02 - 최초분양

2012. 09 이전 - 최초입주

입지여건 기존의 동탄신도시 동측에 2,180만㎡(660만평)규모로 개발하여 주택 10만 5천호(아파트 10만호, 단독주택 5천호), 인구 26만명 수용 (화성시 동탄면 영천리, 청계리, 신리, 방교리 일원)할 예정으로 자연과 경관을 고려한 친환경도시, 첨단 IT기술을 접목한 U-City시범도시, 인근의 첨단산업/연구 기능을 포괄하고, 비즈니스가 중심이 되는 명품 자족도시로 육성할 예정이다.

위치도

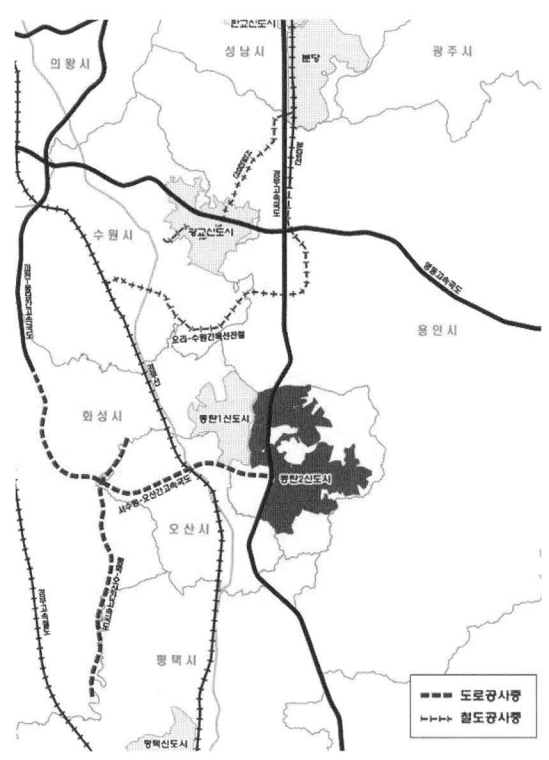

동탄 2지구 신도시 개요 기존의 동탄신도시 동측에 2,180만㎡(660만평)규모로 개발하여 주택 10만 5천호(아파트 10만호, 단독주택 5천호), 인구 26만명 수용 (화성시 동탄면 영천리, 청계리, 신리, 방교리 일원) 할 예정이며 이 신도시와 기존의 서측 신도시를 합하면, 총 3,084만㎡(933만평), 14만 6천호의 주택을 수용하는 규모로, 지금까지 개발된 수도권 신도시 중 최대 규모를 자랑하고 있다.

분당 신도시(594만평, 9만8천호)의 1.6배 수준으로 자연과 경관을 고려한 친환경도시, 첨단 IT기술을 접목한 U-City시범도시, 인근의 첨단산업/연구 기능을 포괄하고, 비즈니스가 중심이 되는 명품 자족도시로 육성할 예정으로 정부는 이번 신도시 개발의 중심테마를 "자연과 인간, 첨단기술의 어울림"으로 잡고, 첨단산업, 교통, 환경, 문화, 교육기능이 잘 조화되도록 조성할 계획이다.

①광역녹지축을 보전하면서 풍부한 수자원을 활용한 '친환경도시'로 조성하고 ②바람 길을 고려한 건물배치와 자원절약형 단지설계 등을 통해 에너지절약 측면에서 모범도시로 개발하고 ③우리나라의 선진화된 IT기술을 활용하여 도시관리, 교통체계, 재난예방, 개별 주거서비스에 이르기까지 모든 서비스가 전자적으로 자동 처리되는 U-City 시범도시로 조성하고 ④주거단지는 수변공간이나 구릉지를 활용한 전원형 주거

유형과 함께 교육과 커뮤니티 공간이 통합된 단지로 개발하여 기존의 택지지구와 차별화된 고품격 주거단지 모델 을 제시하고자 한다.

● 평택신도시

사업개요 친환경적 도시환경 및 광역 행정단지의 조성과 수도권의 택지난 해소 및 도시의 기능을 재배치하고 첨단지식산업기반 유치를 통한 자족단지 조성을 목적과 특성으로 하고 있다. 위치는 경기도 평택시 서정동 고덕면 일원에 1,746.1ha 면적으로 수용인구는 주택 6만3천호로 인구 15만 7천인을 유치하며 경기도와 토지공사가 시행사로 너서며 사업기간은 2007년 ~ 2013년으로 되어있다.

입지여건 평택 국제화계획지구는 경기도 최남단 지역으로 서울 55km, 대전 94km에 위치하며, 수도권정비계획상 성장관리지역에 해당한다. 대상지구는 서측으로는 평택항과 경부고속철도, 동측으로는 경부고속국도, 경부선이 위치하며, 동서방향으로는 평택~음성간 고속도로가 위치해 수도권 남부의 교통 요충지에 위치하고 있다. 또한 대상지구를 통과하는 국도38호선, 지방도302호선, 국도1호선 및 국도45호선이 지역간 연결기능을 담당하고 있다.

사업지구 토지이용현황은 임야 572.0ha(32.8%), 답 448.7ha(25.7%), 전 242.1ha(13.9%), 대지 69.8ha(4.0%), 기타 413.5ha(23.6%)로서 대부분이 농경지와 임야로 이용되고 있다.

서정리천이 대상지구 중앙부를 관통하고 있어 양호한 수경관축을 이루고 있으며, 비교적 평탄한 지형을 이루고 있어 친환경 주거단지 조성에 적합한 지세를 형성하고 있다. 사업지구 내에는 약 187개의 공장 등이 산재해있고, 4개의 군부대가 위치하고 있으며 대상지 북측으로 오산공항이 위치하고 있다.

도로 및 공간구조는 평택 국제화계획지구라는 대상지구의 특성을 살릴 수 있도록 평택항 등 주요 거점지역 및 주요 광역교통체계와의 연계성을 강화할 수 있도록 도시 축을 형성하였다. 내부 간선가로망은 지역간 접근성을 향상시키고 불필요한 통과교통은 배제하는 안전하고 쾌적한 가로망으로 계획된다.

또한 대중교통중심의 도로체계를 구축하기 위해 BRT 등 첨단대중교통시스템을 구축하여 환승센터 및 도시순환버스체계와 연계하며, 주민의 일상생활편의 및 레크리에이션을 위한 보행녹도 및 자전거 네트워크를 조성할 계획이다.

그리고 대규모 국제업무단지와 행정타운을 조성하여 도시

의 중심성을 강화하고 광역생활중심기능이 배치되도록 계획하였으며, 도시 자족성 기능을 확보하기 위해 첨단지식연구단지 및 물류. 유통 중심지를 조성하였다.

또한, 대상지 중심지역은 철새서식지인 함박산을 보전하여 중앙공원으로 조성되며, 공원 주변에는 국제교류특구가 조성되어 국제화계획지구로서의 상징성이 부여된다. 대중교통 접근성이 양호한 역세권과 간선가로변에 고밀의 공동주택단지를 배치하고 있다.

토지이용계획은 주택 534.2(30.6%) 상업 업무57.4(3.3%) 도로 279.4(16%) 공원 · 녹지488.9(28.0%) 기타 386.2(22.1%) 총계(ha)1,746.1(100%) 로 배치하고 있다.

블록별 입지현황

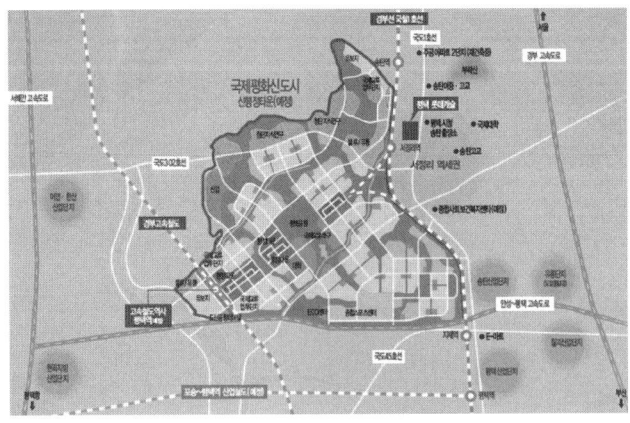

위치도

● 은평뉴타운

입지여건 서울 은평구 진관동, 구파발동 일대에 위치하며 개발면적은 349만5248㎡ 로 사업기간은 2002 ~ 2011 이다.시행사는 SH공사(구 서울특별시 도시개발공사)이며 사업시행방식은 도시개발사업(전면수용방식, 지구별 분할시행)이고 환경

친화형 도시개발을 목표(150% 내외의 용적률과 30% 내외의 녹지율)로 하고 있다. 주위환경으로는 국립공원, 자연공원, 근린공원, 창릉천과 접해 있는 분지 형태로 내부에 진관근린공원이 입지하고 대표적 취락 집성촌으로 한양주택, 문석주택, 기자촌 등이 있고 금암기적비 등의 유적 유물이 있다.

위치도

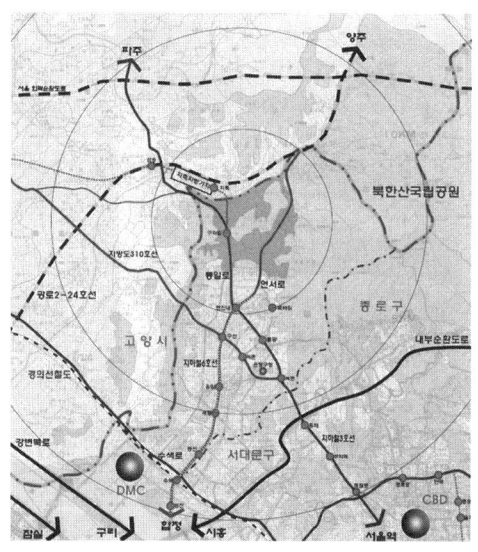

개발컨셉 리조트 형 전원생태도시로 주변의 자연적 조건을 살려 지역 전체가 서울 도심 속 리조트 같은 전원 생태도시로 조성하고 더불어 사는 미래 커뮤니티로 다양한 세대, 다양한 계층이 더불어 사는 문화 창출과 이웃과 자연스럽게 어울리는 커뮤니티를 위한 다양한 주거유형을 도입한다.

미래의 생활방식 변화에 대응 가능한 주택유형 고려 및 이웃 교류의 커뮤니티 공간 제공하고 자연친화적 주거환경을 위해 풍부한 녹지공간 조성과 실개천 공간의 유기적 연결에 의한 개발적이고 환경친화적인 외부 공간을 조성하게 된다.

세부개발계획 총 4만5281 명의 인구를 수용하고 1만6172 가구가 들어서게 된다. 교육시설로 유치원 6, 초등학교 5, 중학교 2, 고등학교 4(자립형 사립고 1개 포함)가 신설되고 환경친화형 도시개발을 목표(150% 대 용적률, 30%내외의 녹지 율, 단지 포함 시 42%)로 하고 녹지체계(Green-Network) 및 수체계(Blue-Network)의 구축과 복개도로로 사용 중인 실개천을 복원해 수변친화 공간의 조성한다.

과거 습지지역을 복원하여 습지 형 공원을 조성(못자리 골, 진 관사 입구)하고 계곡부의 자연상태 복원으로 바람 발생지역 보존(물푸레골과 폭포동 지역 및 창릉천)과 Eco-Bridge계획, 북한산 국립공원과 진관, 갈현근린공원 연계하도록 한다.

공공청사, 문화시설로 공공시설, 편익시설 등 4개소 복합화로 주민편의를 제공하고 복지시설로 노인복지회관, 종합복지관이 설치한다.

교통계획 서울 서북부 교통망 확충이 필요한 곳으로 깨끗한 환경이 최대 장점이라면 교통은 아킬레스건으로 은평뉴타운 인근에 삼송, 지축, 향동지구 등 대규모 택지개발지구 3곳

개발로 서북부 교통난이 매우 심각할 예정이다.

　서울시는 통일로~서오릉길 구간 4차선과 연서로~자하문 구간 4차선 등 우회도로 신설하고 국토해양부는 은평, 삼송, 지축, 향동 등 서북부지역의 교통난을 완화하기 위해 1조195억원을 투입할 예정이다.

◇ 고양대로 ~ 통일로 도로 0.8km, 가양대로 북단연결도로 2km 등 연장, 신설에 9057억원 투자

◇ 통일로 나들목 ~ 서울시 경계선 4km 비롯한 3개 구간 9.6km에 229억원 들여 버스전용차로 조성

◇ 국토 39호선 대체우회도로 관산 ~ 송추구간(15.6km, 2012년)

청약자격 전량 서울 우선공급으로
- 서울 거주자에게 우선순위
- 전용85㎡ 이하 : 청약저축
- 전용85㎡ 초과 : 청약예금. 서울시 기준으로 전용면적 101㎡형 600만원, 134㎡형 1000만원, 167㎡형 1500만원. 공급물량의 50%는 청약가점제 적용하고 나머지 50%는 추첨제로 당첨자를 결정한다.

V 보금자리 주택

● 보금자리주택 투자분석

보금자리 주택이란 정부가 무주택 서민을 위하여 공공 부문을 통하여 직접 공급하는 주택이다. 2009년에서 2018년까지 중소형 분양주택 70만 가구와 임대주택 80만 가구 등 총 150만 가구를 공급한다. '보금자리주택 건설 등에 관한 특별법'에 따라 국가나 지방자치단체, 대한주택공사, 한국토지공사, 주택사업을 목적으로 설립된 지방공사 등이 서민의 주거안정과 주거수준 향상을 도모하기 위하여 건설하는 국민주택규모(전용면적 85㎡) 이하의 분양주택과 임대주택을 말한다. 2009년에서 2018년까지 분양주택 70만 가구와 임대주택 80만 가구 등 총 150만 가구를 공급한다. 임대주택은 10년간 임대 후 분양으로 전환하는 공공임대 20만 가구, 20년 장기전세 10만 가구, 장기임대 50만 가구로 구성된다. 장기임대는 소득에 따라 임대료를 시중가의 60~70%까지 차등 적용하는 국민임대 40만 가구와 최저소득층을 대상으로 하여 시중 전세가의 30%에 제공하는 영구임대 10만 가구로 나뉜다.

입주자의 나이와 가구 구성원수에 따라 신혼부부 주택, 다자녀가구 주택, 1~2인 주택으로 구분하여 짓는다. 신혼부부 주택의 경우에 분양주택은 전용면적 60㎡ 이하로, 임대주택은 전용면적 85㎡ 이하의 유형이 있다. 다자녀가구 주택은 전용면적 49㎡, 59㎡, 75㎡. 84㎡의 유형이 있으며, 1~2인 주택은 전용면적 30㎡ 이하이다.

지역별로는 수도권에 100만 가구를 짓고, 나머지 50만 가구는 지방에 짓는다. 첫해인 2009년에 13만 가구를 공급하는 것을 시작으로 해마다 평균 15만 가구씩 공급한다. 기존의 신도시나 택지지구와 같은 방식으로 개발되지만 도심에 더 가깝고 분양가도 기존 공공주택 내 분양가 상한제 가격보다 15% 이상 싸게 공급한다.

분양주택은 단지별 공급 물량의 80%에 대하여 수요자가 입주 시기와 분양가, 입지 등을 비교하여 복수로 선택할 수 있는 사전예약제를 시행한다. 권역별로 여러 개의 단지를 묶어서 일괄 공급하고, 청약시스템을 통하여 1~3지망까지 허용한다. 예비 당첨자는 기존의 청약저축 선정방식에 따라 무주택, 청약저축 납부 회수, 저축액, 부양가족수 순으로 심사한다.

서울 강남지구(서울시 강남구 자곡동·세곡동·율현동 일원의 94만㎡), 서울 서초지구(서울시 서초구 우면동과 경기도 과천시 주암동 일원의 36만 3000㎡), 고양 원흥지구(경기도 고양시 덕양구 원흥동·도내동·용두동 일원의 128만 7000㎡), 하남 미사지구(경기도 하남시 망월동·풍산동·선동·덕풍동 일원의 546만 6000㎡)가 시범지구로 지정되었다. 2009년 11월에 사전예약 방식으로 첫 분양을 실시한 뒤 2012년 하반기에 첫 입주가 이루어진다.

보금자리 시세차익 많을 듯 보금자리주택 시범지구의 분양가 등이 확정돼 청약이 초읽기에 들어감에 따라 보금자리주택이 하반기 부동산시장에 어떤 영향을 미칠지 관심이 쏠리고 있다. 다음 달부터 서울 강남 세곡과 서초 우면 등에서 사전예약제 형태로 공급되는 보금자리주택은 2006년 최고 2000대 1의 '청약광풍'을 일으켰던 판교신도시 못지않게 관심을 끌 전망이다. 막대한 시세차익이 예상되기 때문이다. 이날 국토해양부가 공개한 보금자리주택 분양가대로라면 서울 강남세곡의 전용 84㎡ 보금자리주택 분양가격이 4억원이라고 추정할 때 인근 일원동 푸른마을 102㎡(전용 84㎡)의 시세가 7억6000만~8억3000만원이므로 가격 차이는 3억9500만원이다. 현재의 기준으로 봤을 때 프리미엄만 분양가 수준으로 나온다는 얘기다. 서초 우면지구 우면동 동양고속 105㎡(전용 85㎡)도 현재 시세가 6억7000만~7억원으로 추정분양가 4억350만원과 비교할 때 2억8150만원 저렴하다. 하남 미사와 고양 원흥도 시세보다 보금자리주택 분양가가 저렴해 4400여만원에서 최고 1억1000만원가량의 프리미엄을 얻는다.

  이런 상황에서 시범지구에 공급되는 전체 1만4295가구의 물량 가운데 특별·우선공급을 제외한 일반공급이 5915가구에 불과해 열기는 더욱 뜨거울 것으로 관측된다.

  하지만 이번 보금자리주택은 판교신도시 때와 달리 청약자 거주지를 제한했고 납입금액 커트라인도 있기 때문에 상당수 예비 청약자들이 '속앓이'만 할 뿐 실제 경쟁률은 예상보다 낮을 것이란 관측이 많다. 판교신도시의 경우 공급물량을 수도권 거주민에게까지 넓혀 배정했고 그 탓에 양도차익을 예상한 투기 수요가 상당히 많이 유입됐으며 이번엔 해당 지역 거주민으로 수요자를 제한했고 일반공급 1순위 납입금액도 1200만원으로 상당히 높기 때문에 실제 수요자는 한정돼 있다. 특히 보금자리주택에 대한 청약 열기가 뜨겁게 달아오르더라도 그 온기가 나머지 분양시장으로 크게 확산되지는 않을 것이다. 다만 보금자리주택 시범지구 공급을 계기로 신규 아파트 분양가는 낮아질 가능성이 있는 것으로 보인다.

하반기 분양을 앞두고 있던 일부 건설사의 경우 보금자리주택 분양가를 의식해 분양 일정을 늦추면서 평당 분양가를 100만~200만원 가량 낮출 예정이며 특히 이들 지역은 하반기 물량 가운데 가장 입지 여건 등이 좋은 곳임을 감안할 때 상대적으로 여건이 떨어지는 곳은 이런 분위기에 동참할 수밖에 없을 것이다. 그러나 보금자리주택 공급을 계기로 도로·학교 등 기반시설이 들어서고 인구 유입도 예상됨에 따라 향후 주변 집값은 상승할 가능성이 높은 것으로 관측된다. 다만 이런 후광효과는 지역별로 차별화된 흐름을 보일 전망이다. 서울 강남과 서초의 경우엔 보금자리주택 공급 계획이 확정된 이후에 부동산 시장이 별다른 반응을 보이지 않고 있으나 반면 하남과 고양은 보금자리주택을 계기로 주거환경이 크게 개선될 것으로 기대되면서 주변 집값이 상승세를 타고 있다. 보금자리주택에 당첨되면 현재 집값과 비교해 최대 4억원의 시세차익이 예상된다. 하지만 보금자리주택은 기존 방식과는 달리 사전예약 방식으로 공급한다. 이에 따라 주의할 점도 적지 않다. 보금자리주택 사전예약시 필요한 사항들을 점검해 본다.

인터넷 청약 대비 공인인증서 반드시 챙겨야 보금자리주택 청약은 3자녀 특별공급 외에는 인터넷 청약접수를 원칙으로 한다. 수요자들은 청약통장 가입은행을 방문해 공인인증서를 미리 발급받아 둬야 한다. 무주택 기간, 혼인신고일, 청약저축 납입금액 등의 기간 산정을 위해 등기부등본, 혼인관계증명서, 청약통장 등을 떼어봐야 한다. 특히 청약일정을 반드시 확인해 정해진 날 청약해야 한다. 청약이 7일부터 30일까지 이뤄진다고 아무 때나 청약을 할 수 없기 때문이다. 서울 강남지구는 서울시 거주자, 서초지구는 서울시와 과천시에 1년 이상 거주한 수요자에게 분양물량의 전량이 우선 공급된다. 지역우선공급에서 모집 가구 수를 다 채우면 다른 시·도 지역 거주자는 청약 기회가 없어진다. 고양시와 하남시는 전체 분양물량의 30%를 각각 고양시와 하남시 1년 이상 거주자에게 우선 공급하고, 나머지 70%는 당해지역에서 낙첨한 수요자와 기타 수도권 지역의 거주자 사이에서 당첨자를 가린다.

최초 주택신청 9일까지 선납금 600만원 채워야 생애최초 주택공급 청약을 노린다면 반드시 청약저축액을 600만원 이상으로 맞춰 놔야 한다. 청약저축에 가입한 지 2년 이상으로 생애최초 주택공급 청약 1순위에 해당되면 납입액 600만원에 미달되더라도 시행착오를 줄이기 위해 이번 분양에 한해 10월9

일까지만 선납금을 채워 넣으면 청약자격을 얻을 수 있다. 보금자리주택은 자녀가 없는 경우 신혼부부 특별공급에 아예 청약할 수 없다. 혼인한 지 3년 이내인 신혼부부 중 해당 주택 건설지역에 거주하면서 자녀가 많을 경우 당첨권에 가까워진 다. 자녀수가 같으면 추첨으로 당락이 가려진다.

예약 당첨 후 계약 포기자는 과밀억제권역은 2년, 그외 지역은 1년간 예약을 할 수 없다. 하지만 보금자리주택 본 청약을 비롯해 다른 아파트 청약은 가능하다. 생업 등을 이유로 이주하는 경우, 상속받은 주택으로 이주하는 경우, 해외로 이주한 경우처럼 부득이한 사정으로 예약을 포기한 사람은 예약 참여 제한을 두지 않는다.

당첨권의 명의 변경은 불가능하지만 당첨자의 상속에 의한 양도만 허용했다. 보금자리주택은 5년간 의무적으로 거주해야 하고, 시세차익에 따라 7~10년간 전매가 제한된다. 만약 이 기준을 지키지 않고 불법 전매를 하면 전매자 및 알선자는 2년 이하 징역 또는 2000만원 이하 벌금을 문다. 통장 불법거래시에는 공급계약이 무효 또는 취소되고 3년 이하 징역 또는 3000만원 이하 벌금 등이 부과된다.

보금자리주택의 청약 유형 보금자리주택은 특별, 우선, 일반 3가지로 나눠 공급된다. 특별공급은 기관장 추천, 3자녀, 생애 첫 주택, 신혼부부로 나뉘며 우선공급은 3자녀와 노부모 봉양으로 나눌 수 있다.

특별 공급 청약전략 특별공급에서 눈여겨볼 유형은 생애 첫 주택과 신혼부부주택이다. 생애 첫 주택은 세대원 모두가 주택을 소유한 사실이 없으며, 청약저축 1순위자로 저축액이 6백만원 이상이어야 한다. 물론 기혼자에 한하며 이혼의 경우 아이가 있어야 한다. 근로자의 근로 연수는 5년 이상이어야 하며 총 소득이 전년도 도시근로자 월평균소득의 80% 이하이어야 한다.

이 조건이 충족된다면 일단 생애 첫 주택에 청약해야 한다. 당첨자는 순차제가 아니라 추첨제이기 때문이다. 그러니까 소득이 적거나, 근로기간이 길거나 해서 당첨확률이 높은 것이 아니다. 보금자리주택에서 유일하게 추첨제를 적용해, 무주택기간이 짧거나 저축액이 적은 청약자들도 시도해볼 만한 청약 방법이다.

신혼부부주택은 청약저축 가입기간이 6개월만 지나면 된다. 결혼 3년 안에 아이가 있으면 1순위가 된다. 그러나 신혼부부주택은 전용면적 51㎡, 59㎡형만 신청 가능해 최대 10년까지 거래할 수 없는 점을 고려해 볼 때 아이들이 크거나 가족이 늘어난다 해도 타입을 넓혀 갈 수 없다는 단점이 있는 만큼 신중한 접근이 필요하다.

3자녀 특별공급은 아이가 많을수록 무주택기간이 길수록 당첨확률이 높아진다.

⟨사전예약대상 중 특별공급 및 우선공급 물량⟩

구분	특별공급					우선공급		
	소계	3자녀	신혼부부	생애최초	기타	소계	노부모	3자녀
계	6,252	707	468	2,852	2,205	2,128	1,421	707
서울강남	635	70	56	281	228	210	140	70
서울서초	395	43	39	172	141	129	86	43
고양원흥	1,059	125	53	507	374	378	253	125
하남미사	4,163	469	340	1,892	1,462	1,411	942	469

우선 공급 청약전략 우선공급에도 3자녀 우선공급이 있다. 특별공급과 다른 점은 특별공급은 청약저축 통장 유무를 묻지 않지만 우선공급에서는 청약저축 2년 이상 가입자가 1순위다. 3자녀를 둔 무주택세대주 중 청약저축 가입 2년이 지났다면 우선공급과 특별공급을 모두 공략해야겠다. 노부모 우선공급은 모집공고일 현재 65세 이상의 직계존속(배우자의 직계존속 포함)을 3년 이상 부양하고 있는 무주택세대주에게 기회가 주어진다. 5년 이상 무주택이면 1순위. 3년 이상이면 2순위 자격이 주어진다. 노부모를 봉양하려면 가족수가 많은 만큼 넓은 주택을 소유한 경우가 대부분이어서 조건에 해당하는 사례가 많지 않을 것으로 예상된다. 공급유형 중 가장 당첨확률이 높을 것으로 전망돼 조건만 충족된다면 일단 시도해야겠다.

여러 가지 조건이 모두 충족된다면 당연히 모두 청약을 시도해야 한다. 그러나 특별공급, 우선공급, 일반공급에 각각 한 타입만 청약할 수 있다. 예를 들면 신혼부부 공급을 청약하면서 생애첫주택 마련에는 또 청약할 수는 없다. 생애 첫 주택을 했으면, 청약저축 통장이 있을 경우 노부모를 한다든지, 3자녀 우선공급을 청약할 수 있는 것이다. 물론 나중에는 일반공급에도 같이 청약할 수 있다.

그러나 모두 당첨됐을 경우 청약자가 마음에 드는 것을 정하는 것이 아니고 최우선적으로 특별 공급분을 선택해야 하고 그다음은 우선공급, 마지막이 일반공급이다. 때문에 모든 자격이 충족된다고 해서 무조건 넣을 것이 아니라 상황에 맞게 확률이 가장 높은 순서대로 신중히 청약해야 하겠다.

보금자리 시범지구별 최고 단지 같은 지구서도 교통, 편의시설 등 달라 보금자리 시범지구별로 최고 단지는 어디일까. 같은 지구 내에서도 교통 등 주변 여건이 좋아 집 값을 리드할 단지를 말한다.

강남지구에서 2개 단지가 나온다. 강남지구는 서울 강남구 세곡동, 자곡동, 율현동 일대로 대모산과 주변 구릉지로 둘러싸여 '숲속의 PARK CITY(공원도시)'로 조성된다. 장기전세, 민간주택, 공공주택 단지 등 총 9개 단지로 이뤄졌다. 이 중 이번 사전 청약하는 단지는 A1, A2 두 개 단지로 주소는 강남구 세곡동이다. 'ㄷ'자형의 강남지구 안에서 지구 아래쪽이다.

강남지구에선 A2 A1블록은 SH공사가 짓는 세곡지구와 맞붙은 오른쪽에 위치한다. 상업시설용지와 근린생활시설 용지가 바로 옆이어서 편리한 주거생활을 누릴 수 있다는 장점이 있고 일부 가구는 하천 조망권을 가진다. 옆에 단독주택이 들어서 단지 앞이 탁 트였다. 서울~용인간 고속도로 나들목이 가까워 교통여건이 좋다.

A2블록 단지 바로 옆에는 근린공원이 들어서고 하천이 단지 남쪽을 지나가 쾌적성이 뛰어나다. 큰 대로변을 가운데 두고 전용 85㎡ 초과 민간아파트와 붙어있다. 또 학교가 북쪽으로 붙어있어 어린 자녀를 둔 부모들에게 추천할 만하다.

다만 학교를 가운데 두고 장기전세 등 임대주택과 마주본다는 게 다소 약점이 될 수 있다. 그러나 주공에선 이들 임대주택 단지를 국제현상공모를 통해 디자인 보금자리로 상징화할 계획이어서 임대주택 때문에 집값 하락 등을 염려하지 않아도 될 것 같다.

고양 원흥지구는 A2 고양 원흥지구와 하남 미사지구는 단지수가 많다. 총 8개 단지인 고양원흥지구에서 A2, A4, A6블록이 이번에 사전예약을 받는다.

A2블록과 A4블록이 지구 가장 가운데 위치하고 단지 바로 옆에 중심상업지구가 조성된다. 고양 삼송지구와 연계된 콘텐트 미디어 산업단지와도 가장 가깝다. 특히 A2블록에는 2013년에 완공되는 BRT 환승시설이 가까워 교통여건이 좋고 중학교가 단지 내 있다. 오른쪽에는 상업시설이 남쪽으로 대규모 공원이 들어서 세개 단지 가운데 가장 좋은 단지로 꼽힌다. A6블록 길 건너편에는 고등학교와 초등학교가 있다.

하남 미사지구는 A28 하남 미사지구의 아파트 단지는 총 31개 단지고 이 중에서 11개 단지가 청약을 받는다. 전문가들은 어린 자녀를 둔 청약자라면 학교 시설과 보건소, 119안전센터 등이 가까운 A18, A19, A20블록을 추천한다. A19블록은 망월천과 공원 조망이 가능하다. 편리한 주거생활을 원한다면 A15, A28 블록이 가장 낫다. 주상복합과 각종 상업, 업무시설이 가까운데 특히 A28블록은 지하철 5호선 신설역이 걸어서 5분 거리다.

저축·무주택기간 짧아도 도전할 만 세곡·우면 보다 미사, 원흥이 당첨 확률이 높다. 국토해양부는 생애 최초로 주택을 구입하는 무주택자에게 전용면적 85㎡ 이하 공공주택 공급량의 20%를 배정하는 것을 주요 내용으로 한 '주택 공급에 관한 규칙' 개정령을 오는 28일부터 시행한다고 밝혔다. 생애최초주택의 첫 공급은 오는 30일 입주자 모집 공고가 나오는 강남 세곡, 서초 우면, 하남 미사, 고양 원흥 등 4개 보금자리주택 시범지구에서 이뤄진다. 추첨으로 당첨자를 가리기 때문에 청약통장 가입 기간과 무주택 기간이 상대적으로 짧은 젊은 부부들에게 기회가 많이 돌아갈 것으로 예상된다. 하지만 생애최초주택 신설로 성격이 비슷한 신혼부부 특별공급 물량은 30%에서 15%로 줄어든다는 점도 주의해야 한다.

생애최초주택 청약 자격 5가지 기준을 모두 갖춰야 한다.

첫째, 모든 가구원이 주택을 소유한 사실이 없어야 한다. 둘째, 청약저축 1순위에 해당하는 자로서 선납금을 포함한 저축액이 600만원 이상이어야 한다. 셋째, 기혼자여야 한다. 넷째, 근로자 또는 자영업자로서 과거 5년 이상 근로소득 또는 사업소득을 납부한 실적이 있어야 한다. 마지막으로 가구원 총소득이 전년도 도시근로자 월평균 소득의 80%(2008년 기준 평균 311만5000원)를 넘지 않아야 한다. 맞벌이 부부면 소득을 합산하고 4인 이상 가구일 때 가구원 수별 가구당 월평균 소득 기준으로 한다. 지난해 기준으로 4인 342만1000원, 5인 350만7000원, 6인 이상 415만원 이하일 때 생애최초주택에 청약할 수 있다.

신혼부부 특별공급과 차이 신혼부부 특별공급 자격은 △전년도 도시근로자 월평균 소득의 100% 이하(맞벌이인 경우 120%) △입주자저축(청약저축, 청약부금, 청약예금) 가입 기간이 6개월 이상 △무주택 가구주 등이다. 신혼부부 특별공급은 저축액 기준이 없고 6개월 이상만 가입해 있으면 된다. 또 신혼부부 특별공급은 이번 '주택 공급에 관한 규칙' 개정령에서 '자녀가 있는 부부'로 요건이 강화됐다. 개정령에 따르면 1순위는 혼인 기간이 3년 이내, 2순위는 3년 초과~5년 이내이면서 각각 자녀가 있는 경우다. 그렇지만 생애최초주택 특별공급이라도 혼인 중이라면 자녀가 없어도 되지만 만약 이혼 상태라면 반드시 자녀가 있어야 한다.

청약할 수 있는 주택 생애최초주택 특별공급은 보금자리주택 등 전용면적 85㎡ 이하 공공주택에만 해당된다. 전체 공급량의 20%가 생애최초주택 특별공급 물량이다. 이에 비해 신혼부부 특별공급 대상은 보금자리주택 등 공공주택뿐만 아니라 민영주택도 해당된다. 공공주택에 대한 신혼부부 특별공급 물량이 현행 30%에서 15%로 조정됐다. 그렇지만 민영주택은 현행대로 30%가 유지된다.

저축액이 미달되는데 저축액이 600만원에서 미달할 때는 입주자 모집 공고일까지 그 금액만큼 일시에 선납하면 청약할 수 있다. 국토해양부는 다만 다음달 초 사전 예약에 들어가는 강남 세곡, 하남 미사 등 4개 시범단지 사전 예약분에 한해 처음 도입된 제도의 시행착오를 줄이기 위해 다음달 9일까지 선납금을 납입하면 청약 자격을 주기로 했다.

당첨 가능성을 높이려면 4개 시범지구에서 생애최초주택 청약은 다음달 20일부터, 신혼부부 특별공급은 22일부터 시작된다. 이번에 공급되는 물량은 생애최초주택이 4040가구, 신혼부부 특별공급이 3030가구 정도다. 생애최초주택은 추첨제 방식이라 청약저축 가입 기간이 2년만 넘으면 기대해 볼 수 있다. 서울 강남권인 세곡과 우면지구는 공급량이 적어 확률이 낮다. 미사와 원흥지구는 많은 물량이 나오기 때문에 당첨 확률이 높다. 청약통장 가입 기간이 2년 미만이면 전용 60㎡ 이하를 분양받을 수 있는 신혼부부 특별공급에 신청하면 된다.

이번 시범지구에서 당첨되지 않아도 실망할 필요는 없다. 내년 4월 사전 예약을 실시하는 송파 위례신도시에도 적지 않은 생애최초주택과 신혼부부 물량이 나오기 때문이다.

생애최초와 신혼부부 특별공급 비교

구분	청약자격	통장유형	공급물량	
			보금자리주택 등 공공주택	민영주택
생애 최초	청약저축에 2년 이상 가입 근로자·자영업자로 5년 이상 소득세 납부, 기혼자(이혼 등의 경우는 자녀가 있는 경우),도시근로자 평균소득의 80%이하, 주택 구입 사실이 없는자	청약저축	20%	없음
신혼 부부	입주자저축 가입 기간이 6개월 이상, 결혼 5년 이내, 무주택 가구주	청약저축 청약부금 청약예금	15% (청약저축)	30% (청약부금 청약예금)

시범지구 20% '생애최초' 특별공급 자녀 없는 기혼자도 청약 가능 이른바 '2030'세대를 위한 근로자 생애 첫 주택 특별공급이 다음 달 7일부터 사전예약을 받는 보금자리주택 시범지구에서 첫 선을 보인다. 강남세곡·서초우면·하남미사·고양원흥 등 4곳에서 공급될 사전예약물량은 대략 1만4000~1만5000채 안팎으로 추정된다. 이 가운데 근로자 생애최초 특별공급분은 전체의 20%이므로 3000채 안팎이 선보일 예정이다. 국토해양부는 오는 30일 입주예약 모집공고를 통해 지구별·공급유형별 세부 물량을 확정, 발표할 계획이다.

당첨자 '추첨'으로 결정 생애 첫 주택은 무엇보다 당첨자를 '추첨'으로 결정한다는 점이 눈에 띈다. 현행 청약제도가 저축 가입 기간이나 무주택기간이 긴 사람에게 유리하게 돼 있어 20대 후반이나 30대 초반 등의 당첨 확률이 낮다는 점을 보완하기 위한 조치다. 기혼자의 경우 자녀가 없어도 청약할 수 있다는 점도 매력이다.

따라서 청약저축에 가입한 지 2년이 넘은 '2030' 무주택세대주 가운데 소득세 납부요건(5년 이상)과 세대원 총소득이 도시근로자 월평균 소득의 80%(311만5000원) 이하일 경우 이번 기회를 적극 활용할 필요가 있다. 가족수가 많을 경우 소득기준은 △4인가족 342만1000원 △5인가족 350만7000원 △6인 이상은 415만원이다. 세대원 모두가 과거 주택 소유 사실이 없어야 한다.

어디가 유리할까 생애 첫 주택 특별공급의 당첨 확률을 높이려면 지구별 공급물량이 상대적으로 많은 하남 미사지구나 고양 원흥지구를 노리는 게 유리하다. 4개지구의 보금자리 총량(4만400채) 가운데 37% 안팎이 이번 사전예약 대상이라는 점을 감안해 추정한 수치다.

지역우선 공급물량도 잘 따져봐야 한다. 생애 첫 주택의 입주자 선정 비중이 지역우선→지망(1~3지망)→전산추첨 순이기 때문이다. 당첨 가능성 면에서 지역우선 비중이 그만큼 크다는 얘기다.

지구별 지역우선 공급비율은 세곡지구는 서울거주자에게 100%, 우면지구는 서울·과천거주자에게 100% 각각 배정된다. 하남 미사지구와 고양 원흥지구는 해당지역 거주자에게 30%만 우선 배정되고 나머지는 서울 등 수도권 거주자 몫이다.

특히 세곡지구와 우면지구는 서울(우면지구는 과천 포함) 거주자가 아니라면 당첨 가능성이 사실상 없다. 100% 지역우선 공급지역이어서 고양·하남 거주자가 세곡·우면지구를 1지망으로 신청하면 예약신청 자체가 무효처리되기 때문이다. 따라서 경기도나 인천지역 거주자는 고양 원흥지구나 하남 미사지구에서 1~3지망 단지를 골라 청약하는 게 당첨 확률을 높이는 길이다.

청약저축 2년미만, 신혼부부 물량 주목 청약저축 가입기간이 2년이 안됐다면 신혼부부 특별공급 물량(전용 60㎡ 이하 분양)을 노리는 것이 좋다. 공공주택의 경우 배정물량이 당초 30%에서 15%로 줄기는 했지만 청약저축 가입기간이 6개월 이상이면 1순위 청약할 수 있다는 점이 장점이다. 결혼 후 5년 이내의 무주택세대주로 가구당 소득이 도시근로자 평균소득의 70%(맞벌이는 100%) 이하면 신청할 수 있다. 다만 자녀가 있어야 한다.

아직 청약저축이나 만능통장(청약종합저축)에 가입하지 않았다면 지금이라도 통장을 만들어 두는 게 좋다. 2012년까지 총 32만채의 보금자리주택이 수도권에서 쏟아질 예정인 만큼 당첨 기회는 얼마든지 찾아올 수 있기 때문이다.

보금자리주택 시범지구 유형별 예상 공급물량 (단위:채)

분양유형		공급비중	청약저축통장	강남세곡	서초우면	고양원흥	하남미사
일반	일반분양	30%	필요	1680	807	1920	7707
특별	근로자 생애최초	20%	필요	3080	1480	3520	1만4130
	신혼부부	15%	필요				
	장애·유공자	20%	불필요				
우선	노부모우선자 부양	10%	필요	840	403	960	3853
	다자녀 가구	5%	불필요				

*10월 사전 예약분을 포함한 보금 자리주택 총량기준임.   자료:부동산써브

가점이 높다면 민영 보금자리주택 가점이 높은 청약부금 및 청약예금 가입자라면 보금자리주택 내 민간공급 물량을 노리는 게 좋다.

보금자리주택이 청약저축 가입자들에게 혜택이 커지면서 청약예금 및 청약부금을 해지하고 청약저축이나 종합저축에 새로 가입하는 사람들이 많다. 하지만 청약저축에 새로 가입해 봐야 보금자리주택은 이미 청약저축에 가입한 지 오래된 터줏대감이 많기 때문에 당첨 가능성은 희박하다. 하지만 정부가 공공아파트 보금자리주택을 제외한 12만6000가구의 일부를 중소형 민영아파트로 공급하는 방안을 추진 중이기 때문에 청약예금과 부금 가입자들에게도 기회가 있다. 따라서 굳이 청약저축으로 갈아탈 필요가 없다.

당장 주택청약종합저축에 가입하라 현재까지 청약통장에 가입하지 않았다면 하루라도 빨리 주택청약종합저축에 가입

하는 것이 좋다. 이미 늦은 것이 아니라 기회는 충분하다. 보금자리주택은 2012년까지 수도권에 60만 가구를 공급할 계획이기 때문에 아직까지는 기회가 많다. 또 주택청약종합저축은 청약저축과 청약부금 및 예금 모두 이용할 수 있기 때문에 당첨 확률은 더 높다. 보금자리주택뿐만 아니라 앞으로는 서민들을 위한 주택공급계획들이 많고 또한 광교신도시와 위례신도시 등 입지여건이 뛰어난 곳에서도 분양 물량이 대기 중이기 때문에 청약통장 가입은 필수다.

보금자리 위력 올 가을 수도권 주요 택지지구 내 민간아파트가 잇따라 공급된다. 인천 청라와 고양 삼송, 남양주 별내를 비롯해 최대어로 꼽히는 판교·광교신도시까지 신규물량을 쏟아내 수요자들의 관심을 모은다. 이들 지역은 대기 수요가 워낙 많아 대부분 분양 단지들이 청약률 대박 행진을 이어갔던 곳이다. 당장 오는 10월 보금자리주택 청약을 실시하는 서울 강남 세곡, 서초 우면, 하남 미사, 고양 원흥 등은 인기 주거지여서 청약쏠림 현상이 두드러질 것이라는 분석이다. 최근 청라와 송도 등 수도권 일부지역에서 되살아난 민간아파트 청약열기가 급격히 식을 수 있다는 의견도 있다. 수요자들은 아파트 입지와 분양가, 주택면적등 조건 중 가장 중요한 기준을 정해 자신에게 맞는 아파트를 고르는 게 바람직하다. 보금자리주택의 경우 분양가는 싸지만 중소형으로만 이뤄져 있다. 청약저축 가입자만 청약할 수 있고 근로자 생애최초, 신혼부부 등 특별공급 물량이 많아 일반 수요자는 당첨 확률이 낮다. 수도권 택지지구 아파트는 분양가 적정성, 마감재 수준, 공급 면적 구성 등 조건을 꼼꼼히 따져봐야 한다.

● 서초 우면지구

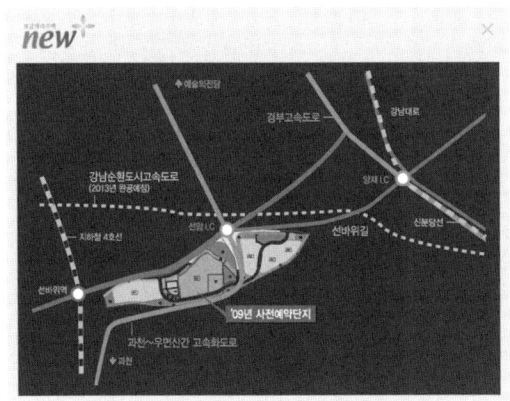

세곡 보금자리주택과 함께 강남권에서 공급되는 우면 보금자리주택은 서초구 우면동과 과천시 주암동 일원에 36만 3000㎡ 조성되는데 지역의 특성과 동명유래, 역사적 사실을 보면

서초 우면동 서쪽으로는 서초동(瑞草洞)·방배동(方背洞), 남동쪽으로는 과천시, 북쪽으로는 양재동(良才洞)과 접해 있다. 조선 후기까지 경기도 과천군(果川郡) 동면(東面) 우면동

이었다가 1914년 3월 행정구역 통폐합에 따라 경기도 시흥군(始興郡) 신동면(新東面) 우면리가 되었다. 1963년 서울특별시 확장으로 영등포구에 편입되면서 영등포구 우면동이 되었다가 1973년 구(區)의 관할구역 조정으로 성동구 우면동이 되었다. 1975년 10월 강남구의 신설로 강남구 우면동, 1988년 1월 서초구의 신설로 서초구 우면동이 되었다. 우면동은 법정동으로 행정동인 양재1동(良才1洞) 관할하에 있다. 우면이란 지명은 우면산 아래에 있는 마을이라는 데 연유한다.

서초구의 남쪽 끝에 위치하며 양재천이 흐르고 경부고속도로가 지난다. 1970년대 초 경부고속도로 건설 이후에 시작된 강남지역의 개발과 더불어 취락구조 개선사업이 실시되었고, 암산마을, 가시내골, 송동(松洞), 잿말, 안골, 암산(岩山) 등의 자연마을, 갓바위, 범바위, 소반바위, 상여바위 등의 바위가 있다. 가시내골은 가시덤불이, 송동은 소나무가 많다는 데서, 잿말은 고개 아래에 있다는 데서 명칭이 연유한다.

유적으로는 북방식 고인돌, 효자문 등이, 공공 및 교육기관으로는 한국교육개발원, 우암초등학교, 품질시험소 등이 있다. 박물관으로는 분재박물관이 있는데 1988년에 개관하였으며 약 2,000여 점의 분재와 사진 등이 전시되어 있다. 민속으로는 공동작업을 하면서 단결과 화합을 도모하는 두레의 일종인 우면두레가 있었으며, 보호수로는 수령 약 200여 년, 높이 18m, 둘레 170cm의 돌배나무가 있다. 휴식공간으로는 서울특별시 도시자연공원으로 지정·관리되는 우면산자연공원이 있다.

과천 주암동 과천시 북동쪽에 있는 동이다. 북동쪽으로 서울시 서초구 양재동, 서쪽으로 과천동, 남쪽으로 막계동과 접한다. 북동쪽에 청계산이 뻗어 있고, 동쪽에 옥녀봉(272.8m)이 있다. 조선시대에는 과천군 동면(東面) 주암리였다가, 1914년 행정구역 개편 때 주암과 돌무께[石浦]·삼부골[三浦]을 합해 시흥군 과천면 주암리가 되었다. 1982년 경기도 과천지구출장소 북부지소에 편입되었다가, 1986년 과천이 시로 승격하면서 행정동인 과천동 관할이 되었다. 과천시 대부분이 옛날 과천군 군내면 지역이었던 데 반해 유독 주암동만 동면 지역이었다. 청계산 북쪽 줄기의 기슭에 큰 바위가 줄 지어 서 있어서 줄바위 또는 큰 바위에서 대나무가 난 곳이라 하여 죽바위로 부르다 지금의 주암으로 바뀌었다. 자연마을로는 삼포·돌무께(돌무개)·중말·죽바위 등이 있다. 동 앞으로 과천 여러 지역의 물이 모여 양재천을 이룬 뒤, 탄천으로 흘러든다. 서울경마공원, 마사박물관, 정보통신정책연구원 등이 들어서 있다.

서초지구에 공급되는 주택수가 3000가구 정도로 4개 시범지구 중에서는 가장 작은 규모이며 오는 2009년 10월 사전 예약에 들어간다. 양재 IC와 가까워 강남 진입이 수월한 입지적 특징이 있으며 신분당선 역시 양재 IC를 중심으로 지나가기 때문에 교통 여건은 양호한 것으로 판단된다. 특히 강남순환 도시고속도로와 인접해 있어 서울 서남권으로의 접근성은 매우 높을 것으로 전망된다. 또한 과천–우면산간 고속화도로를 쉽게 이용 가능한 만큼 우면산 터널을 통해 강남 중심권 접근성도 높다고 할 수 있다.

양재 IC인근에 이마트 및 코스트코 등 대형 쇼핑센터가 입점해 있으며 화물트럭부지 개발 사업 등 주거환경 가치의 발전 기대감이 높은 상황이며 서초구 일대와 매우 가까워 세곡 보금자리주택에 버금가는 높은 수요 집중이 예상된다.

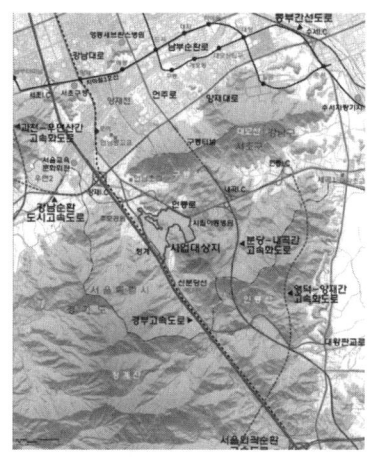

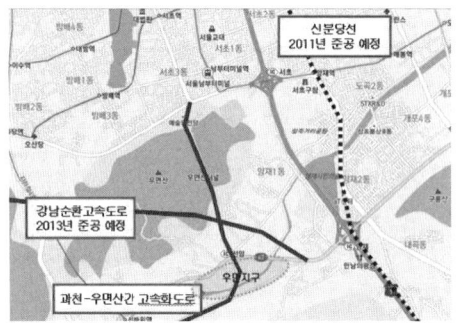

　　강남순환 도시고속도로는 성산대교 남단에서 강남구 일원동 수서IC까지 34.8km 구간으로 대부분 구간이 4~6차로의 지하구간으로 건설된다. 사업비로 모두 2조600억원이 소요되며 5600억여원 규모의 민간자본도 참여한다. 그 동안 상습 정체 구간이었던 남부순환로 등 서울 남부권 교통 문제가 크게 개선될 것으로 전망되어 본 사업을 통해 상습정체구간인 남부순환로 주변 지역들의 가격적 수혜가 기대된다. 관악구와 구로구 등에서 강남순환도로를 이용하여 강남권 접근성이 우수해 지는 만큼 우면지구 및 양재동 중심으로 상권 규모가 확대 될 것으로 예측된다. 따라서 일대를 중심으로 지역 중심성은 더욱 높아질 것으로 예측되며 이에 따라 외부 수요 증가도 기대된다. 수도권 남부주택시장 규모가 점차 커짐에 따라 상주인구 증가에 따른 교통문제 해결을 위해 신분당선 개발 사업이 진행 중에 있다. 기존의 분당선에 비해 강남권과 직접적으로 연결된다는 점에서 신분당선의 개발효과는 상당한 영향력을 가진 것으로 평가할 수 있으며 이에 따라 향후 노선 주변 단지들을 중심으로 큰 가격적 수혜가 기대된다.

우면지구 보금자리주택의 경우 입지적으로 양재 IC와 가까워 이러한 신분당선 이용이 수월할 전망이며 최근 수도권 남부 주택시장의 핵심 화두인 판교신도시가 평당 2500만 원 이상의 시세 수준을 형성하고 있는 것을 감안할 때 우면지구도 향후 상당한 가격적 상승을 기대할 수 있을 전망이다

● 하남 미사지구

하남 미사지구(경기도 하남시 망월동·풍산동·선동·덕풍동 일원의 546만 6000㎡)에 보금자리주택 시범지구가 들어서게 되는데 지역의 특색과 동명유래 및 역사적 사실을 알아보면

미사리는 경기도 가평군 설악면에 있는 리(里)이다. 북쪽으로 홍천강이 흐르고 있고, 동쪽으로 장락산맥이 위치하고 있다. 남서쪽에는 청평호도 자리하고 있다. 산간지역이다. 자연마을로는 운담, 장성배기, 메수내 등이 있다. 장성배기는 마을에 장승이 있어서 붙여진 이름이다. 미사리는 이 지역에 미륵불이 있어서 미사 또는 메수내가 부르던 것이 후에 미사리로 되었다고 전해진다.

망월동 하남시 북서부에 있다. 동쪽으로 미사동(渼沙洞), 서쪽으로 선동(船洞) 및 서울 강동구 강일동(江一洞), 남쪽으로 풍산동(법정동), 북쪽으로 한강을 경계로 남양주시 수석동

(水石洞)과 접한다. 동 중심부로 황산과 방아다리·군량골 등에서 발원한 망월천이 구산을 거쳐 한강으로 흘러든다. 조선 말기에는 광주군 동부면 지역이었다. 1914년 일제가 행정구역을 개편할 때 광주군 동부면 망월리가 되었다. 1980년 광주군 동부읍 관할을 거쳐, 1989년 광주군 동부읍·서부면과 중부면 상산곡리를 병합해 하남시가 신설될 때 행정동인 풍산동의 법정동이 되었다. 예전에 마을 앞으로 한강의 지류가 흘렀다. 장마 때면 샛강이 긴 등성이를 넘어 이 마을까지 범람해 마을에 포구가 형성되곤 하였다. 사람들이 강 포구에서 달을 바라보았다고 하여 이 포구를 망월포로 부르다가, 행정구역 개편 때 망월리로 바뀌었다고 한다. 서쪽으로 중부고속도로가 지난다. 하남초등학교와 망월초등학교가 있고, 한국산업은행연수원, 궁중국악기공장을 비롯해 많은 산업체가 들어서 있다. 문화유적으로는 구산 천주교성지, 조선 전기의 문신 남이공(南以恭) 묘, 망월동 유적이 있다.

하남 풍산동 면적 14.72㎢, 인구 6836명(2008)이다. 북부지역에서는 한강이 북서류하다가 갑자기 남서쪽으로 방향을 바꾸므로 범람원을 이루고 있다. 동 이름은 자연마을인 덕풍(德豊)마을과 황산(荒山)마을의 이름 끝자를 따서 지었다.

조선 말기에는 광주군 동부면 지역이었다. 1914년 행정구역 통폐합 때 광주군 동부면 풍산리로 되었다. 1980년 광주군 동부읍 풍산리로 바뀌었고, 1989년 광주군 동부읍·서부면·중부면 상산곡리를 병합하여 하남시로 승격되면서 하남시 풍산동으로 바뀌었다.

행정동인 이 동은 법정동인 망월동·풍산동·미사동·선동(船洞)을 관할하고 있으며, 자연마을로는 방아다리·진등·황산·망월포·장수동·둔지·온천 등이 있다.

망월동(望月洞)은 예전에 마을 앞으로 한강의 지류가 흐르고 있었는데, 마을 사람들이 강 포구에서 달을 바라다보았다고 하여 망월포라고 불리다가 행정구역 개편 때 망월리로 바뀌었다. 구산천주교성지가 있다. 미사동(渼沙洞)은 옛날 한강물이 모래를 밀어올려 성을 만든 곳이라고 하여 미사리라고 불렸다. 선동(船洞)은 한강변에 있는 마을로 마을의 형태가 배처럼 생겨 붙여진 이름이다. 옛날 한강 상류에서 짐을 싣고 한양으로 가던 중 이곳에서 쉬며 장을 보고 갔다고 하여 장터거리가 있다.

미사동에 있는 한강조정경기장은 경기장과 본부·선수용 건물, 한마음광장 등으로 이루어져 있으며, 제24회 서울올림픽대회(1988) 때 조정경기장으로 쓰였고, 제1회 국제환경엑스포(1999)가 개최된 곳이기도 하다. 한강조정경기장과 하남화훼공판장 등이 있으며, 43번 국도가 지난다. 문화재로는 광주 미사리 선사유적(사적 269)이 있다. 이 유적은 신석기시대층·청동기시대층·삼국시대 초기층이 상하로 구분되어 있으며, 신석기시대층에서는 다량의 빗살무늬토기, 어망추, 화살촉, 돌도끼 등의 생활도구와 탄화된 도토리가 출토되었다.

하남 덕풍동 면적 3.40㎢, 인구 6만 1716명(2008)이다. 북부에는 한강의 범람원이 펼쳐져 있고, 남부에는 덕풍공원이 있어 비교적 녹지가 많다. 동 이름은, 삼국시대부터 이곳에 역을 설치하여 처음엔 덕봉(德鳳)이라고 불렸다. 훗날 덕풍이 되었으며, 그 역의 이름을 따서 덕풍리라고 불렸다고 한다. 다른 유래로는 이곳에 마르지 않고 계속 흐르는 샘이 있어 아무리 가물어도 농사가 잘되어 풍년이 이어져 생긴 지명이라고 한다.

조선 말기에는 광주군 동부면 지역이었다. 1914년 행정구역 통폐합 때 광주군 동부면 덕풍리라고 하였다. 1980년 광주군 동부읍 덕풍리로 되었고, 1989년 광주군 동부읍·서부면, 중부면 상산곡리가 병합하여 하남시로 승격되면서 하남시 덕풍동으로 되었다.

덕풍1동·덕풍2동·덕풍3동의 3개 행정동으로 나누어져 있으며, 자연마을로는 덕풍골·역말·취곡(수리골)·옥다리·개사리·송정골·안터골 등이 있다. 덕풍골[德豊谷]은 옛날 역말[驛村]에서 덕풍골로 넘어가는 고개 밑에 있는 옹달샘에서 봉황이 날개를 치며 날아갔다 하여 덕봉골로 불리다가, 이 샘에서 물이 나오는 것을 이용해 풍년을 이뤘다고 하여 덕풍골이라고 불리게 되었다.

개사리는 지금의 중심가로 범재고개 아래 부락이라 개가 지날 때 꼬리를 뒷다리 사이로 감추었다 하여 붙여진 이름이다.

하남전화국, 하남우체국 등의 공공기관과 삼양정밀, 한양실업, 이화산업 등의 생산업체가 있으며 중부고속도로와 43번

국도가 동을 가로지른다. 수리골 마을의 산신제는 마을 뒷산에 있는 소나무와 오리나무 숲을 신체(神體)로 하여 매년 정월 초순에 날을 택하여 자정에 거행된다. 산신제가 끝나면 제물과 술과 고기를 나누어 먹으며, 제사에 참여하지 못한 집에도 몫을 보내어 인보상조의 미덕을 계승하고 있다.

하남 선동 하남시의 서북단, 한강 남안(南岸)에 있으며, 주위에 미사동, 망월동, 서울 강동구 강일동과 접하고, 북쪽 한강 너머로 남양주시 수석동, 삼패동과 마주한다. 1914년 경기도 광주군(廣州郡) 동부면 선리(船里)가 되었다. 1980년 동부면이 읍으로 승격되어 동부읍 선리가 되었고, 1989년 동부읍을 중심으로 하남시가 신설되어 하남시 풍산동 관할의 선동이 되었다.

한강 건너 남양주시 덕소리쪽과의 사이에 가설되는 남양주대교의 연장도로가 선동의 한강변을 지나 서울 강동쪽 올림픽대로와 연결되면서 서울-춘천간고속국도(2009.8 개통)의 시발점이 되었다. 하남재활용센터, 구산천주교회와 문지, 구산, 일자망 등의 자연마을이 있다.

최근 정부의 주택시장의 안정화와 서민 주택 공급을 원활히 하기 위해 보금자리주택을 확대 공급하는 방안을 발표했다.
올해 사전예약에 들어갈 보금자리 주택 시범단지 세곡, 우면, 원흥, 미사지구 가운데 미사지구는 가장 규모가 큰 총 3만 가구의 보금자리 주택을 공급하게 된다.

따라서 미사지구의 입지적 가치와 주변 개발 계획, 그리고 예상 분양가와 주변 시세와의 경쟁력 비교를 통해 종합적인 청약 가치를 점검해 보면 미사지구는 강동구 강일지구와 접해 있는 지역으로써 총 4만가구로 개발되어 신도시급의 택지지구로 볼 수 있겠다.

현재 주변으로는 최근 7000여 가구가 입주를 한 강일1지구를 비롯하여, 각각 3500가구와 2900가구를 공급하게 될 강일2지구와 3지구가 개발 예정에 있다. 강일지구 1~3지구는 모두 국민임대 주택의 비중이 높은 택지지로 보금자리 주택만 3만 가구를 구성하는 미사지구와 동일 생활권역을 형성할 것으로 분석된다.

반면 민간 아파트지구인 고덕지구는 개발이 완료된 고덕주공 1단지 재건축인 아이파크 이외에 고덕시영 및 그 주변 고덕주공 재건축 예정 단지로 기존 조합원 물량 약 1만 가구 수준에서 재건축이 완료되면 약 1만 4000가구 정도의 재건축 물량이 공급 가능할 것으로 추정된다. 고덕동의 대단위 재건축은 평당 2000만원 선을 기록하며 고급 주택의 위상을 확립하고 있어 향후 동일 생활권역을 형성하게될 강일지구와 미사지구의 생활권역과는 차별성을 보일 것으로 판단된다. 고덕지구는 이전부터 저층 저밀도의 주거지역으로 실수요층이 든든하고, 주거환경이 쾌적하고 우수해 부층 커뮤니티가 형성된 지역이다. 따라서 이들 지역이 재건축 될 경우 임대비중이 높은 강일지구 라든지 미사지구와의 차별성이 부각될 것은 당연하다.

　미사지구 남편에 입지한 하남시 풍산지구는 분양당시 판교 신도시의 청약열기와 더불어 높은 청약경쟁률을 기록한 지역이다.

　약 6000가구 규모로 공급된 지역으로 작년 경 입주를 완료했으나 국민 임대 물량이 전체의 약 50%에 해당되어 향후 강일지구-미사지구-풍산지구를 아우르는 대단위 생활권역을 형성하게 된다.

　미사지구의 경우 신도시급으로 개발되어 강동구에 인접한 대규모 택지지구로 우수한 주거 인프라와 쾌적한 주거환경을 보일 것으로 판단되지만 인근 강일지구, 풍산지구와 더불어 높은 임대물량과 열악한 교통 환경이 미래시세를 제한하는 요인으로 작용할 것으로 예상된다. 도심 주택 공급의 요인이 수도권 택지지구의 악재로 작용하지 않으려면 서울 중요 권역 즉 오피스 밀집권역의 접근성이 우수해 외부 주택 수요의 유입이 활발할 수 있는 여건이 형성되어야 할 것으로 분석된다. 즉 결국 미사지구 역시 서울 중요 지역과의 교통 문제가 크게 개선되지 않는다면 보금자리 주택의 저렴한 시세와 주변 시세와의 차이정도 가격이 상승한 이후 가격 상승 여력은 제한되는 것으로 보아야 한다는 것이다. 차량 교통으로만 보면 미사지구는 서울 외곽순환도로와 올림픽 도로의 이용이 편리해 서울 지역의 접근이 편리하고, 중부고속도로와 국도43호선 등의 이용이 가능해 외곽지역으로의 이동도 용이하다. 최근에는 서울-춘천간 고속국도가 개통되었고, 2013년에는 사가정-암사동간 도로와 서울-동두천간 고속국도가 개통되는 등의 호재가 있어 차량 운행에는 문제가 없을 것으로 판단된다. 현재 미사지구에서 이용 가능한 지하철은 5호선으로 추후 강일지구와 미사지구로의 연장이 검토되고 있으나 서울 중심권역과의 획기적인 접근성의 개선은 기대하기 어렵겠다.

입지의 특성상 앞서 강일지구와 미사지구, 풍산지구는 동일 생활권역 혹은 동일 수급 권역을 이룰 것으로 분석된다. 강일지구와 풍산지구를 기준으로 예상분양가를 비교해 본 결과 미사지구의 예상분양가는 실제로 약 30~40% 저렴한 것으로 분석된다. 인플레이션가치를 제외하고 순 현재 환원가치로 총 30~40%의 가격 상승이 가능해 청약가치는 높다. 주의해야 할 점은 현재 예상 분양가는 말 그대로 예상 분양가로 확정된 바가 아니라는 점, 그리고 전매 금지가 7년~10년 정도가 될 것이라는 점 등으로써 실제 사전예약 시기에서는 꼼꼼하게 세부사항을 확인할 필요가 있다.

● 강남 세곡지구

세곡지구는 오랫동안 그린벨트로 묶여 있던 곳으로 강남구 중심권에는 다소 벗어난 지역이다. 서울 강남지구(서울시 강남구 자곡동· 세곡동· 율현동) 일원의 94만㎡로 조성되는데 지역의 특색 및 동명유래 역사적 사실을 알아보면

자곡동 동쪽으로는 송파구 가락동(可樂洞), 북쪽으로는 수서동(水西洞), 서쪽으로는 서초구 내곡동(內谷洞), 남쪽으로는 율현동(栗峴洞)과 접해 있다. 조선 후기에 경기도 광주군 대왕면(大旺面) 자양골과 못골에 해당하는 지역이었다. 1914년 행정구역 통폐합에 따라 광주군 대왕면 자곡리가 되었다.

1963년 1월 서울특별시 행정구역 변경에 따라 서울특별시에 편입되어 성동구 자곡동이 되었으며, 1975년 10월 성동구로부터 강남구가 분리·신설되어 강남구 자곡동이 되었다. 1979년 10월 자곡동 일부가 송파구 문정동(文井洞)에 편입되었다. 자곡동은 법정동으로 행정동인 세곡동(細谷洞) 관할하에 있다. 자곡이란 지명은 자연마을인 자양동(紫陽洞)과 지곡동(池谷洞)의 이름에서 연유한다.

1987년 취락구조 개선사업 실시로 옛집은 거의 헐리고 현대식 주택으로 탈바꿈하였다. 못골, 자양골[紫陽-] 등의 옛마을, 서낭당고개, 절재고개 등의 고개가 있다. 못골은 일제강점기 때 광주군에서 가장 큰 마을이었으며, 자양골은 날이 밝으면 해의 붉은 볕을 제일 먼저 받는다는 데서 명칭이 연유한다. 유적으로는 조선 중기의 문신 이후원(李厚源)의 묘소, 도당(都堂) 터 등이 있으며 묘소 앞에는 100여 평의 연못이 있었으나 1987년 취락구조 개선사업 때 매립되었다. 도당에서는 해마다 음력 정월 초하루에 동제를 지냈다.

1986년에 동부간선도로가 동쪽 지역을 관통하여 교통이 편리하며, 휴식공간으로는 쟁골마을공원과 못골공원이 있는데

1987년에 개장하였고, 규모는 각각 499㎡, 749㎡이다.

세곡동 면적 6.36㎢, 인구 5138명(2008)이다. 서울특별시 강남구에 속한 동이다. 대모산 기슭의 강남구 최남단에 있으며, 동쪽은 장지동, 서쪽은 내곡동, 남쪽은 경기도 성남시 신촌동, 북쪽은 율현동·자곡동과 접해 있다. 동 이름은 자연마을인 세천리(細川里)의 '세' 자와 은곡동(隱谷洞)의 '곡' 자를 따서 만들었다.

조선시대 말까지 경기도 광주군 대왕면 세천리 은곡동 지역이었다. 1914년 경기도 구역 획정 때 광주군 대왕면 세천리로 되었다. 1963년 서울특별시 성동구에 편입되면서 세곡동으로 되었고, 1975년 강남구를 신설함으로써 이에 속하게 되었다. 행정동인 이 동은 법정동인 세곡동·은곡동·자곡동으로 이루어져 있다.

동의 많은 지역이 그린벨트로 지정되어 있어 한적한 농촌 모습을 지니고 있지만, 인근에 성남 비행장이 있어 소음 공해가 심하다.

자연마을인 은곡동은 망골, 막은골로 불리기도 하며 헌릉로 북쪽 대모산 기슭에 자리잡고 있다. 막은골이란 나무를 심어서 마을 입구를 막은 데서 유래한 것이다. 1970년대까지 남양 홍씨 집성촌이었다. 전 지역이 개발제한구역이며 비닐하우스가 산재한 전원부락의 모습을 하고 있다. 은곡동에서 자곡동의 못골로 넘어가는 고개에 도당(都堂)터가 있어 도당뫼라 불리는 산이 있다. 그 고개를 마고개[馬峴]라 하며 율현동으로 넘어가는 고개는 밤고개 또는 반고개라 부른다. 1986년 밤고갯길이 세곡동로터리에서 남부순환도로까지 개통되면서 낮아졌다. 비선거리라고 하는 마을은 과거에 비석이 서 있었으므로 붙여진 이름이다.

율현동 북쪽으로는 자곡동(紫谷洞), 남쪽과 서쪽으로는 세곡동(細谷洞), 동쪽으로는 송파구 가락동(可樂洞)과 접해 있다. 조선 후기에 경기도 광주군 대왕면(大旺面)에 속하였다가 1914년 3월 경기도 구역 획정에 따라 밤고개와 방죽말을 통합하여 대왕면 율현리가 되었다.

1963년 1월 서울특별시 행정구역 변경에 따라 서울특별시에 편입되어 성동구 율현동이 되었으며, 1975년 10월 성동구로부터 강남구가 분리·신설되어 강남구 율현동이 되었다. 1979년 10월 율현동 일부가 강동구 장지동(長旨洞)에 편입되었다. 율현동은 법정동으로 행정동인 세곡동 관할하에 있다. 율현이란 명칭은 밤나무가 많았다는 데 연유하며, 밤나무는 조선 숙종 때 영의정을 지낸 유상운(柳尙運)이 심었다고 전한다.

자연마을인 방죽마을, 밤고개[栗峴:일명 방고개] 등이 있는데 밤고개는 세곡동으로 넘어가는 곳에 있으며 밤나무가 많았다는 데서, 방죽마을은 방죽이 있었다는 데서 명칭이 연유한다. 밤고개는 1986년 동부간선도로가 확장되면서 낮아졌으며, 휴식처로는 방죽제1~2공원이 있는데 1987년에 개원하였고, 규모는 각각 935㎡, 193㎡이다 주변에 대모산을 비롯해, 높고 낮은 구릉지가 위치해 있어 개발이 제한돼 왔으며 세곡지구로 지정된 이외의 지역도 여전히 개발이 제한돼 있어 주변에 개발지가 없는 상황이다.

도심 속 쾌적한 주거공간이라는 장점으로 향후 상당한 수요층을 확보할 수 있을 것으로 판단된다.

세곡지구와 다소 비슷한 상황에서 건설된 수서지구는 강남 중심권역 수준까지 가격선이 상승선을 나타내고 있지 못하나, 주요 지역보다는 가격선이 높다는 점에서 이러한 입지적인 불리함에도 불구하고 향후 선호도가 높을 것으로 판단된다.

세곡지구와 다소 비슷한 컨셉을 갖고 있는 '송파신도시'는 향후 변수로 작용할 수 있다. 공급시점에 따라 전매기간 적용시간이 다른데, 송파신도시와 전매가 풀리는 시점이 비슷할 경우 공급물량이 일시에 풀릴 경우 가격선이 주춤할 수 있다.

송파신도시에도 세곡지구와 같은 형태의 보금자리 주택이 들어설 것으로 보이며, 뒤편에 위치한 거여, 마천뉴타운 역시 임대 및 소형주택 물량이 많을 것으로 보인다. 그러나 주거지역으로 송파구와 강남권의 입지가 다른 만큼 세곡지구는 향후 일원동 가격수준까지 상승할 것으로 예상된다.

세곡지구의 예상 분양가격 선은 8월 27일 시점에 $3.3m^2$당 1150만원선으로 발표했다. 세곡지구와 인접한 강남구 일원동과 탄천 건너에 위치한 송파구 문정동의 평균 평당가를 비교했을 시, 상당한 시세 차이를 나타내고 있으며 이러한 가격경쟁력은 교통 및 상업시설 부재부분을 충분히 능가하는 부분이기 때문에 적극적인 청약지역으로 볼 수 있다. 일원동 내 위치하고 있는 단지의 현재 매매가와 비교해 보면 대략 보금자리 분양가보다 2~3배가량의 높은 가격 선을 나타내고 있다. 세곡지구는 입주시점에 이르러 현재의 일원동 평균가격수준까지는 무난하게 가격을 형성할 수 있을 것으로 보여 전매가 장기간 동안 불가능하지만, 해당 금액수준으로 이 일대의 주거환경을 누릴 수 있다는 점이 메리트가 있다고 보며 강남권에 위치해 있다는 상당한 프리미엄과 주변시세대비 50~70% 낮은 분양가를 나타낼 것으로 예상되는 바 향후 가치가 상당히 높을 것으로 보아 청약할 만하다고 하겠다.

● **고양 원흥지구**

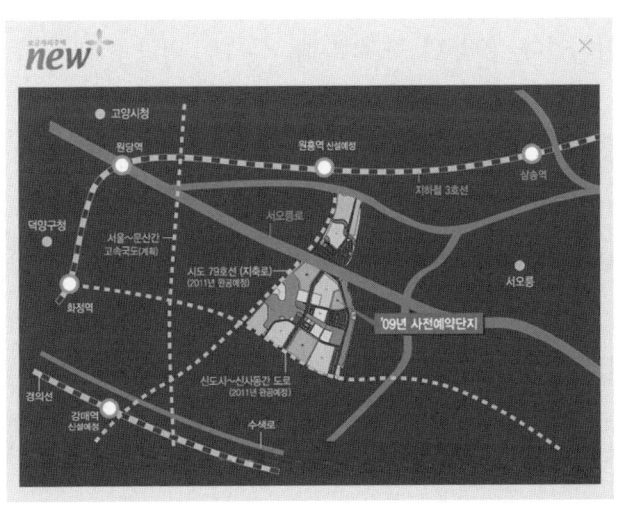

고양시 덕양구 원흥동과 도내동 일원에 조성되는 원흥 보금자리주택은 행신에서 0.9km, 화정지구에서는 2km거리에 있으며 삼송지구와는 맞닿아 있다. 4개 시범지구 가운데 인구밀도가 ha당 176인으로 가장 낮은 수준을 보이고 있는 점이 특징이다. 첨단디지털 및 영상산업을 유치해 컨텐츠 미디어파크로 개발된다. 원흥동과 도내동의 지역의 특색, 동명유래 및 역사적 사실을 보면

원흥동 경기도 고양시 덕양구에 속한 동이다. 동쪽은 용두동·삼송동과 접하고, 서쪽은 성사동, 남쪽은 도내동, 북쪽은 원당동과 경계를 이룬다. 조선시대 한성부 고양군 지역으로 1910년 리동(里洞)을 합병 개칭함에 따라 송현리(松峴里)와 목희리(木稀里)를 합하여 원흥리(元興里)라 하고 원당면(元堂面)에 편입되었다. 1979년 원당면이 원당읍으로 승격되었으며, 1992년 고양군이 시로 승격되면서 원흥동으로 개칭되어 흥도동에 편입되었다. 1996년 구제(區制) 실시로 덕양구 관할이 되었다.

법정동인 이 동은 행정동인 흥도동에서 관할한다. 1624년(인조 2) 고양군수 심창(沈昶)이 조선 태종의 아들인 익녕군 묘소에 성묘를 갔다가 이괄의 난이 일어나자 한양에 위급함을 알리고 이귀(李貴) 휘하에서 반란군과 대적하였다. 난이 평정된 후 인조가 나라의 운을 근본적으로 일으키게 한 공이 있다고 취하하였는데, 이 때부터 근본적으로 일으켰다는 뜻으

로 원흥리라고 하였다.

　자연마을에 솔개·가시골·나드머리 등이 있고, 사기밭·사기동골·절골·방아다리·사탑말·치둥·당재너머·독채이·달걀뿌리·감상골·구석말·독말래·육골·궁석말·사시막골·능머리·고래실·양시무골·심메골 등 옛 지명이 있다.　대부분 그린벨트 지역으로 되어 있어 예전의 농촌 모습을 유지하고 있으며, 성사동과의 경계에 건지산이 있다. 건지산은 본래 개성의 송악산 부근에 있었던 산으로 큰 홍수가 나서 임진강을 따라 흘러오다가 지금의 원흥동 자리에 머물게 되었는데, 물에 떠내려 오다가 걸려 이루어진 산이라 하여 건지산이라는 이름이 붙여졌다고 전한다. 주요 기관에 고양시농업기술센터가 있고, 문화재에는 신라 말·고려 초기 청자요(경기문화재자료 64)가 있다. 또 고양시 향토유적으로 지정된 조선 전기의 문신인 김전(金詮)의 묘와 신도비, 한말 참정대신을 지낸 한규설묘 등이 있다.

　도내동 경기도 고양시 덕양구에 속한 동이다. 동쪽은 용두동·화전동과 접하고, 서쪽은 행신동·성사동, 남쪽은 강매동·행신동·화전동, 북쪽은 성사동·원흥동과 경계를 이룬다.

　조선시대 한성부 고양군 지역으로 1910년 리동(里洞)을 합병 개칭함에 따라 간촌리(間村里)를 합하여 도내리라 하고 원당면(元堂面)에 편입되었다. 1979년 원당면이 원당읍으로 승격되었으며, 1992년 고양군이 시로 승격되면서 도내동으로 개칭되어 흥도동에 편입되었다. 1996년 구제(區制) 실시로 덕양구 관할이 되었다.

법정동인 이 동은 행정동인 흥도동에서 관할한다. 임진왜란 때 석탄 이신의 장군이 아군의 수가 왜군만큼 많다는 것을 보여 주기 위하여 병사 300여 명을 이끌고 며칠 동안 산을 돌았는데, 그후 이 산을 도란산이라 하였으며, 마을이름도 도래울이라고 하였다가 도내리가 되었다. 자연마을에 석탄촌·동촌·서촌·샛말·은못이·중모루·서재동·방석매·왯고개·잇동·밤나무골 등이 있다. 석탄촌에는 이신의 장군의 유적지와 전장터가 남아 있다. 벼농사와 비닐하우스 단지로 이루어진 농촌지역이며, 화전동 방향으로 대규모 화훼단지가 조성되어 있다. 화전동·용두동과의 경계로 창릉천이 흐르고 310번 지방도가 서울로 이어진다.

흥도초등학교가 있고, 문화유적에 이신의 장군묘와 이신의 장군 전적비, 심익현·숙명공주묘가 있다.

고양 용두동 경기도 고양시 덕양구에 속한 동이다. 동쪽은 서울특별시 은평구와 접하고, 서쪽은 도내동·원흥동, 남쪽은 화전동·향동동, 북쪽은 동산동과 경계를 이룬다. 1912년 고양군 하도면 지역으로 1914년 행정구역 통폐합에 따라 신혈면, 하도면, 경성부 은평면 일부가 신도면으로 통합되어 신도면 용두리가 되었다. 1973년 신도면이 신도읍으로 승격되었으며, 1992년 고양군이 시로 승격되면서 용두동으로 개칭되었다. 1996년 구제(區制) 실시로 덕양구 관할이 되었다. 법정동인 이

동은 행정동인 창릉동에서 관할한다. 용두동은 마을의 형세가 용의 머리처럼 생겨서 유래된 지명으로 용머리라고도 하였는데, 한편으로는 마을에 있는 서오릉이 풍수지리로 볼 때 명당인 용의 혈을 가지고 있으므로 붙여진 이름이라고 전한다.

옛 지명에 벌고개·바람쇠말·웃목골·중촌·고울목·대능굴·큰골·비선말·능말·운하리·벌말·새마을·동두말 등이 있다.

서울과 인접해 있고 대부분 그린벨트로 지정되어 있다.1970년대 후반부터 비닐하우스가 조성되어 화훼, 채소농업이 중심을 이룬다.

주요 기관에 문화재관리국 서오릉관리소, 용두초등학교 등이 있고, 문화재에는 조선왕조의 능역인 서오릉(사적 198)이 있다. 서오릉에는 경릉·창릉·익릉·홍릉·명릉 등 5릉과 명종의 아들인 순회세자의 순창원, 장희빈의 대빈묘, 사도세자의 생모인 영빈이씨의 수경원 등이 있다. 서울외곽순환도로 고양IC를 이용 서울시 내외부로 접근이 용이하며 지하철3호선이 주변에 있어 전반적인 교통환경이 양호하다. 또한 최근 개통된 경의선 복선전철도 비교적 가까워 교통환경은 더욱 좋아진 상황이다. 오는 2011년 서울-문산간 고속국도가 완공 예정에 있으며 향후 용산권까지 다이렉트로 연결되는 경의선 2차 개통도 앞두고 있다. 일단 국토해양부에서 동탄과 서울을 연결하는 대심도 고속철도 1차 발표를 했으나 장기적 관점에서 킨텍스를 시발점으로 동탄 신도시를 직접 연결하는 광역고속철도망 구축이 예상되는 만큼 교통여건 개선 가능성은 높은 상황이다.

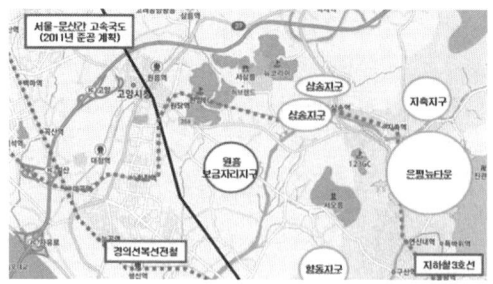

　원흥 보금자리지구를 중심으로 주변에서 진행되는 택지개발 사업은 다수이다. 대표적인 것이 삼송택지지구로 금년 하반기를 시작으로 본격적인 분양에 들어가며 원흥지구와는 상당히 가까운 위치에 입지해 있다. 향후 3~4년 후에는 지축지구 및 향동지구가 본격적인 분양을 시작할 것으로 보여 원흥지구와 합할 경우 이 일대 주택 공급량은 단기간에 급격히 늘어날 것으로 보여 물량 해소에는 상당한 시일이 소요될 것으로 판단된다.

　제2자유로는 교하(운정)신도시-대화IC-강매IC-서울 상암까지 이어지는 총 24.9㎞ 구간에 왕복 6차선 도로로 고양시 주요 교통망 확충계획에 따라 조성 중인 사업이다. 파주신도시 및 일산신도시의 이용 편의도가 높을 것으로 예측되는 만큼 일대 지역 중심성을 높여줄 수 있는 주요 호재로 판단된다. 서울-문산간 고속국도 사업은 원흥지구와 인접해 노선이 지나가는 만큼 당해 지구의 교통여건을 높여줄 수 있는 주요 요인으로 판단된다. 고양시 일대 주택가격 주요변수 중에 하나는 서울 접근성으로 대표적인 예가 경의선 복선전철 사업이다.

2009년 상반기 경의선 복선전철 개통과 동시에 주변 수혜단지들이 가파른 가격 상승세를 나타냈는데 향후 대심도 고속철도 사업이 발표될 경우 이 일대 단지들의 주택 가격은 경의선 복선전철 효과 이상의 수혜를 기대할 수 있을 전망이다. 현재까지는 동탄과 서울을 연결하는 국토부의 1차 발표가 있었으나 서울 도로계획상 중장기적 관점에서 고양시까지 사업지구로 편입될 가능성은 높아 보인다. 궁극적으로는 사업 발표 시점에서 큰 가격적 상승을 기록할 전망이며 완공 시점에서 가격 상승을 기대해 볼 만하다.

● **보금자리주택에 대한 궁금한 점**

공공 보금자리주택 사전예약이란 현행 청약시기보다 1년여 전에 미리 예약하는 방식으로서 예약 당첨자는 예약포기 등 특별한 사유가 없는 한 본 청약의 당첨자로서의 자격이 인정된다.

사전예약자는 입주 시기, 분양가, 입지 등을 비교하여 복수의 단지를 비교. 선택할 수 있으며, 이는 예약자 선호를 반영하여 맞춤형으로 보금자리 주택을 공급하기 위한 것이다.

3지망까지 예약 신청시 예약당첨자는 선정방식은 보금자리주택(http://www.newplus.go.kr) 홈페이지를 통해 3지망 단지까지 예약신청을 접수하면, [지역우선, 지망, 순위]를 기준으로 하여 예약 당첨자를 선정한다. 먼저 지역우선을 기준으로 각 지역별로 사전예약 물량을 배정하고, 각 지망에 따라 순차적으로 현행 청약저축 입주자선정기준을 적용하여 예약 당첨자를 선정한다.

　*무주택기간, 납입회수, 저축액에 따른 순차제(동일순차 경쟁시 생애최초구입자, 부양가족수 많은 자 우선)

　특별공급 사전예약의 방식 일반 청약자와 형평성 차원에서 신혼부부 등에 대한 특별공급물량도 사전예약 대상에 포함되고 특별공급 대상자의 자격요건 판단은 사전예약시를 기준으로 판단하되, '무주택'요건은 본 청약시 다시 심사하게 된다. 특별공급 사전예약이 미달될 경우 본청약시 특별공급 물량으로 전환하되, 다시 미달될 경우에는 본청약 일반공급 물량으로 전환할 예정이다.

　국가유공자 등 기관추천 특별공급은 3지망까지 예약접수 국가유공자 등 특별공급의 경우 각 기관에서 정한 우선순위에 따라 특별공급 대상자가 결정되며, 각 기관에서 자체적으로 3지망까지 예약 신청을 받아 특별공급 사전예약 당첨자 선정 가능하다.

　사전예약시 분양가격 공공 보금자리주택도 현행법령상 분양가상한제가 적용되며, 각 단지별로 분양가의 최고한도를 설정하여 공시할 계획이다. 분양가격 변동에 따른 분쟁을 최소화하기 위해 본 청약시 제시되는 분양가격도 사전예약시 공표된 분양가격을 초과할 수 없다.

사전예약시 제시되는 추정분양가격 사전예약시 제시되는 추정 분양가격은 기존 분양가의 약 15% 저렴한 가격으로 공급할 계획이다.택지비는 지구계획승인 단계에서 대체적인 지구설계계획이 나오기 때문에 추정이 가능하며, 건축비는 분양가상한제의 기본형 건축비를 근거로, 인근 유사한 지구의 건축비, 자재비 등을 근거로 산정할 수 있다.

사전예약자의 자격을 심사하는 기준 시점 사전예약시(사전청약 입주자 모집공고일)를 기준으로 무주택 세대주 요건 등을 심사하되, 특별공급 대상자의 자격요건도 제도 일관성을 위해서 사전예약시를 기준으로 판단하게 된다. 단, '무주택세대주' 요건 중'무주택' 요건은 본 청약시 다시 심사할 예정이다.

사전예약 당첨자로 선정된 후 예약을 중도 포기하면 사전예약 남용방지를 위해 포기자 및 부적격자는 최소한의 기간 동안(과밀억제권역 2년, 그외지역 1년) 예약참여를 제한할 예정이나, 부득이한 사정(생업 등의 사정으로 이주한 자, 상속받은 주택으로 이주하는 경우, 이혼한 경우, 해외로 이주한 경우)은 구제할 예정이다.

사전예약 예약당첨권의 명의변경 사전예약권의 양도는 원칙적으로 허용하지 않으며, 예외적으로 당첨자의 사망에 의한 양도는 허용된다.

사전예약권 양도를 당첨자 사망시에만 한정한 이유 사전예약 단계에서 입주자가 확정되는 것이 아니라 본 청약단계에서 입주자가 확정(분양권 확정)되기 때문이다.

분양권 전매가 예외적으로 가능한 사유 (주택법 제 45조의 2)
* 근무 또는 생업상의 사정이나 질병치료. 취학. 결혼으로 세대원 전원이 다른 광역시로 이전하는 경우(제1호)
* 상속에 의하여 취득한 주택으로 세대원 전원이 이전하는 경우(제2호)
* 세대원 전원이 해외로 이주하거나 2년이상 체류하는 경우(제3호) 등

공인인증서 공인인증서는 인터넷상에서 사용하는 사이버 인감증명서이다. 공인인증서는 사이버 세상에서 발생할 수 있는 거래 내역의 위조나 변조를 예방하고 상대방이 누구인지 확인하여 전자상거래의 안전을 보장 받을 수 있도록 전자서명을 할 수 있는 방법으로 일상생활의 인감증명서에 비유할 수 있다. 즉 공인인증서란 공인인증기관이 발행한 사이버 거래용 인감증명서라고 할 수 있으며 공인인증서 내에는 가입자의 전자

서명 검증키(소유자키 식별자), 일련번호, 소유자이름, 유효기간 등의 정보를 포함한 일련의 데이터를 포함하고 있다.

이러한 공인인증서의 사용으로 전자거래 시 신원확인, 문서의 위/변조, 거래사실 증명 등의 효과를 얻을 수 있다.

공인인증서 발급장소 일반적으로, 개인 은행/증권/신용카드/보험용 인증서를 발급받기 위해서는 거래하는 금융기관의 창구에 방문하여 신원확인을 받고 전자거래금융거래 신청서 작성 후(주민등록증 등의 신원확인증표 지참) 신청한 해당 금융기관 인터넷 홈페이지에서 발급받는 것을 원칙으로 한다. 또한, 공인인증기관(금융결제원, 코스콤(구 한국증권전산), 한국정보인증, 한국전자인증, 한국무역정보통신) 홈페이지에 접속하여 신청하거나, 해당기관에 방문하여 신청할 수 있다. 단, 금융기관에서 부여받은 참조번호 및 인가코드가 필요하다.

(금융기관 및 공인인증기관별로 공인인증서 발급절차가 조금씩 상이하므로 자세한 안내사항은 해당 기관별 인증서 발급안내를 참고하시거나 고객센터에 문의하시기 바랍니다.)

사전예약 신청 시 공인인증서 필요여부 공인인증서는 사전예약 신청 시 본인 여부를 확인하고, 신청서 작성 시 입력한 내용에 대해 전자 서명을 하기위해 사용된다.

즉, 사전예약 신청을 하기 위해서는 반드시 공인인증서를 소지하고 있어야 한다. 공인인증서는 금융기관 및 공인인증기관에서 발급받을 수 있으며, 금융기관 또는 공인인증기관에서 발급받은 공인인증서를 가지고 있을 경우 그 인증서를 사용할 수 있다.

주의 사항 반드시 개인용 공인인증서를 소지해야 한다. 기관별로 자체적으로 발급된 사설인증서를 받은 경우나 법인용 인증서를 발급받은 경우에는 사용할 수 없다. 또한 공인인증서 유효기간이 만료되거나 폐기된 경우에는 공인인증서를 갱신하거나 재발급 받아야 온라인 사전예약 신청이 가능하다.

● 2차 보금자리주택지구 6곳

분양가 강남 3.3㎡당 1200만원, 수도권 700만~900만원 예상 됨.

무주택 서민을 위한 2차 보금자리주택지구 6곳이 19일 공개됐다. 지난 5월 1차 시범지구 4곳을 발표한 이후 5개월 만이다.

국토해양부 이충재 공공주택건설 단장은 "무주택 서민들의 주거안정과 민간 주택건설시장의 위축, 부족한 일자리 창출 등을 감안해 지구 지정을 서두르게 됐다"며 "앞으로 3, 4차 등 추가 지구를 지속적으로 지정할 계획"이라고 말했다.

이번 2차 지구는 시범지구처럼 강남 요지에 2곳이 포함돼 있다. 다른 수도권 지구 역시 교통여건이 양호하고 서울과 인접해 있어 시범지구의 인기를 이어갈 것으로 전문가들은 예상했다.

● 2차 지구는 어떤 곳

2차 지구는 수도권의 주택수요 등을 감안해 지역별로 안분됐다. 서울 강남 집값 안정과 보금자리주택의 흥행이라는 두 마리 토끼를 잡기 위해 서울 내곡동, 세곡동 등 강남권에 2개 지구가 지정됐다.

또 수도권에서는 부천 옥길, 시흥 은계 등 상대적으로 낙후된 서남부 지역에 2곳, 구리 갈매, 남양주 진건 등 서울과 인접한 동북부 지역에 2곳이 배정됐다.

국토부 관계자는 "주변지역의 주택 수요와 교통망, 입지여건, 지자체 의지 등을 고려해 사업지구를 선정했다"고 설명했다.

이번 2차 지구는 지난 5월 발표한 강남 세곡, 서초 우면, 하남 미사, 고양 원흥 시범지구(5만5041가구)와 비슷한 총 5만5000가구가 건설된다. 국토부는 이 가운데 71%인 3만9000가구를 공공 분양 및 임대주택인 보금자리용으로 분양하기로 했다.

서울 내곡지구(76만9000㎡로)와 세곡2지구(77만㎡)는 강남권에 공급되는 '반값 아파트'여서 인기를 끌 전망이다. 서울 도심에서 남동쪽으로 약 15km 떨어진 내곡지구는 강남 세곡, 서초 우면 시범지구 사이에 있다.

● 서울내곡지구

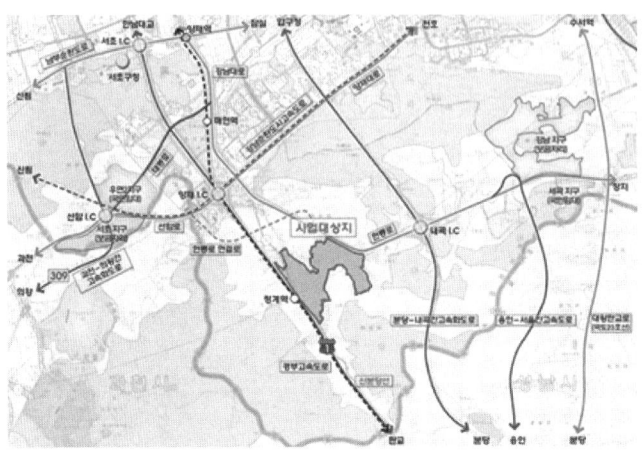

● 서울 세곡2지구

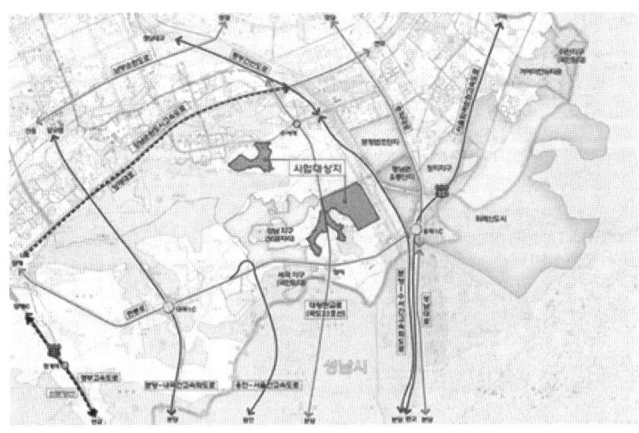

경부고속도로 외에 분당~내곡 간 고속화도로(내곡IC) 헌릉

로 및 용인~서울 간 고속도로와 인접해 있다. 또 2011년 신분 당선 청계역사가 개통될 예정이어서 교통여건이 양호하다. 전체 5000가구 가운데 4000가구가 보금자리주택으로 공급된다.

국토부는 이곳을 청계산, 인릉산 등 주변 자연과 연계하는 친환경 주택단지로 개발할 방침이다. 세곡2지구는 강남 세곡지구 바로 옆 율현동 일대의 그린벨트 55만㎡와 서울시가 국민임대 단지로 추진하던 수서동 수서2지구 18만㎡를 동시에 개발해 총 77만㎡ 규모로 조성된다.

국토부는 이중 수서2지구가 위치한 18만㎡를 저밀도의 저층 단지로 개발하기로 했다.

● 남양주 진건지구

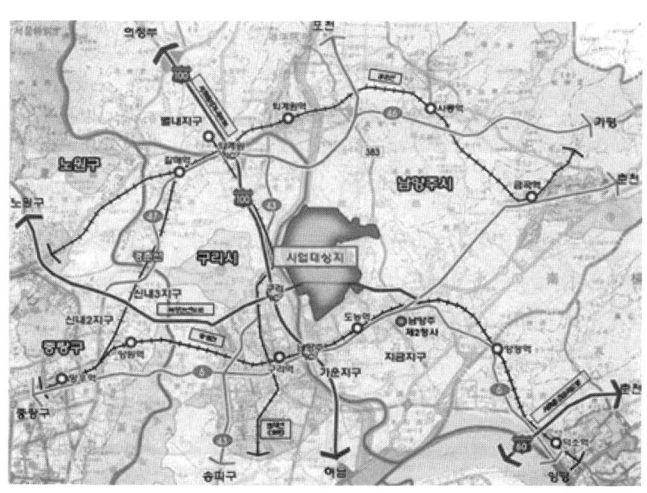

남양주 진건지구(2491㎡)는 1만6000가구 중 1만1000가구가 보금자리주택으로 공급된다.

남양주 별내, 지금지구와 가깝고 서울외곽고속도로와 북부간선도로, 6·43·46번 국도를 타기 좋다. 단지를 지나는 왕숙천과 한강변 생태공원을 연결해 생태환경도시로 건설될 예정이다.

주변에선 내년 10월 개통예정인 경춘선 복선전철 사업이 진행 중이며 서울 암사~별내 지구를 잇는 지하철 별내선도 계획돼 있다. 구리 갈매지구(150만6000㎡)는 남양주 별내지구 바로 아래에 있으면서 서울 노원구, 중랑구와도 가까워 일부 서울 지역 주택수요를 흡수할 것으로 보인다.

● 구리 갈매지구

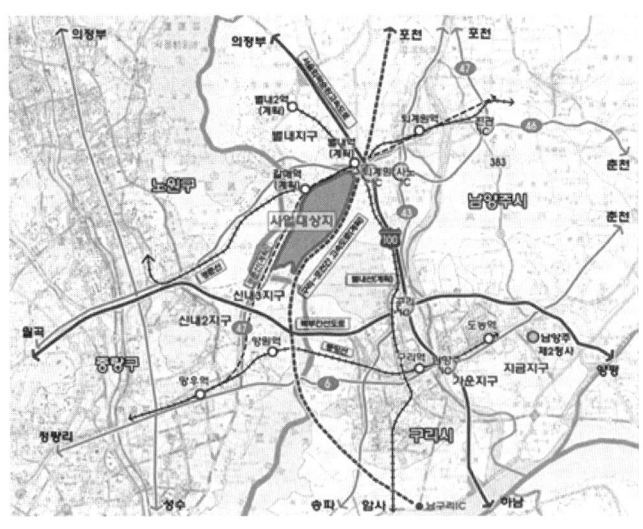

서울 외곽고속도로, 경춘선 복선전철, 국도 47호선 등 광역 교통여건이 양호하다. 국토부는 총 9000가구를 지어 6000가구를 보금자리주택으로 공급하고 주거, 상업, 업무기능을 집약해 대중교통 유발을 최소화할 방침이다.

● 시흥 은계지구

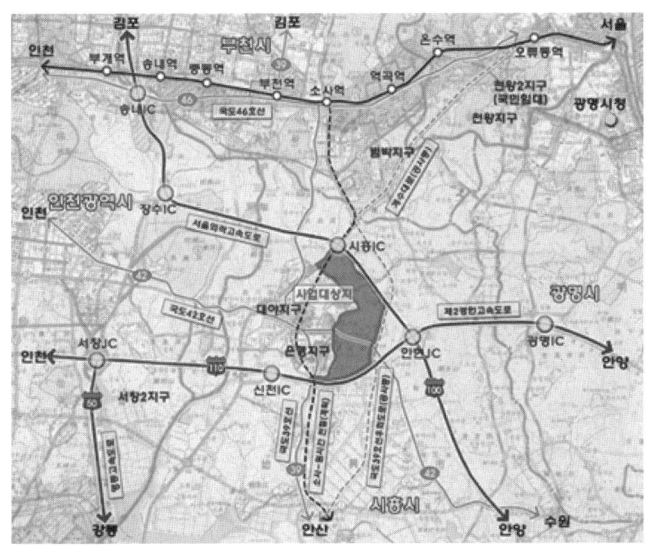

2차 지구 중 두 번째로 면적이 넓은 시흥 은계지구(203만 1000㎡)에는 총 1만2천 가구가 건설돼 9000가구가 보금자리용으로 공급된다. 은행재정비촉진지구와 가깝고 서울 외곽순환도로 및 제2경인고속도로 등을 타기 좋다.

● 부천 옥길지구

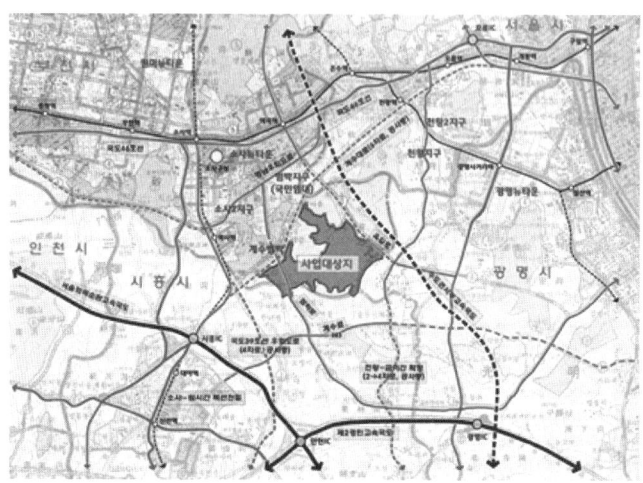

부천 옥길지구(133만㎡)는 서울 도심에서 서남쪽으로 18km 떨어진 곳으로 범박국민임대지구, 소사뉴타운 등과 가깝다. 경인전철과 서울외곽고속도로 등을 이용하기가 좋으며, 전체 8천 가구 중 5000가구가 보금자리주택으로 건설된다.

강남 분양가 3.3㎡당 1200만원 선 예상

국토부는 곧바로 2차 사업지구의 주민공람과 중앙도시계획 위원회 심의 등을 거쳐 올해 말까지 지구지정을 마칠 계획이다. 이어 2010년 상반기 중 지구계획 승인을 받고, 4~6월께 임대 주택을 제외한 공공분양 주택의 80% 정도를 사전예약 형태로 공급할 방침이다.

정확한 공급물량은 지구계획 단계에서 확정되지만 보금자리주택의 경우 총 3만9000가구 중 2만 가구가 임대, 약 1만 9000가구가 분양아파트로 배정돼 1만9000가구의 80%인 1만 5000여 가구가 사전예약분으로 나올 전망이다.

보금자리주택을 제외한 1만6000가구는 민간 택지로 건설회사에 공급돼 2011년께 민영 중소형, 중대형 아파트로 공급된다. 분양가는 아직 미정이지만 강남 세곡2지구와 내곡지구는 인접한 시범지구 수준인 $3.3m^2$당 1100만~1200만원 선으로, 주변 시세의 절반 정도 가격에 공급될 전망이다.

부천, 시흥, 남양주, 구리 등 수도권 4개 지구에선 $3.3m^2$당 700만~900만원대로 예상된다. 국토부는 지하철 신설 등 대규모 광역교통시설 자금이 투입될 곳은 없는 것으로 판단하고 있어 분양가가 시범지구처럼 주변 시세의 50~80% 선에서 결정될 가능성이 크다.

하지만 잇따른 보금자리주택지구 개발에 따른 기대감으로 땅값이 올라 보상비가 높아질 경우 분양가가 시범지구보다 상승할 가능성도 배제할 수는 없다. 국토부는 이번 2차 지구 지정으로 2012년까지 그린벨트 해제지구에서 총 32만 가구의 보금자리주택을 공급하기로 한 당초 목표의 25%를 달성하게 됐다.

국토부는 앞으로 남은 3년 동안 매년 2차례씩 새 보금자리주택지구를 지정하고 사전예약을 받을 계획이다. 수도권 그린벨트 78.8㎢에 대한 해제가 이미 결정된 상태여서 추가지구 지정에 어려움은 없으며 이곳에서 주택수요 등을 고려해 후속 사업지를 결정할 계획이다.

● 투기 단속 강화

국토부는 보금자리주택지구에 대한 투기단속을 강화하기로 했다. 국토부는 이번에 해제되는 6개 지구의 그린벨트는 대부분(96%)이 거래허가구역으로 묶여 있어 실수요 목적이 아니면 거래가 어려운 상황이지만 국세청, 경찰청 및 시. 도 공무원과 함께 합동 단속반을 구성해 단속을 확대하기로 했다.

또 개발제한구역이 아닌 지역은 토지거래허가구역으로 지정하고 실수요의 거래만을 제한적으로 허가하기로 했다. 국토부 관계자는 "보금자리주택 지구의 투기를 막기 위해 현장 감시단, 신고 포상제, 항공사진 촬영 등 다양한 방법을 동원하고 있다"며 "불법 설치한 시설물을 보상에서 철저히 배제하는 등 투기단속에 앞장서겠다"고 말했다.

● 보금자리 2차 지구 청약 전략

청약저축 1600만~1800만원이면 안정권이다.

정부가 19일 발표한 보금자리주택 2차 지구에선 내년 2분기에 사전예약 방식으로 청약을 받는다. 서울 내곡과 세곡 2지구, 부천 옥길, 시흥 은계, 구리 갈매, 남양주 진건 등 6개 지역 대부분이 서울 접근성이 좋고 주변 개발 호재도 많아 치열한 청약경쟁이 예상되는 만큼 꼼꼼하게 전략을 세워 접근해야 한다고 전문가들은 조언한다.

청약 경쟁이 가장 뜨거울 것으로 예상되는 곳은 서울 강남권인 내곡과 세곡 2지구다. 입지여건이 뛰어난데다 분양가도 주변 시세의 절반 수준으로 책정될 전망이어서 상당한 시세차익이 보장되기 때문이다.

다른 지구에 비해 공급물량이 적어 청약저축 장기 가입자로 납입금액이 2천만원은 돼야 안정권에 들 것으로 예상된다. 청약저축 1500만원 이상 납입자는 무조건 청약에 나서기보다 추이를 살피며 강남 등 인기지구 위주로 청약하는 것이 좋다.

● 통장 없다면 청약종합저축 가입 서둘러야

위례 신도시 사전예약이 내년 4월이어서 강남권 진입을 노리는 청약수요가 분산될 전망이고 강남권에 보금자리 물량이 추가될 가능성도 있기 때문이다. 수도권 동북부의 구리 갈매와 남양주 진건지구는 지구 규모가 크지만 서울 신내, 남양주 별내지구와 가깝고 교통환경도 개선되고 있어 강남권에 버금가는 높은 경쟁률을 보일 것으로 전망된다.

이들 지역은 청약저축 납입액이 1600만~1800만원은 돼야 안정권에 들 것으로 전문가들은 예상했다. 납입액 500만원 내외로 집 장만을 서두르고 있다면 부천 옥길, 시흥 은계 등 비인기지구를 골라 적극적으로 청약에 나서는 것을 권할 만 하다.

강남권 인기지구에 청약 수요가 몰리면 예상보다 쉽게 당첨 기회를 잡을 수 있기 때문이다. 그러나 가입 6개월이면 1순위가 되는 신혼부부 등 일부 특별공급분은 주택청약종합저축 가입자들이 내년부터 청약시장에 진입하면서 경쟁률이 치열해질 것으로 보인다.

이번 2차 보금자리 사전예약의 청약요건을 충족시키지 못했다고 해도 기회는 많다. 정부가 2012년까지 총 60만 가구의 보금자리지구 주택을 공급할 방침이므로 아직 청약통장이 없다면 통장 하나에 청약저축, 예·부금 기능이 모두 통합된 주택청약종합저축에 하루라도 빨리 가입하는 것이 좋다.

● 에필로그

졸저잡기(拙著雜記)

필자는 전주이씨 시조로부터 38세손이며 양녕대군 14대손이다.

5남 1녀의 가난한 집안 막내로 태어난 나는 어려서부터 부모님과 형님의 사랑을 듬뿍 받고 자랐지만 제일 꼬맹이라 매일 이리저리 채여 울며 자랐다고 한다. 6.25전쟁 초기 어려운 시기에 태어난 나는 어머님이 일찍 돌아가셔서 젖을 얻어먹지 못해 허약한 체질로 고생하다가 5살 때 겨우 벽을 잡고 일어설 수 있었다고 한다.

어려서부터 양반의 기질을 받고 부모님과 형님의 자세를 보고 자란지라 기면 기고 아니면 아닌 원칙주의자로 고집이 보통 아니었다. 찢어지는 가난 속에 밥 굶기가 다반사였으나 다른 사람 앞에서는 아주 배부른 척 행동하며 남이 먹는 주전부리를 얻어먹은 기억이 별로 없다.

다행이 열심히 공부한 덕에 한전 입사시험에 합격하여 무난히 사회생활을 할 수 있었다.

당시 17세로 한전사상 최연소 합격하였는데 사정은 이렇다.

1951년 8월생인 필자는 1968년 9월경 고3 자격으로 한전시험에 응시하고자 구비서류를 마련하던 중 병적증명조회서를 마련하지 못해 애를 태웠다. 그도 그럴 것이 만 18세 이상이 되어야 발부되는 서류인지라 구청이나 동사무소에 가서 아무리 사정하고 애원해도 소용이 없었다. 서류 마감일은 다가오고 있고 시험 칠 기회조차 박탈당할 위기에 처하자 나는 무작정 한전(당시 경북지점)에 쳐 들어가 농성(?)하였다.

인사과 문 앞에서 막 떠들고 있으니 주임급인 듯한 분이 나와서 무슨 일이냐며 묻기에 자초지종을 설명하며 제발 시험만이라도 칠 수 있도록 해 달라고 간절히 부탁하였다.

딱한 사정을 들은 그 분은 즉시 서울 본사에 연락하더니 이런 경우 어떻게 처리해야 하느냐고 한참동안 협의하였다. 본사에서도 처음 겪는 일이라 협의를 해본다며 좀 기다리라고 하였다.

한 두어 시간을 기다렸는가 마치 2년을 기다린 양 그렇게 초조해 본 적은 일찍이 없었다.

마침내 그 분이 나오시더니 병적증명 대신 호적초본을 동봉해서 시험을 치라고 알려주었다.

나는 마치 합격한 양 뛸 듯이 기뻐하며 우여곡절 속에 서류를 제출하고 시험 칠 수 있었다.

엄청난 경쟁률 속에 바늘구멍과 같은 입사시험을 통과한 후 무난한 직장생활을 하며 십여 년이 흐른 즈음 한전간부시험에 응시하고자 서류를 제출하러 갔던 나는 또다시 시험 칠 기회조차 박탈당한 사실을 알 곤 망연자실하였다.

당시 직속상관이 직원의 근무평가를 하였는데 근무성적평가 자료가 간부시험을 칠 수 있는 일종의 예비고사형태로 평가자의 주관에 많이 좌우되어 객관성이 상당히 결여되어 있었다.

그러나 감사에 지적된 일이 많거나 뚜렷한 잘못이 있으면 몰라도 10년이 지난 중고참 직원이 간부시험 친다는데 막아야 할 하등의 이유도 없고 그런 예가 없었다. 나는 근무기간 중 많은 감사를 받았지만 어떤 징계도 받은 사실이 없으며 그 흔한 주의조차 받은 적이 없는 무결점 청정지대였다. 당시 나는 직장에 다니면서 대학을 장학생으로 마치고 직장 내 에이스로서 만반의 준비를 마치고 시험에 임하려던 순간이었다.

직속상관에게 잘못 보인적도 없고 우수 직원으로 창창하게 나가던 나로서는 이런 납득하지 못할 특별 케이스에 걸려 끝내 시험 칠 자격을 박탈당하자 하늘이 무너지는 듯 실망감은 이루 말할 수 없었다.

동기 중 일부가 간부시험에 합격했다며 인사할 때 웃으며 축하해 주었지만 내 가슴속에는 피눈물이 흐르고 있었다.

한동안 괴로움으로 몸부림치다가 나는 끝내 사표를 던지고 말았다.

내년에 다시 도전하면 되지 않느냐며 위로와 만류도 많이 받았지만 나는 이 길이 비록 가시 밭 길이라도 결코 후회하지 않으리라 다짐하면서 과감히 내 갈 길을 선택하였던 것이다.

이것이 내 생애 중대 전환점이 되었다.

이후 중동 건설현장에서 종자돈을 모아 지금의 강남구 역삼동 상가를 구입한 후 바로 제1회 공인중개사시험에 응시하여 우수한 성적으로 합격하여 공인중개사 자격증 (제1회 NO 1800)을 취득했다.

당시 한국전기안전공사 영등포 지사에 근무 중이던 나는 이 상가를 부동산 업자에게 임대 준 후 어깨너머로 실무경험을 익힐 수가 있었다. 몇 년 동안 실무를 익힌 후 드디어 안전공사에 사표를 내고 부동산업계 일선에 나선지 벌써 20년이 훨씬 넘었다.

그동안 우여곡절도 많았다.

불교대학원에서 법사(法師)과정을 이수하여 지견 큰 스님으로부터 정현(正賢) 법명수계 받았으며 IMF 사태를 겪으면서 그동안 이루었던 모든 것을 잃어 수 년 동안 신용불량자로 지내야 했고 사기를 당해 억대를 날렸으나 단돈 한 푼도 돌려

받지 못했다.

거치른 광야에 살아남기 위해

전기기사, 공사기사, 안전기사, 소방기사. 특급감리, 특급기술, 설계사, 공인중개사자격을 취득하였고

그동안 발명특허를 4건이나 받아 2003년 전국발명특허대전에서 은상수상자로 선정되어 삼성동 코엑스에서 당시 고건 총리로부터 상장과 트로피, 커다란 은메달을 수여 받았다.

되돌아보니 지난 시절이 주마등처럼 스쳐 지나가곤 한다.